不累心

让自己和别人都舒服的说话之道

[美]特蕾丝·哈斯顿 ◎ 著
（Therese Huston）
杨洋 ◎ 译

中信出版集团 | 北京

图书在版编目（CIP）数据

不累心：让自己和别人都舒服的说话之道 /（美）特蕾丝·哈斯顿著；杨洋译. -- 北京：中信出版社，2021.8
书名原文：Let's Talk: Make Effective Feedback Your Superpower
ISBN 978-7-5217-3272-6

Ⅰ.①不… Ⅱ.①特… ②杨… Ⅲ.①心理交往－语言艺术－通俗读物 Ⅳ.① C912.13-49

中国版本图书馆 CIP 数据核字 (2021) 第 122191 号

Let's Talk: Make Effective Feedback Your Superpower by Therese Huston
Copyright © 2021 by Therese Huston
All rights reserved including the right of reproduction in whole or in part in any form.
This edition published by arrangement with Portfolio, an imprint of Penguin Publishing Group, a division of Penguin Random House LLC.
Simplified Chinese translation copyright © 2021 by CITIC Press Corporation
ALL RIGHTS RESERVED
本书仅限中国大陆地区发行销售

不累心：让自己和别人都舒服的说话之道
著者：　　[美]特蕾丝·哈斯顿
译者：　　杨　洋
出版发行：中信出版集团股份有限公司
（北京市朝阳区惠新东街甲 4 号富盛大厦 2 座　邮编　100029）
承印者：　中国电影出版社印刷厂

开本：880mm×1230mm　1/32　　印张：10.5　　字数：257 千字
版次：2021 年 8 月第 1 版　　　 印次：2021 年 8 月第 1 次印刷
京权图字：01-2021-3483　　　　 书号：ISBN 978-7-5217-3272-6
定价：59.00 元

版权所有·侵权必究
如有印刷、装订问题，本公司负责调换。
服务热线：400-600-8099
投稿邮箱：author@citicpub.com

目 录 // CONTENTS

III　　**译 者 序 //** 有效反馈让工作不累心

001　　**引　言 //**

> **第一部分‥从文本到真正的对话**

033　　**第一章 //**　三种类型的反馈：欣赏，指导和评价
049　　**第二章 //**　与人并肩，而非问题
077　　**第三章 //**　大声说出你的善意
095　　**第四章 //**　把倾听当作工作中重要的一部分

> **第二部分‥实践做法：欣赏**

117　　**第五章 //**　实践做法1：发现每个人的长处

第三部分·· 实践做法：指导

145　第六章 //　实践做法 2：多问少说

173　第七章 //　实践做法 3：将威胁最小化

197　第八章 //　实践做法 4：承认你的偏见并保持警惕

第四部分·· 实践做法：评价

233　第九章 //　实践做法 5：把"没有意外"当作座右铭

247　第十章 //　实践做法 6：把你的观察与你的构想区分开来

275　结　语 //

279　注　释 //

319　致　谢 //

译者序 //

有效反馈让工作不累心

道道网络科技有限公司 CEO 杨洋

大家有没有认真思考过这样几个问题：

1. 在个人成长的路上，为什么你说的话没人愿意听，为什么你总是感觉心累？

2. 在这条路上，你想过你的什么能力最重要吗？

3. 在一家公司里，你观察到什么样的人物最受管理者器重和欢迎吗？

也许很多人张口就能列出一长串的答案，但你有没有反思过，这些答案真能帮助你成长吗？如果能，那你为什么还是觉得心累？

其实，个体成长也好，管理者管理员工也罢，心累都是人们成长过程中的一个常态。

大家不妨静下心来细想一下：有些时候让你劳累的并不是工

作本身，而是工作中的其他事情，比如沟通。沟通如果出现问题，可能会影响工作和生活中的其他因素，如个体情绪变差，工作效率变低，家庭生活变糟，等等。

其实沟通不仅是一种能力，更是一种艺术。这个时代每个人已经很累了，我们更应该找到一种不累心的沟通方式。在我看来，积极正向的沟通（好的演讲本质是一对多的正向沟通）才是让自己不累心、让别人也舒服的重要能力。一个具有正向沟通能力的人本质上也是一个做事靠谱、说话让人舒服的人。

那么，积极正向的沟通能力具有哪些魔力？

从个人成长角度来说，积极的正向的沟通能让一个学生从学渣变成学霸，能让一个普通人从平凡变为非凡。

就以我个人来说，在我取得一些成绩之前，我就是一个不折不扣的学渣：成绩全班倒数、考大学无望、笨口拙舌、后排"VIP"常客等。这些都是来自我不同成长阶段、来自不同人对我的负面评价。

在现实生活中，父母、老师、同学共同构成了一个孩子的人际关系网。如果这些人将这个孩子放弃，他最后就会像一朵在开得最美的时候被折断的花朵。

而我就是那个经历了这三重打击之后成长起来的花朵。

从小我既经历了原生家庭的幸福快乐，也感受到了原生家庭的痛苦。而其中的转折点发生在父亲车祸之后，当时我的家庭发生了巨大的变化。父母原本就争吵不断的婚姻也变成了凑合的婚姻。我人生中第一次无法承受之痛，就这样不期而至。

为了让父母开心，我努力学习，希望以优异的学习成绩，让这个家至少看起来幸福一点。当我成了班级里的学霸时，我又发现一个新问题：当你的成绩差时没人关心你，当你成绩好时，哪怕是一个小失误，你也会引起父母、老师以及同学的关注，成为别人眼中敲打的焦点。这好像是人性使然。

这种情况一直持续到我后来上高中。在这样一个长期得不到肯定的氛围中，我变得越来越不爱与人说话了，后来我索性放弃了与他人沟通，不再主动表达想法，陷入了深深的自闭中。我的学习成绩也因此一落千丈，为了讨好全世界，我从当初的学霸变成了学渣。

人世间有一种绝望叫被全世界放弃，人世间最悲哀的事莫过于从没有人正向点评你。谁又能体会当时我的心情呢？

后来在高考那一年，我开始自我反思："为了你自己想要的生活，你是否愿意付出十二分的努力呢？"这其实也是通过外部负面评价的刺激来反思自己的一种沟通方式。

于是，我开始重新找寻自己的方向，并不断吸收周围积极的正向评价，以此打开正向沟通之门。经过我的"浴血奋战"，我的沟通能力有了提升，我也成功考入了华中科技大学。此后，我又去了美国攻读物理学博士。之后我发现，我当初选择的物理学并不是我所热爱的学科，我开始意识到梦想应该是因为热爱。这是我人生中最难忘的一件事，也因此催生了我的梦想——创业。

在创业初期，其实我并没有完全掌握正确的沟通方式。这么多年以来，我意识到练就好的沟通能力真的是一场长久的修行。

我的第一次创业是做外贸网站。创业初期，我记得，由于我缺乏演说沟通能力，曾一度融不到资；我也记得在创业起步期，由于我的暴力沟通，曾三次发脾气直接骂走了三位同事，这给我当时的公司带来了不小的损失。我开始反思我的沟通能力还需要进一步提升。

从那时起，我开始刻意学习演讲技能。尽管后来我的演讲能力在刻意练习下有了提高，而且这时我也赚到了人生的第一桶金。但是由于我过于拼命，我的身体出现了问题，于是我回国养病。

回国这段时间，我一边养病，一边把国内的市场做大，但新的问题又出来了：当收入越来越多，我的喜悦感和成就感却在一点点消失。

我开始思考我真正的兴趣点究竟在哪儿。

我清晰地记得，在我最迷茫的时候，没有一个有经验的人帮助我，指引我未来的方向，所以我想我要让每个人都拥有一个自己的人生导航仪，无论是学习、升学还是职业发展，都可以找到属于自己的方向。

为了让这个目标变成现实，我又去读了第二个博士。其间，我有幸遇到了哈尔滨工业大学的叶强老师。在叶强老师的引导之下，我博士提前一年毕业，然后加入了哈工大，开始一边做研究，一边授课。

与此同时，我创办了道道网络科技有限公司，开始了我人生的第二次创业。

在创业找投资的过程中，我又遇到了新的挫折。很多投资人都对我说："你要做的事情的确很酷，但是你的表达能力有所欠缺。"

任何事情都不能阻止我创业。我开始在众多书中寻求提升表达能力的方法，但是收效不大。直到有一天，我遇到了一本书，上面有这样一句话："好的交谈就像黑咖啡一样，给人刺激，让人辗转反侧，夜不能寐。"这句话一下子点醒了我。

为了做好演讲，我开始苦练自己的表达能力。有一次我在混沌大学演讲，为了尽量获得好的演讲效果，我花了大量的时间去了解台下的听众，演讲时我还加入了很多演讲技巧来提高现场效果。

经过多方面精心准备，我的这次演讲很成功。后来在混沌大学的邀请下，我还做了一场全国大课专场，同样也取到了非常好的效果，当时我的 NPS（Net Promoter Score，净推荐值）达到了 84%。

这次演讲让我重新认识了沟通的重要性。

事实上，我的人生就是在各种沟通（他人的评价、自我沟通、演讲都是不同的沟通方式）中成长起来的，并一次次完成逆袭。一个人想获得成功，就要学会通过别人对于你的正向沟通来更好地关注自己的优势。这是我关于自我成长的一个思考。

从管理公司的角度来看，我发现管理企业就如同老师教学生一样，聪明的管理者可以通过正向沟通把普通员工变成优秀员工，把明星员工变成超级明星员工。

很多人可能会说："既然正向沟通这么重要，那我们就给予对方足够的认可或奖励，或评价，不就可以了吗？"

事实上正向沟通并不是一件容易的事。这里，我为大家隆重推荐的就是那本对我影响深远的书，它就是由管理专家特蕾丝·哈斯顿写的《不累心：让自己和别人都舒服的说话之道》，书中会告诉你：正向沟通其实并不比研究火箭容易。

书中提到，对于管理者而言，正向沟通向来不容易。一项美国的研究发现，大约有37%的经理承认，在与员工进行沟通时，会有心理负担。很多经理甚至认为这个比例被严重低估。

管理者为什么会有心理负担呢？因为当员工持续不断地做一件工作时，如果迟迟听不到"舒服的声音"，他的内心就会觉得自己目前所从事的工作没有什么意义，他的内心就会觉得很疲惫。

可以说，管理者的正向沟通能力是管理工作中很重要的一环。那么如何通过说话让一个员工变得更出色？作者在书中向大家推荐了三种正向沟通的方式：

一是欣赏性沟通。当你向员工表达欣赏时，就代表你认可他们的行为、努力和个人品质。表面上，这种欣赏是对一种行为的强化；从更深的层面来看，这种欣赏代表着一段关系的建立。

二是指导性沟通。这种沟通旨在帮助员工适应、转变、学习和成长。

三是评价性沟通。这种沟通可以是排名、评级或是同行间的比较，评价可以让人知道他们现在所处的位置以及未来的期望。

这三种正向沟通其实就是三种说话的技巧。我以前也参加过一些公司的分享会，常听到类似"你工作不要太拼命"，或是"你的程序写得太不合格了""你的想法太不切实际了"。这些确实也是沟通，但这是正向沟通吗？

我曾花了一周的时间看了几本关于网飞的书，研究了网飞的企业文化。其中网飞的"4A 反馈准则"就是非常实用的沟通准则：

Aim to assist（旨在帮助）：帮助对方不断改进、成长。

Actionable（可行性）：反馈要有可行性，而不只是就事做出评论。

Appreciate（感激与赞赏）：我怎样表达自己的感激之情？如何说话让对方消除戒心？

Accept or discard（接受或拒绝）：自己去评判他人的反馈，内心决定是接受还是放弃。

现在想一想，为什么你总是升不了职？为什么你总是不加薪？为什么你总是感觉心累？为什么你的演讲不吸引人？事实上，不是你的能力不够，而是你的方法没有效果，阻挡了你的晋升之路，阻挡了你的清晰表达。以往我们追求做事高效，但是没有几个作者能把高效的本质讲清楚。现在《不累心：让自己和别人都舒服的说话之道》会告诉你如何通过正向、及时、明确的沟通，让自己达成高效工作，让自己的表达更舒服，让自己和别人都不累心。

本书作者特蕾丝·哈斯顿是一位深耕人力资源领域多年的实战派作家，服务过很多大型公司中的人力资源部门，从中得出的宝贵经验向更多管理者传播下一个超能力——正向沟通的能力。

全书不仅重点讲述了正向沟通的能力会给我们的个人不断赋能，同时提出了多个可行的实战方法。比如：

发现每个人的长处：如果员工每周的努力都得到认可，他们就会更想留下来好好干，而不是成天想着跳槽。

多问少说："试着在一对一的谈话中把提问的次数增加一倍。"当我们接受的建议或评价让我们更接近自己的目标时，大脑中的奖励回路就会被激活。

将威胁最小化：人在犯错时，在沟通过程中会感受到一定的威胁。这时可以通过 SCARF 模型，即通过提高对方的地位感（Status）、确定感（Certainty）、自主性（Autonomy）、关系（Relatedness）和公平感（Fairness），来减少这种威胁所带来的压力。

通过这些方法，我们能快速发现自己沟通能力的短板，并实现快速的跃迁，让沟通变得更加舒服、自然，让自己的心不再累。

当初，我有幸接手了这本书的翻译工作，一方面，我对于正向沟通这一能力非常感兴趣,另一方面,我在做生涯规划时发现,很多职场新人工作稍微有点不如意、遇到一点小问题就想着换公司。还有些新人刚入职一家公司,由于长时间做重复性的低级工作,他就会开始怀疑自己是否适合这份工作。

当人们不能及时获得正向反馈时,就会对未知事物充满不安全感,内心就会出现各种纠结,就会觉得心累。而《不累心:让自己和别人都舒服的说话之道》这本书特别具有参考价值,特别适合这样的人群。当出版社找我翻译这本书的时候我欣然接受,同时更希望大家重视自己的沟通能力,让它成为为自己赋能、实现跃迁的重要抓手,这样也可以让大家在成长的路上走得更舒服、更开心一些。

在我看来,这是一本真正对管理者、人力资源主管以及希望提升自己沟通能力的普通人都有很大帮助的书。

对于这本书,我在不偏离原著核心内容的原则下,尽量运用流畅、简洁、通俗易懂的语言,使读者读起来没有生硬、费力的感觉,就像阅读出自我们自己笔下的作品一样。

但因为水平有限,现有译作中会存在很多的不足,希望更多喜爱本书的读者提出宝贵的意见,以便不断精进,为大家奉送出更加完美的作品。

最后,我要感谢为本书付出努力的中信出版集团的编辑们,同时我要感谢我的家人,正是因为你们背后默默的支持和包容,才让我能够全身心投入到此书的翻译工作中;也感谢所有为此书付出努力的人，正是因为有你们的鼓励和肯定，我才有勇气和毅力，去挑战自己；正是因为有你们的一路陪伴与同行，我才能够把这样优秀的作品翻译出来并呈现给有这方面需求的广大读者。

引　言 //

> 给予反馈是一件很难的事。因为我们从小就被教导：如果你说不出什么好话，就什么也别说。而这现在变成了你必须要做的工作。1
>
> ——金·斯科特，《绝对坦率》①

给予反馈虽然比不上研究火箭，但实际上它的难度更大。

航天工程师兴许不同意这种说法，但咱们试想一下。假设你是一名火箭科学家，在真正进行火箭研究之前，你已经接受了多年的正规训练，与一群聪明人进行过无数次模拟和头脑风暴，完全没有任何风险。

但是给予反馈这事儿又如何呢？你很可能在闯入这种职业领域

---

① 该书简体中文版已于2019年由中信出版集团出版。——编者注

之前没有接受过任何有关的培训，也没有团队带你做过这事儿，你唯一能模拟的就是在脑海里琢磨，"该如何措辞才能让别人不沮丧？"

要知道火箭并不是唯一会爆炸的玩意儿，人也是会一点就着的。

怎样才能给予有效的反馈呢？研究人员发现，在给予反馈时，我们可能会犯很多错。在本书中，我们将探讨这项研究揭示了什么。但是，你很可能已经从生活经验中认识到，要想把这件事做对有多难。

我认识的一些管理者，他们原本心怀善意，在给予反馈的时候，却总是把事情搞砸。在我30岁出头的时候，遇到过一个很不错的上司，她的时间观念非常强。那是我入职第一年的年底，这位上司那时候刚刚升职，正全神贯注于自己的新职责。一次午餐会后，我们碰巧一起去了洗手间，就在那个时候，她突然开始询问起我这一年的表现。她并无他意，只是想充分利用时间，但我当时大脑一片空白，脑中只能浮现出这几句话："现在吗？是真的吗？我什么都说不出来啊。"

这么做很容易让人起疑。不过我知道她是个好上司，只是这几个月过得很糟糕。她面临各种压力，而让我了解自己的表现不过是她不想面对的另一个压力罢了。

不知道怎样提供反馈怎么办？

对管理者而言，反馈向来不容易。一项美国的研究发现，有

37%的经理承认,在给员工批评性反馈时会有心理负担。[2]我采访过的经理普遍认为这个比例被严重低估。关于反馈,有一个普遍误解,即反馈只会给接受反馈的那个人带来压力。我在主持关于如何提供反馈的研讨会时,经常会询问与会者一个问题:"被评估的人比评估别人的人感受到的压力更大,这是真的吗?"几乎每个人都认为这是真的。我们能够迅速对接受反馈者的想法感同身受,比如,处于严格审查之下是什么感觉,过去犯的错被重提又是什么感觉,以及在为自己的选择辩解时感受到的压力。然而,当研究人员在对公司评估过程中各方感受到的压力进行测评时却发现,提供反馈的高级员工报告的压力水平明显比接受反馈的低级员工要高。[3]事实上,面对面给予批评性反馈是让人很为难的一件事,有些人根本就不去做这种事。有21%的经理承认他们完全避免面对面向员工提供负面反馈。[4]

从许多方面来看,和10年前相比,提供反馈在当下似乎更容易。如今,我们随时随地都会提供反馈。我们给喜爱的餐厅好评,给体验糟糕的爱彼迎公寓差评。在急诊室,我们要评价医生;监狱的服刑人员都会被要求评价管教;伦敦希思罗机场甚至要求旅客通过评价按钮对令人生畏的安检流程进行评价:满意就按下微笑表情按钮给予褒奖,不满意就按下皱眉表情按钮表达不满。[5]

尽管在公共场合,我们做了太多提供反馈的实践,但是当我们需要对他人给予个别反馈时,还是会觉得不知所措。没有所谓魔法按钮一键解决这等好事儿。

我一直在研究为什么管理人员避免和员工面对面聊批评性反馈，以及为什么他们认为这样做如此"压力山大"。显而易见的是，给团队成员的反馈是针对个人的。在就餐后给厨师评价或者安检之后给安保人员评价会容易得多，因为你根本不认识他们，只是单纯地对他们的工作做出评价。但你对和你共事的艾米丽却了如指掌，是你雇的她，你知道她有一个即将大学毕业的女儿，你还知道她个性脆弱，经不起打击，所以你会很为难，不知道该怎么跟她说她的表现十分糟糕。

此外，管理人员还面临很多不那么明显却同样让人苦恼的问题。我们大多数人都没有接受过正式培训，训练我们如何有效地提供反馈，因此，如果对方情绪不佳，我们就不确定该从哪里给予反馈或以什么方式来反馈，还会担心提供的反馈没准儿会带来适得其反的效果。雇员可能不那么喜欢你，但他们至少不讨厌你。如果你跟张三说要有战略眼光，又告诫李四说话做事要干脆利索，那么你很可能会疏远这两位平时你非常倚重的同事。没有管理者愿意把事情搞砸，所以大多数人宁愿什么都不说，以免说错话。

管理人员不愿提供反馈，也是因为反馈会带来一连串反应。一家科技公司的中层管理人员曾经解释说："我读过很多关于如何提供反馈的书。书上说，要想做到正确反馈，必须要找到可以量化的指标。然后，需要与员工一起制定可量化的目标。接着，还得花时间评估他们是否有进步，这样才算闭环完成。之后，要和员工复盘整个过程。这么复杂,干吗还要尝试呢?不如像平常一样以谈话的方式反馈一下算了。"然后,自求多福,希望烦人的问题能够自行解决。

经常提供反馈的压力会使反馈变得更难。根据2016年《哈佛商业评论》的一项研究,包括微软和摩根大通在内的跨国公司中,有70%正在放弃每年一次的正式绩效评估。新的热门做法是来一场关于优缺点的谈话。这个谈话不那么正式,却可以频繁进行。[6]据《教练习惯》(The Coaching Habit)一书的作者迈克尔·邦盖·斯坦尼尔观察,越来越多的小型公司现在正在采用这种非正式谈话的方式向员工提供反馈。[7]

即使人力资源部门没有敦促你频繁提供反馈,你也会很快给出直接的反馈报告。千禧一代,即1980—1995年出生的人,比他们上一代人更希望获得反馈。[8]对大多数失落的一代和婴儿潮一代来说,他们习惯每季度收到一次反馈,而对大多数千禧一代来说,他们更愿意每月收到一次反馈,有些人甚至希望每周收到一次反馈。也许你手下还没有很多千禧一代的员工,但是据美国劳工部的预测,这个时代很快就要到来。到2021年底,千禧一代预计将占美国劳动力的50%以上。[9]

然后是Z世代,即出生于1996年或更晚的一代人。在撰写本文时,Z世代员工刚刚参加工作。他们有什么样的反馈意愿,目前还看不出来,但早先有研究表明,校招的应届生会将自己的专业发展放在首位,公司是否提供丰厚的薪酬,以及工作与生活的平衡关系等问题也在考虑之列，但是 Z 世代最希望的还是制订个性化计划来发展自己的技能。[10] 如果你不教点什么，他们就会去寻找一位愿意教的老板。

因此，如果我们要对反馈进行改革，满足各方的需求，就需要进行彻底的反思。以前那一套，即"如果你说不出什么好话，就什么也别说"的做法，数年前就不管用了。当然，对每一个想避免冲突的人来说，都会有焦虑的时候，因为我们没法将这些不太容易进行的谈话停留在脑海里，我们需要和别人进行这些谈话。这些谈话既然耗费了大家宝贵的时间，就得起点作用才行，如果管理者确实相信，以谈话方式提供反馈利大于弊，那么他们会这样做的。

反馈可以成为你下一个超能力

没错，提供反馈的能力可以成为你的超能力。这是你可以培养的为数不多的技能之一，每一次的进步都能为团队带来改善。稍微提升一下你的反馈技巧，员工工作会更积极。如果你的反馈技巧能够大幅度提升，你就会变成传说中那个最好的上司，并且员工也会把这份工作视作他们做过的最好的一份工作。（就超能力而言，这并不是看不见摸不着的，而且也不会给你带来额外的麻烦。）

对有些管理者而言，即那些不愿批评别人的人来说，仅仅进行一些他们一直逃避的反馈性谈话,就已经是很大的进步了,而你能做到的更多。

　　反馈可以起到杠杆作用,你可以通过反馈把普通员工变成优秀员工,把明星员工变成超级明星员工。有研究发现,普通员工会因为取得的进步而备受鼓舞,哪怕只是小小的进步。比如,贾斯汀今天做了一个报告,那这个报告比起上一次来怎么样呢?你可以告诉他,比起上次做的报告,他这次做的报告好在哪儿。不仅是让他开心一下,更会激励他第二天做得更好。[11] 本书接下来的章节是关于如何倾听和赞美别人的,这些方法可以帮助你把一次次小小的进步变成高光时刻。这些重要的改变,不仅会让你成为更好的自己,更会让你的团队与你共同进步。

　　你手下的优秀员工会有不同的需求,有些需求会超出你的预期。管理者常常认为优秀员工很清楚自己的影响力,所以他们不需要鼓励。然而有研究发现,这些员工反而需要更多反馈,他们希望每个月至少进行一次严肃的反馈对话。但是实际上,只有约53%的优秀员工能得到这样的反馈。[12] 其实优秀员工也需要指导,你的团队中是否有这样的员工,他们思维活跃,不管是不是他们的事儿,总能对出现的问题想出好几种解决方案。他们兴许需要你在他们搞不定的时候帮一把,但这并不意味着你必须扮演一个"全职治疗师"的角色。你也不需要像他们一样聪明才有资格给他们提供帮助。这本书会告诉你:问对了问题,你就会让每个人都变得更好。

花工夫练习做好反馈是值得的，这其中还有一个原因，那就是：你不会再用那些只针对某个人的反馈来打击表现好的员工。我听说过无数这样的案例：因为某个员工的个别行为，管理人员给整个团队发电子邮件，或者在休息室贴通告警示；更有甚者，仅仅因为个别人行为不端而制定了一项新政策，要求人人都必须遵守。事实上，"人人为我，我为人人"这样的说法并不适用于反馈。如果杰克有问题，那么你只需要指导他就好。这本书会帮助你克服反馈障碍，从而使你的团队中那些没问题的成员更热爱自己的工作。如果反馈得当，有问题的那一个也会更喜欢你。

了解人力资源管理者的角色

尽管我编写本书的初衷是帮助那些辛勤的管理人员，但同时也希望能对人力资源主管有所助益。如果你在企业的人力资源部门工作，那么你们单位很多其他部门的领导可能都会来向你讨教如何给员工提供负面反馈，或者有时候你正是那个给部门领导带来"坏消息"的人。正如一位人力资源主管所言，人力资源部门的人要"勇于挑战那些懒得反馈或不屑于提供反馈的领导"。[13] 也许你接受过正式培训，算是人力资源领域的专业人士，那么处理这类难题对你自然是"小事一桩"。但是，如果你和大多数人力资源管理者一样缺乏正规培训，那么，这样的"小事"对你却是"难以承受之重"。你之所以能胜任这项工作，并非因为你有人力资源的专业学位，而是因为你向来擅长和人打交道，或者是迫于岗位需要迅速成长了。因此，本书将填补你在这个领域的知识空白，书中提及的研究成果可以给你的思维逻辑提供更多理论支撑，使你在部门领导向你咨询如何反馈时能够侃侃而谈。

不过，我曾与多家《财富》世界500强公司的管理人员进行过交谈，他们认为，指导反馈性对话并不是人力资源管理者的工作职责。理想情况下，负责任的人力资源管理者会给我们提供所需要的培训，从而帮助我们更加出色且经常进行反馈。然而，在你们单位，人力资源管理者的工作重点很可能在其他方面。我采访过一位名叫丹尼尔的人力资源经理，他解释说："很多大型公司中的人力资源部门都忙于处理绩效考核的合规问题，公司并不要求我们一个个地帮助员工提升自己。我可能会收到一条长长的清单，把什么该说、什么不该说列得一清二楚。但是，令人遗憾的是，这份清单根本不会提及怎样激励出色的表现。"人力资源部门的工作通常是创建一套可靠、运行平稳的系统，以确保把公正的反馈记录在案，而不是创建一支出色的能够给予别人个别反馈的工作队伍。

我认识很多人力资源领域的杰出人才，他们非常善于研究如何提供有效的反馈，并且通常带着极大的善意。但我也知道，他们在实际操作中往往畏首畏尾。举个例子，最近一家《财富》世界500强公司邀请我给他们做一场关于如何更好地提供反馈的讲座。考虑到我们已经定好了主题，我建议将讲座的题目定为"如何公正地给予反馈",联系我的负责人也很满意这个题目。但是,当她将这件事转给公司人力资源部与法务部时,这个题目立刻遭到大家的一致反对,他们把"如何公正地给予反馈"改为"如何保持反馈的公正性"。

这其中传递的信息再清楚不过了。那就是,我们没有一点儿问题;如果有问题,我们也已经解决了。因此,每个人只需要一个善意的提醒就够了。

如果你是一位管理人员,察觉到你需要给员工提供一对一的反馈,那就对了。你若不想成为那21%的管理人员中的一个,完全回避和员工进行反馈性对话,也不想看到因为自己没能做好反馈,员工去年绩效考核时出现的问题至今依旧毫无改进,那么,你需要一个富有洞察力的工具,使你努力提供的反馈能够真正起作用。我建议你将此书视为工具书。

一年后,她拥抱着感谢了我

毛拉曾在洛杉矶一家健身俱乐部当经理。她负责安排俱乐部提供的健身课程,在什么时间,由谁来上课,等等。这个健身房是一个高端会所,大多数会员是银行家和企业高管,进进出出的人都穿着昂贵的定制服装,而不是几十块钱一条的瑜伽裤。俱乐部有一位带瑜伽课程的教练,叫萨曼莎。毛拉注意到萨曼莎课程的出勤率一直很低,因此她决定亲自去看看到底怎么回事，结果发现，萨曼莎的课完全没问题，但是这个瑜伽课程好像不适合这里的会员。貌似银行家来健身是为了受虐，而不是想得到滋养。因为参与萨曼莎课程的人太少，毛拉不得不辞退她。

毛拉把萨曼莎叫到她的办公室，对她说："我真的很喜欢你的课。我可以看到你全身心地投入了工作，但是很不幸，这个课程不太适合我们的会员，他们喜欢高强度运动，最好能把他们累得不能动弹。他们并不懂你精心设计的课程。"萨曼莎也认为，大多数时候，她的课只有三名固定会员，这让她感到十分沮丧，但她对自己的课程还是坚信不疑。毛拉继续循循善诱："你知道，萨曼莎，你的付出很显然是对牛弹琴，属于你的会员不在这个俱乐部，你自己怎么看？"经过更深入的沟通探讨，毛拉说道："如果你认定了这份工作，认定了自己要当这样的瑜伽师，那么就一定坚持下去。只是不要将自己困在这里，因为这样一来，你就不是你了。这儿的会员不适合你，你最好换个地方发挥长处。"

萨曼莎会因为听到这些话而感到高兴吗？彼时彼处是不会的。她有着自己的解读。她很沮丧，因为自己被解雇了。她甚至提出抗议，要求再给她点时间，并坚持认为以后会员人数会增加。交谈一直在进行，毛拉始终对萨曼莎的能力给予肯定，指出她的能力在这个俱乐部没有得到应有的欣赏。最后，萨曼莎在离开毛拉办公室时默默认可了毛拉的建议，那就是最好还是去别的健身俱乐部寻出路。一年后，当再次见到毛拉时，萨曼莎给了她一个大大的拥抱。她们的那次谈话给了萨曼莎很大的启发。萨曼莎告诉毛拉,她创建了自己的瑜伽系列课程。萨曼莎解释道:"如果我们那天没有进行那样的对话,我永远不会有动力和信心来打造属于自己的风格和品牌。我围绕着瑜伽课程创建了一个完整的业务单元。我要感谢你帮助我释放了自己的潜力。"

这就是良好反馈能够带来愿景。批评性的反馈若能巧妙地表达出来,便能够扭转乾坤。有意义的反馈有助于我们发现自己的潜力,并为我们指明前进的道路。

这本书不是裁人指南。我不能保证,因为你给团队中表现最糟糕的员工指明了道路,他便会对你大加感谢。如果是那样,当然不错,不是那样也没关系,因为反馈可以给日常工作带来更多的成果。我分享毛拉的故事是想说明,作为管理人员,我们给员工反馈不仅仅因为这是人力资源部门的要求,也不是因为团队中那几个千禧一代的年轻员工老是询问自己的表现如何,而是为了更好地解决问题。在接下来的部分,我将概述一个给予反馈的新方法。这个方法可能会颠覆你的认知,与你之前听过的反馈谈话完全相悖。

关于如何改善反馈效果的一些激进观点

管理者懒于提供反馈有两个原因:一是反馈会带来更多的麻烦和压力,二是反馈并不总能发挥作用。曾有一个研究小组分析了12000多个反馈实例后发现：确实有一些人在收到反馈之后绩效表现有所提升，但并不是人人如此。高达38%的案例显示，人们在得到反馈之后，表现不仅没有变好，反而变得更差。[14]

或许你对这个数据并不感到吃惊，或许你看见某人犯了一个小错误，随即便提出建议，予以指导，然后难以置信地看到他犯了更大的错误。尽管这种事儿司空见惯，但仍然值得思考："为什么反馈有时会适得其反？"当我们听到"你做得太糟糕了"这样的话时，我们可能会感到沮丧，丧失前进的动力。也有可能，当别人对我们说"别那么做"时，我们心中的逆反情绪立刻被唤醒，会变本加厉地那样做来证明自己的做法是对的。

那么我们如何才能让反馈有效呢？目前流行的有两派说法，这两派所持观点完全不同。（如果你不认同老板给予反馈的方式，那么很可能你俩不是一派。）一派有远见卓识的人认为，反馈需要更加直接，关键要直击痛处。投资公司桥水基金的创始人、畅销书《原则》①的作者瑞·达利欧便是这个派别的。同属一派的还有畅销书《绝对坦率》的作者金·斯科特。达利欧认为，一个组织要做出更好的决策，就需要将"彻底透明"视作头等大事。这意味着，需要将以前"避而不谈"的事情，尤其是做错的地方、存在的问题，以及缺陷和弱势，都摆上台面儿。达利欧主要从组织层面进行探讨，而金·斯科特则专注于个人层

---

① 该书简体中文版已于2018年由中信出版集团出版。——编者注

面，认为管理者应该最大限度地做到坦诚。他的理念是，我们既需要通过反馈直接指出员工工作上的不足，也应该以反馈的形式对他们个别关怀。[15] 斯科特认为，如果总是直接指出问题而不给予关心，那么你就会显得过于强势，令人厌恶。

而另一派则持完全相反的看法。这一派的智者坚信，直接指出员工的问题并不会让他们进步，相反，这会导致他们心存不满。《高绩效团队应该这样带》①的作者马库斯·白金汉和阿什利·古道尔认为，如果我们将大部分精力集中在改善员工的弱点上，充其量我们会将其业绩从 –10 分提高到 0 分；但是如果我们将注意力集中在挖掘发挥员工的长处上，我们很可能会将其业绩从目前的 5 分提升至 10 分。因此，这一派的观点是，你如果希望反馈奏效，那就多多关注员工成功的一面，而不是把注意力放在那些令人沮丧的错误上。[16]

这些勤于思考的智者正在改变我们提供反馈的方式。他们为一些旧问题注入新的能量，并在此过程中提供有见地的策略。在本书中，我将提及他们的这些巧妙想法。

但是，这些方法都不够完善。瑞·达利欧的"彻底透明化"并非对每个人都有效，比如，桥水基金有大约 30% 的员工在入职后 18 个月内辞职。[17] 金融服务业的员工流失率每年平均为 10.8%，因此，正常情况下，该公司的员工在入职 18 个月内的流

---

① 该书简体中文版已于 2021 年由中信出版集团出版。——编者注

失率应在15%~16%，而不应该是30%。并非所有人都乐于公开讨论自己的错误。相反，白金汉和古道尔提出的基于优势的反馈是个不错的点子，毕竟我们都乐意扬长避短，但是这个点子其实也走到了另一个极端。作为管理者，我们需要和员工讨论他们做得不妥的地方，这时候需要些方法来指导我们进行这样的讨论。如果某位员工经常不能按时完成重要的工作，或者泄露高度敏感的信息，那么你就不能在反馈的时候仅仅表扬他的长处。

这三种方法中，斯科特的观点相对折中，即将"个别关怀"和"直接点明问题"相结合。我认为，熟练做到这一点将带来最理想的反馈效果。但是我也认为，要做到这一点需要很高的情商，你得知道什么时候关心他人恰到好处。并非所有经理都有很高的情商。研究表明，中层管理者的情商最高，而高层管理人员的情商往往最低。[18]更糟糕的是，我们大多数人认为情商比我们实际拥有的更高。例如，研究表明，只有10%~15%的人对自己有较强的自我意识，而实际上，大约95%的人都认为自己的自我意识较强；如果自我意识或同理心较弱，就有可能用极端的坦诚来为自己糟糕的行为开脱。[19]我采访过一位科技公司员工，他说，有一次公司的一位高级经理趁他一个人在走廊上时，将他堵到墙角，然后低声说道："如果你再在开会时说这样的话，我就把你踢出我的团队，并且保证没有别的团队会再要你。听清楚了吗？"这位经理的做法十分不妥，但是如果人力资源部门的人介入这件事，他便会声称自己这是在对员工给予个别关怀，因为他是私下与员工谈的，并没有当着团队所有人的面说这番话。对他来说，这就是进步。

我对采取所谓坦诚相待的方式还有另一个顾虑，即这种做法通常是基于提供反馈的那个人的意图，而非他的影响力。如果是提供个别反馈，采取这种方式是可以的。然而，正如本书所指出的，尽管管理者的意图可能挺好，但仍有可能会和接受反馈的员工产生隔阂，特别是当处于强势地位的人给予弱势者提供反馈时。

我们需要一种万无一失的方法，不会导致大批员工辞职，能够为管理人员提供解决问题的策略，而非某种优越感，并且不需要很高的情商。我们需要一种方法，能提供可行的行动方案。你可以通过你的行为和对方的反应来判断你是否做对了，而不仅仅解释说你的行为是出于善意。要想让反馈发挥作用，它不能仅仅出于善意，还必须恰到好处。

如果反馈效果不佳会发生什么呢？人们会不会情绪低落几天，然后就会恢复如常，专注地做自己呢？有些人确实是这样的。不过，我调研过那些最令人沮丧的反馈经历，结果发现，超过38%的人在其后一个月的时间里都会对工作提不起兴趣，还有少数人这样的情绪会持续一年的时间。盖洛普咨询公司的调查发现，当员工因为不当反馈感到泄气、失望或沮丧时，80%的人会主动或被动地另谋出路。[20] 可见，草率的反馈会带来巨大损失。

让反馈有效的方式——双向沟通

我们大多数人将反馈视为一种单向沟通。如果我要给予反馈，那么我说你听就好了。甚至《商业词典》也将"反馈"定义为单方面的沟通："反馈是指就某一对象先前的行为向其传递相关信息……以便该对象可以调整其当前和未来的行为，达到理想的结果。"[21] 比如，表扬某人"你的两张图做得真不错"，也许能够鼓励某人继续保持某种行为；或者跟别人说，"你不能再用微波炉烤爆米花了"，来制止这一行为。这些做法都可以归结为一种简单方式，即"我说你听"。

这种方法非常简单，但往往效果不佳。

你也许会问：我怎么知道单边沟通有问题？作为一名社会学家，我研究各种各样的反馈，包括好的、不好的以及那些会带来伤害的反馈。我通过调查来辨别人们对反馈的反应。为了了解员工收到的评价类型，我还会对反馈本身做分析。此外，我还分析了员工的身份特征（比如性别、人种等）是否会影响他人对其反馈的方式与内容。为了撰写本书，我采访了60位勤奋工作的员工（从初级员工到首席执行官），了解了他们记忆深刻的反馈经历，以及他们不愿提及的反馈经历。

在一项研究中，我请员工谈谈在工作中经历过的最糟糕的反馈是什么。我让他们描述一次最令人沮丧的反馈经历，包括是谁给出的反馈、反馈的内容是什么、反馈对他们产生了怎样的负面影响以及这种影响持续了多长时间等所有细节。在我问过的所有问题中,最有启示的是:"怎样才能让作为反馈接收者的你感觉好些?"在进行这项研究之前,我预计最常见的回答是"如果我信任给出反馈的人,我会感觉好很多"。几乎每一本管理类的书都有关于信任如何重要的论述,即如果想让同事接受不令人待见的消息,我们就需要彼此建立信任。这完全合情合理——如果我信任你,而你告诉我,我没有发挥出自己的潜力,那么我会虚心接受。

确实如此。在我的调查中,19%的人表示信任会让糟糕的反馈体验不那么让人难过。[22]但大多数人还指出了其他一些因素,能够让他们感觉好些,信任因素不过排在第十位而已(见下表)。

如果这样,我会感觉好很多	比例/%
我的努力得到了认可	53
反馈是准确的	51
我有机会与提供反馈者更全面地讨论反馈的内容	40
提供反馈者倾听了我的看法	29
提供反馈者和我一起探讨了未来该如何做	25
我对这样的反馈有思想准备	24
反馈比较具体细致	24
提供反馈者询问了我对反馈有何看法	22
我已经明白了未来我需要如何改进	20
我信任这个反馈者	19
换另外的人给我反馈	13

当你看到前五个因素的调查结果时,你会发现两个明确的主题。第一,人们希望自己的努力得到认可。本书中有一章是关于理解与感谢的,它将深入地研究如何称赞他人。这一点儿也不稀奇,我们大多数人都希望自己的努力得到认可,尤其是得到主管的认可。第二,人们希望有机会讲出自己的看法。当看第2至第5条的结果时,我们可以发现,如果接受反馈者能够有机会就不准确的反馈进行解释说明,或者有机会和提供反馈者一起探讨,共同寻求解决方案,他们会感觉更好。事实表明,反馈时我们更需要一个好的倾听者,而不仅仅是滔滔不绝地说个不停。有研究表明,如果员工认为你是一个很好的倾听者,那么他们就会认为你能够给出很好的反馈。[23]

员工对反馈的认识程度也至关重要。当员工认为从管理者那里得到了很好的反馈时,当员工感受到管理者在帮助他们成长时,一切都会向好的方向发展。员工相信管理者会给予良好的反馈,就会有更多创新。[24] 他们很少会有辞职的意愿,对管理者更加忠诚,也会认为自己的工作更复杂并富有吸引力。[25]

重要的是,员工的认识是关键。研究发现,良好的反馈能够让员工更加具有创造力,减少倦怠感。很少有人会记住管理者说了什么,也没有人会将管理者的实际反馈与好的反馈模型做比较,更没有人会问管理者出于何种意图给予反馈,重要的是,员工认为管理者在他们身上花了心思。我并不是说让你在不得不关心员工成长的时候假装关心员工,我的意思是,如果想让反馈发挥作用，我们需要了解员工在反馈过程中希望如何被对待。据我所知，员工渴望有人听听他们怎么说。

认为反馈是双向的对话，似乎有点违背直觉。毕竟，作为管理者，你的职责是分享你认为哪些工作可行、哪些不可行。你要寻找团队的目标，这就要求你总是从需求角度看问题。这些都没毛病。

但是，当你深入探究斯科特、达利欧、白金汉和古道尔提供的反馈案例时，你会发现这些反馈令人难以置信并且非常有效，而且这些例子有一个共同点：反馈双方有交流。不是一个人告诉另一个人什么是好、什么是坏，而是两个人在交谈。我们在毛拉的故事中也发现了这一点。毛拉和瑜伽教练进行的是双向对话。毛拉在谈话中还有一些技巧，她表明自己是在为萨曼莎的最大利益着想，并肯定了萨曼莎的潜力。在这场对话中，即使毛拉是在解雇萨曼莎，她还是站在萨曼莎一边。我们将在本书中解锁这些技巧，并解释如何使用这些技巧。在成功的反馈对话中我反复听到的是，两个人在真诚地交谈，同样，两个人也在相互倾听。

这就是本书的不同之处，你会得到切实可行的并且有研究结果支持的解决方案。这样你的反馈就不会只是说说而已，也会被人倾听和重视。关于如何提供反馈的书经常会建议，让你在会议开始前填一份复杂的表格，厘清你对别人有什么要求。弄清楚你要传达什么信息很重要，但这样的建议会让你谈话还没开始，就有一大堆工作要做了。

事实上，开展谈话才是最难的工作，难就难在怎样倾听以及怎样让别人倾听。你需要弄清楚你让下属听到些什么，才能激励他们、让他们认真倾听你的意见，而不是事先编写一个完美的脚本。正如我们看到的那样，一旦别人认为你倾听了他们的心声，了解了他们的处境，他们就会更容易倾听你的意见，了解你的想法。

持之以恒地做好当下的事

还有一个至关重要的问题，也是任何一本关于反馈的书都会提及的，那就是：无意识偏见。一直以来的研究都表明，不论男性管理者还是女性管理者，都倾向于给男性员工提供更有效的指导培训。如果你对女同事评价甚高，或者你作为女性员工向男性员工提供居高临下的反馈，都是彻头彻尾的侮辱。并非所有男性员工在收到五花八门、见解深刻的反馈时都会充满喜悦，继而职业生涯突飞猛进。我采访过的很多男性都说，他们曾收到的反馈要么表意不明、充满敌意、令人沮丧，要么就是完全错误的。但是，更经常的情况是，男性员工收到的反馈质量更高、可操作性更强。

对于初来乍到的员工，女性会收到更多有关其性格和沟通方式方面的反馈。一组研究人员在员工的书面绩效评价文本中搜索"进取心"一词，他们发现，这个词出现在给女性员工文件中的概率达到76%，只有24%的情况出现在给男性员工的文件中。[26]

对男性来说,"进取心"有时是一种称赞,但对女性却不尽然。

研究还表明,管理人员通常不愿给予女性员工反馈,因为担心这样做会让她们沮丧。举个例子,埃瑞克是一个软件团队的经理,已经在这个岗位上工作了两年,他的下属都非常拥戴他,因为他能够提供部门里最好的指导。然而,那时候他的直接下属有90%的人是男性。梅兰妮是该公司另一个部门的软件工程师,经人强烈推荐加入埃瑞克的团队。然而尴尬的是,埃瑞克发现,他很难让梅兰妮知道她需要提高工作效率。在加入埃瑞克团队的两个月里,梅兰妮什么都没做出来。"如果她是一个男的,到这时候我早就跟她沟通了。我会让她知道她表现不佳,我也会问她打算怎样做。"但是埃瑞克并没有这么做,他联系了梅兰妮之前的部门经理,想了解她的工作风格。"我知道我应该直接与她交谈,也知道我应该以更好的方式处理这件事,但总是觉得不对劲儿,让这件事做起来没那么容易。"

女性收到的反馈,常常言辞模糊或前后说法不一致。我们来看看丽塔的故事。经过不懈努力,她现在终于成为一家房地产公司的副总裁。在此之前两年多,她没少向上司表达提升的愿望。每次她向总裁咨询这个问题时,总裁都会含糊地说:"持之以恒,做好当下的事。"就这样过了一年,丽塔在各方面表现都很出色,证明了自己的能力。而她从老板那里得到的最具体的反馈是"扩大团队。要想成为副总裁,你需要证明你有管理一支大型团队的能力"。从表面上看,这个建议很有针对性,可行性也很强,只要招募更多人就好了。可问题是她的团队要招多少人只有总裁说了算。当丽塔指出这一点时，总裁说他爱莫能助。

越来越多的证据表明反馈中存在种族偏见。目前，它还不如性别偏见有据可查。但在第八章中你会看到，和评价白人员工相比，我们在评价黑人、拉丁裔和亚裔员工时，更关注他们与众不同的特征。我们并非故意，但是除非我们特别注意，否则就会很容易采用双标或者多标。

作为管理者，发现反馈中存在的无意识偏见可能是成长过程中最重要的一步。你有能力在属于你的小小世界中做出改变：你不仅可以改变下属，让他们更加相信自己的潜力和影响力，还可以让他们确信自己能够得到支持、受到奖赏。

即使对以反馈为职业的人来说，反馈也是不容易的

给予批评性的反馈是我工作中至关重要的部分。我从事的是教师发展方面的工作，这意味着我要帮助那些优秀的大学教授成为受学生喜欢的教授。我工作的一部分是，准确指出教师在教学中的优缺点。接下来是难得多的任务，我需要想办法把我的观察告知教授们，让他们能领会我的意思。即使有些人主动向我寻求帮助以取得进步，但人非圣贤，如果我开始指出他们的缺点，他们就会变得有些敏感。

我仍记得第一次有人对我善意的建议激烈抗议的经历。当时

我刚在卡内基-梅隆大学读完博士，在助教办公室工作。一位工程专业的研究生想激励学生多在课堂上发言，问我怎么办。他认为，如果学生能主动讨论概念，肯定会收获更多，但大多数学生只想誊抄他写在黑板上的内容，一言不发。我旁听了他的一堂课，边听边想了好几个点子，我把可以尝试进行的课堂活动写了满满一页纸并送给他。几天后见面时，我问："你有试一试吗？效果怎么样？我注意到你采用了方法 A，大多数人都尝试过了，但并不奏效。如果你试试方法 B，就有回旋的余地。"

在我说到第三个建议时，他放下了手中的笔。我滔滔不绝地说着，不时点头示意，认为自己需要更努力地去点拨他。听到我的第六个或第七个建议时，他抑制不住愤懑，脸涨得通红，说："你知道这得费多少时间吗？我已经超负荷工作了，已经精疲力竭。你知道我大多数晚上都会熬夜到 1 点吗？就是为了在课前做好充分准备，不至于上课时像个傻子一样！我还有一篇论文要写，进度已经落后了。你这样让我的压力比以前更大了。"

他怒不可遏，我大惑不解。他不是在寻求我的帮助吗？这难道不是在帮助他吗？

那么我做错了什么？我一直在给他建议，但没有停下来倾听他怎么想。我没有和他一起解决他的问题，而是给他提出了更多的问题，让他自己去解决，连带着还有一系列他之前没有提过的问题。我的建议并不糟，只是有些片面，而他迫切需要的是能有人支持他。

那是差不多 25 年前的事了。这 25 年间我潜心学习如何进行真正有益于他人的反馈对话,而不仅仅是唾沫横飞地提出建议,单方面自我感觉良好。我开始阅读相关文献并进行研究。我与数百名专家合作,寻找帮助人们摆脱不良情绪的方法,让人们在被告知"你应该这样做"时,不至于反感。

你一旦掌握了巧妙的反馈技巧,就会发现你可以在各种情况下使用它们。例如,我会在招聘过程中加入反馈信息,在校园里面试应聘者时,就会找机会把我观察到的东西直接反馈给他们。我的评价可能是:"我注意到当面试官开始问你问题时,你似乎很紧张。你能告诉我你当时的想法吗?"然后我会等待他们的反应。有些人会变得有戒心,有些人会因为尴尬而脸红,有些人则会笑着说想知道他们的举动在哪些方面和别人不一样。我最喜欢的反应是,当我们一起头脑风暴,寻找一个更好的方法时,我们大声地说出自己的想法,一起解决问题。我让每一个应聘者都这样做,不论他们是要应聘兼职的行政助理还是全职主管。我希望我的同事是善于接受反馈的人,或者至少是努力接受反馈的人。让候选人知道和我一起工作是什么感觉,似乎也是恰当的。如果应聘者从来不想要接受直接的反馈,那么最好另谋高就。

无论何种性格,皆可给他人出色的反馈

你可能会觉得我像一台反馈机器。可能觉得我会随时进行反

馈对话，看着对方的眼睛，大胆地说出我的意见。因为我知道帮助某人提升是正道，所以我会毫不退缩。

我确实会在反馈时看着对方的眼睛，但是我绝不会鲁莽行事。说实话，我很擅长解决冲突。但是，当有人犯错，让我失望或引起其他问题时，我也觉得很难直接指出，还没反馈我就会感到畏惧，更别说在反馈的时候，我完全不知道该怎么开口。最近，我邀请一位单位负责人一起喝咖啡。她之前公开分享了一些具有误导性和破坏性的信息，所以要具体和她沟通一下。我们闲聊了1小时15分钟才进入正题。我预先在心里已经想好要说什么，我知道她宁愿在私下有点小尴尬，也不愿在公开场合出糗，但是真到面对面的时候，我还是有些不自在。在我俩会面的过程中，我一直在想："吉娜这么好，我比我想象的更喜欢她，为什么要破坏她的好心情呢？为什么要破坏我们共同拥有的快乐时光呢？"

也许你可以像我一样，创造性地找一些借口来解释为什么你可以跳过谈话中最难的那部分。比如"这事儿不好开口""这会显得我像是在找碴儿""就那一次，她可能不会再犯同样的错误了"，等等。或者，即便话到嘴边，我也会说："也许没人会去读那封列着薪水的电子邮件。"

如果我学会了如何提高反馈能力，那么你也可以。

在本书中，我将用易于理解的方式分享这项研究成果。但最重要的是，我会分享一些经验，从管理者角度分析如何进行有意义的反馈对话并留有余地，从员工角度分析怎样的反馈对话会让他们感觉不舒服。这些必要技能（以及要避免的错误）是值得学习的。你会因此更明智，而你的团队会和你一起变得更好。

我们要面对现实，所有人都有过反馈的经历，或是让我们鼻青脸肿，或是让我们羞愧不已。大多数人至少会经历一次让我们得到提升的反馈，照亮了一条我们从未想过的路。我愿帮助你进行更多此类有意义的对话，不是那种硬邦邦的对话，而是有启发性的、能照亮前路的对话。让我们开启这段旅程吧。

// 小结 //

- 37% 的管理者认为，给予员工批评性的反馈很有压力，也很难做到，而 21% 的管理者选择逃避。

- 管理者被要求必须给出更多的反馈，但他们不一定接受过关于如何熟练提供反馈的培训。

- 研究人员发现，38% 的反馈会使员工表现更差，而不是变好。

- 我们需要有效的反馈工具。我们需要那些不会导致员工辞职的反馈工具。这些工具会提供解决问题的策略和能力，能概述具体行为，而不仅仅是好的意图。

- 认识到"员工希望的反馈是双向的对话"是有用的。

- 关键是激发别人的能力，让他们能听进去反馈。要做到这一点，你必须学会倾听。

- 在反馈中会有无意识偏见，这是一个普遍存在且往往未被认识到的问题。虽然我们无意给白人提供更好的反馈，但这确实在不经意间就发生了。

- 本书将在如何给予反馈方面为你提供帮助，目的是通过反馈让每一个人都成为最好的自己。

书尽其用

本书第一部分介绍了四个基本原则，可帮助你为他人提供更有效的反馈。这些原则的目标是改变你对反馈的看法，以便作为管理者的你重新定位自己的角色，从而创建更富有成效的工作氛围。这样一来，对方就更有可能理解你的真实意图，聆听你的反馈并重视你对他们工作的看法。他们当时可能不会太在意你的评价，更谈不上感谢，但至少在认真听你讲话。单单是让他们聆听，你就成功了一半。而事实上，很多时候人家根本就没在听。

第二部分至第四部分是些实用技巧，介绍了六个关键的做法。这都是可以在实战中运用的战术，同时还提供了一些示例，展示了这些对话是如何展开的，谈话中可能会有什么样的阻力以及该如何应对。还有就是，在你抛出了一个话题，但是又被踢皮球一样踢回来的时候怎么办。我还将解释这些做法背后的原理以及何时使用这些做法，并分析为什么人们会忽略这些做法。

我肯定会感激你一章一章地阅读本书，不过你跳着读你喜欢的章节也完全可以。即使时间有限，我也建议你至少先略读第一部分，然后再跳至第二至第四部分，因为第一部分介绍了一些贯穿全书的重要概念，而且它还有助于消除你的焦虑。如果你处于更放松的状态，相应地，你聆听的能力也会提高。超级能力的第一秘籍是：你可能会感到紧张，但这与你无关；紧张是他人的。

· 第一部分 ·

从文本到真正的对话

第一章 //

三种类型的反馈：欣赏，指导和评价

> 好的交谈就像黑咖啡一样，给人刺激，让人辗转反侧，夜不能寐。[1]
>
> ——安妮·默洛·林德伯格

员工在谈到反馈时，通常会提及两种类型：积极反馈和消极反馈。而当管理者谈到反馈时，通常会避免提"消极"这个词，取而代之的是，他们承诺提供"有建设性"的反馈。然而，作为反馈接收者，无论给反馈贴上哪种标签，你都不会特别在意，因为你一听到别人对你的反馈就知道是积极的还是消极的。

对于如何给反馈分类，还有一种更好的方法。作为一名人事经理，你需要区分三种类型的反馈，即欣赏、指导和评价。从哈佛大学法学院的讲师道格拉斯·斯通和希拉·汉启蒙著作《高难度谈话Ⅱ：感恩反馈》(Thanks for the Feedback)中，我第一次学会了用这种方式思考反馈。[2]

欣赏性反馈，就是我们大部分人认为的积极反馈，也可以理解为表扬、认可。从表面上来看，欣赏性反馈常常与工作有关。当你向员工表达欣赏时，就代表你认可他们的行为、努力和个人品质，认为他们所做的能给工作和团队带来益处。表面上，欣赏是对一种行为的强化。当你告诉朱莉娅"上次电话会议你表现得很棒"，那么她以后还会这样表现。从更深的层面来看，欣赏代表着一段关系的建立。正如斯通和汉所说，当你说出"上次电话会议你表现得很棒"这句话时，实际上你就是在传达这样的信息，即："朱莉娅，我有注意到你，我觉得你很重要，你本就属于这里。"[3]

相反，指导性反馈则旨在帮助他人适应、转变、学习和成长。简单地说，指导就是建议。比如，你告诉斯科特"演示做到这里时，人们已经快不耐烦了，但如果你从下一张开始加快速度，就会打乱整场的节奏"。从最复杂的角度来说，指导带来转变。你需要与斯科特一起做事，才能知道他什么时候表现出彩，以及他如何经常把事情做好。

有些管理者常常不愿意指导员工，因为这听起来工作量太大了。但指导其实很简单，只要在重要会议、员工做出了较大的贡献，或者发生了里程碑式的事件后，提上两三个有益的问题即可。在本书关于指导的这一部分中，我将给你准备一些这样的问题。

首先需要意识到的一点是，指导不应该只针对你喜欢的员工，不能因为在他身上看见了十年前的自己就对他百般提点；你需要对所有员工一视同仁，这一点很重要。

评价是一种能让对方知道自己现状的反馈形式，可以是排名、评级或同行间的比较。比如，当妮可问："我要怎么做才能提升呢？"你回答："你大约每三天就能搞定一位新客户，这已经不错了，但是团队中还有人可以每天搞定三位客户。"你这么说，就是在做评价。有时候评价是非常具体的，你也许有必要按照1~5的等级给每个员工打分；但有时，评价也可以相当模糊。我采访过一名美食行业的销售人员，她叫莉莉，据她说，在上一次的绩效评价中，她的经理评价她为"问题最少的员工之一"。这算不上高度赞扬，但确实表现了她的工作状态以及管理者所看重的东西。

许多大型机构正在放弃数字评级，但这并不意味着它们放弃评价。尽管不再用分数来衡量员工的表现，你也很可能通过其他指标来衡量。比如，如果瑞安的工作要求他独立完成，而他的同事却抱怨他总是给他们发邮件寻求帮助，那么你就会发现，"独立完成工作"就是瑞安需要改进的地方。你可能不会像五年前那样评价你的员工，但是你仍然会给他们评价。

当很忙的时候，你很容易只给员工一到两种反馈，而不会面面俱到。的确，一次单独的反馈性谈话可能只会涉及欣赏或指导。而斯通和汉强调，其实每个员工都需要三种类型的反馈。

你可能会想,"对那些一直做得很好的员工,是不是有必要给出所有这三种反馈?"答案是肯定的。欣赏、指导和评价这三种反馈分别针对员工的三种不同需求。欣赏意味着一个人的工作得到了关注和重视,但同样重要的是,也意味着这个人得到了关注和重视。指导可以帮助他人确定接下来的工作方向。即使是最优秀的员工也希望完善他们现有的技能,或者学习新的技能,从而进一步提升自己。越是优秀越会这么想。评价可以让人知道他们现在所处的位置以及未来的期望:他们是否达到了工作要求,他们是否和其他同事处于同一水平,以及他们是否有可能被提拔,或是拿到一直以来期望的项目。

这其实有点让人迷惑。因为在日常对话中,这些词多多少少让人觉得有些捉摸不定,或者略带重复之意。有些管理者在使用"指导"这个词时,所指意义较宽泛,既包括表扬,也包括改进和建议。本书中,在谈论人们愿意看到的行为时,我将会用"欣赏"这个词,而在论及人们希望有所改变的行为时,我就用"指导"这个词。

弄清每个人需要什么类型的反馈信息

因为我们使用"反馈"这个词来描述三种截然不同的沟通方式,所以管理者和员工之间经常互相交流。你告诉员工"我要给你一些反馈",然而给出的反馈却不是员工想要的。例如,艾比问能否跟你联系一下,聊聊她初来公司的这六个月在团队里的工作情况。你说她的表现超出了预期,希望有更多的人能像她一样有工作热情。然而,听到这样的反馈后,她似乎一点儿也不高兴,没有像你期望的那样表现出感激的神色。你给出的评价是慷慨的赞赏,但是她真正想要的是你的指导。你兴许还会感到困惑,觉得艾比没准儿也是那些难相处的千禧一代中的一员。

她有可能是千禧一代,但在你下结论之前,要先弄清楚她在寻求什么样的反馈。当艾比说"我想得到一些反馈"时,你可以说:"我很乐意与你交谈。那么哪种反馈现在对你最有用?"如果艾比耸耸肩说:"我不知道,我希望你能告诉我你对我的工作表现有什么看法?"那么你就需要列出三种选择。你可以说:"通常有三种类型的反馈可供选择:(1)你在工作中哪方面的表现是我最欣赏的;(2)你是否想从我这里得到一些指导;(3)你是否需要我帮助你找准定位。这三点都很重要,但现在哪一点对你最有帮助呢?"(这样说可能听着有点怪,但用这种选择题的形式是为了让对方明确这些不同的选项,然后选出那个最需要的选项。)

如果艾比不知道她想要什么样的反馈,那也没关系。很可能这是第一次有人问她这个问题,所以她确实不知道自己想要什么。那么,你可以先从表达欣赏开始。金·斯科特主张直接且经常向员工提出质疑,但她也建议:当你刚开始与他人共事的时候,在前30天应该把重点放在赞扬上,而不要去考虑其他类型的反馈。[4]把注意力放在你欣赏的那些表现上,认可别人的长处,建立起彼此间的关系，这样的话，就更容易在今后的共事中让艾比接纳你的指导和评价。

当然，你可能认为员工所需要的反馈未必是他们所渴求的。比如，瑞安每天至少给你发一次邮件，询问你如何做某件事。他可能会说他需要得到你的认可，但对他这样频繁发来的邮件，你看都不想看，更别说认可和赞赏了。对于像他这样的人来说，他应该自己想出更多的解决方案。你想要给他评价，也许还得给他一些指导，以便让他在寻求帮助时更有策略。即使在别人不寻求反馈的时候，你仍然可以提供反馈，你只需要确保给他的反馈是他想要的。一旦瑞安感觉到你已经注意到了他，他就会更容易接受你的反馈。

何时给出三种反馈

一般来说，如果反馈及时，欣赏和指导可以达到最好效果。当天反馈比你等一周再反馈的效果更好，员工会觉得自己更受关注。如果你想让他们重复或改变某些行为，及时反馈能让他们印象深刻；但是如果你的即时反馈会被自己强烈的情绪影响或带有感情色彩，最好还是等一两天再说。

但是，当你要给予反馈的对象是一个产品，而不是一个事件时，比如你要对员工提交的一份报告进行反馈，该怎么做呢？在某种程度上，你给出什么样的反馈，取决于这位递交报告的员工的情况。当员工头一两次完成一项任务时,比起其他工作,他们更需要赞赏。欣赏能让员工保持动力,并能克服自我怀疑,减少失误,直面挫折,而这些现象在新人身上很常见。[5](你没准儿想:"他做得可真差劲。"不要着急,后面会讲怎么办。)当一名员工第十次完成一项任务时,他很可能是需要些指导的。他们这时候会想着如何进行优化,找到更高效的方法。而且,他们希望你和他们一样了解他们所做的工作,一眼就能准确地指出问题,并提出解决问题的办法。

要记住,这里的关键点是员工对特定任务是不是有经验,而不是他们的一般工作经验如何。假设你的首席科学家叫詹姆斯,40岁出头,是一位生物医学方面的资深专家。詹姆斯是你团队里最聪明的人,并且了解现有的协议,让团队能够按时完成任务。此时你需要他做一件他从没做过的事,比如要求他写一份一页纸的文件,以说服一位私人捐赠者资助一个新项目。詹姆斯知道如何说服其他科学家,但不知道如何说服投资人。就这项新任务而言,他就是我所说的"新手"。[6]当他给了你一份六页纸的初稿,内容包括图表、术语和引文时,你会忍不住指出这么做不对劲儿。你指导他进行项目研究的时候也许采用的就是这种方式,但此时这样做,很可能会挫伤詹姆斯完成这项任务的积极性。你的反馈应该从指出詹姆斯做得不错的地方开始。这并不是说你不能指出他在哪里出了问题(比如,你要他写一份一页纸的文件,可是他却写了密密麻麻的六页)。你需要把注意力重新集中在那些有效的做法上，并引导詹姆斯做更多此类的工作。我认为以下的语言技巧多少是有用的，你可以说：

- "这太棒了。这正是我们需要的。要是早些认识到这一点就好了。"
- "以后还要多多练习。"
- "当你写这份报告时，要想着如何让它产生一定的影响力。你写的时候在想什么？很显然你有能力做到这一点，你只是需要多用这种方式思考。"

你可能需要比员工更聪明。如果员工在某项新任务中是个新手，不管他们提出什么要求都要尽力满足，因为这时候他们更需要鼓励。我曾与五六十岁的人共事过，他们都是各自领域的专家，却还坚持说："一定要给我严厉的反馈，我需要的不是鼓励。"他们常年耕耘于自己的专业领域，绝大部分时候，他们说这话是认真的。但如果这是他们第一次做某件事，你直接给出批评性反馈，他们也会承受不了。他们会产生戒心，会受伤，会泄气，他们会觉得："也许我不是干这个的料。"他们不知道自己刚开始做某件事的时候需要很多鼓励。你应该鼓励他们。我甚至这样说过："我知道你可能没必要听这些，但给你建议之前我还是想说一下，你在公司表现最优秀的团队工作。"他们可能会翻翻眼皮，但相信我，他们一定在竖着耳朵听你说。

区分指导和评价

当管理者把指导和评价混为一谈，或是当员工实际需要一种反馈你却给他们另外一种时，就会有大麻烦。在之前的访谈中，我经常听到这类令人抓狂的事例。比如有这么个例子，这事儿发生在一个叫韦恩的人身上。韦恩是一名已经退役的前职业足球运动员，他曾经在一家咨询公司工作了几个月，有一天他的上司找他谈话，对他说，他工作不够主动。与同事相比，韦恩确实表现不佳，没有带来什么新业务。听到这样的评价，韦恩有些沮丧。不过他并不是因为对上司的评价有异议而沮丧，他确实需要招揽更多客户才行；韦恩真正沮丧的是他想要的并不是上级的评价，而是关于怎么招揽客户的指导。他对这项工作还不算熟悉，这意味着他没有足够的自信独自招揽新客户。"如果我对这项工作非常自信，恐怕也能做到把冰块卖给因纽特人，或者巧舌如簧地劝猫不再吃鱼。但是，如果我对自己所做的事情没有信心，我就做不下去，也不愿冒着失败的风险去做。"主管没有给韦恩任何指导就把他打发走了，韦恩也觉得他可能得不到什么指导。这种情况实际不是工作主动不主动的事儿。韦恩说，他完全提不起精神了。这次会面后他甚至觉得自己根本没法成功。不到半年，韦恩就离职了。

我并不是说这位主管要成为韦恩肚子里的蛔虫，知道他其实想要的是指导。但试想一下，如果他对韦恩说："你已经工作了几个月,不过恐怕还有很多要学习的,所以我很想知道关于这个工作你现在还需要了解些什么?"这样的话会有怎样不同的结果呢?韦恩知道自己需要更加深入地了解这项业务,如果主管正巧问到这一点,他一定会认真地听取意见与建议。人们需要在不影响自己尊严的情况下,没有负担地承认自己需要帮助。

当指导和评价混为一谈时,烦恼的可不仅仅是员工。作为管理者,你同样会感受到烦恼。以乔尔为例,他是一家技术公司的经理,经验非常丰富。他手下的一名工程师卡森工作未能达到预期,做同样的工作,卡森花的时间往往是其他同事的三四倍。卡森本人是一位经验丰富的工程师,并不是行业新手。在一年的时间里,乔尔和卡森进行了好几次谈话,讨论他怎样才能提高工作效率。每次谈话结束后,乔尔都觉得筋疲力尽,但什么也没有改变。就这样又过了一年,乔尔找到卡森,对他说:"已经1月底了,你把本该在去年11月上交的工作转交给别人吧,顺便看看有没有别的公司招人。"乔尔知道,这样下去,就算他不解雇卡森,总有一天他的上司也会坚持要他把卡森辞退。卡森回答说:"谢谢你,可是我并不想去别处工作,我已经看过很多公司了,但我还是想留下来。我们正在做的就是最有意思的工作。"关于如何做好工作,他没有任何见地,只是简单地说了句"谢谢,但不用了",就结束了对话。乔尔对此很无奈。其实,看看我之前对反馈的三种分类,就可以明了是怎么回事儿。那就是乔尔对卡森做出的是评价性反馈,而卡森却把它当成了指导性反馈。

这样能否解释，为什么一年的时间里卡森都毫无长进吗？应该是可以的。有些人可能会说，卡森只是在否认事实，或者故意装傻。实际上，乔尔认为自己传达的信息是"这是你现在的工作状态"，而卡森却理解成了"你可以试试这么做"。如果乔尔能够把指导性反馈和评价性反馈区分开来，对他和卡森来说结果可能会不同。乔尔可以这样进行两个人的谈话："是不是我没说清楚？首先，我要给你的表现做个评价，告知你目前的状况。让我们先来弄清楚公司对你有怎样的期望以及为什么说你并没有达到这个期望。然后，如果你愿意，我可以给你指导，告诉你怎样可以提升。"这样的交谈也许不太容易，但像这样把话说清楚可能会带来积极的改变。可是事与愿违，在这个事例中，卡森丢了工作，乔尔也对自己的管理能力产生了怀疑。

并非所有反馈的偏差都会导致某人辞职或被解雇，但这些例子都说明，一个简单的沟通错误弄不好会导致非常复杂的后果。如果你不知道对方需要什么样的反馈，或者不清楚自己给予的是何种反馈，往好了说，你是在"对牛弹琴"，往坏了讲，你会感到失落沮丧，认为自己是个不称职的管理者，而对方也会觉得要失业了。

一个关于伐木工认尿的例子

理想的状态是，每个人都有一个导师对其进行指导，然后由另一个人对我们进行评价。在你需要建议时，你可以和导师坦率地谈谈，讨论一下在哪些方面做得不够好，或在哪些方面感到力不从心。正如布琳·布朗在她的著作《无所畏惧》中所写，如果在工作中能够稍稍示弱，反而会让我们成为更好的领导。如果你能做到这一点，你尽可以大胆地说"我不知道""我搞砸了"，甚至承认"那个问题是我的责任"。[7] 在你的导师面前，你不妨卸下盔甲。

当需要知道自己的状态时，你可以咨询你的评价者。与其将自己的痛苦经历和盘托出，不如梳理一下你得到的教训和取得的成绩，花点时间逐个捋一捋，找出那个你曾经纯熟运用过的绝妙点子。这样，在你的评价者面前，你就可以身披盔甲，做好准备，听听别人怎样评价你的状态。做好心理准备，即便是别人说你没有达到目标，也不会很难过。

如果导师和评价者是不同的人，我们就可以和导师一起规划宏伟蓝图，与评价者一起实事求是地认识自己。迈克尔·邦吉·斯坦尼尔、戴维·克里尔曼和安娜·塔维斯在他们的著作《绩效管理的真相与谎言》(*The Truth and Lies of Performance Management*) 一书中，用一个伐木工人的例子来说明，当一名管理者同时担任这两个角色时，在设定目标时会有多纠结。这个例子大致如下。

伐木工和老板有这样一段对话[8]：

老板：加布，你是最棒的！这周你能砍多少棵树？让我们定个目标吧!

伐木工:我敢打赌我可以砍一百棵树,甚至更多!

老板:砍一百棵可太好了!做到了就给你加薪。当然,如果你做不到,那就说明你表现欠佳。

伐木工:不,我的意思不是砍一百棵。我的意思是二十棵树……能砍二十棵就非常棒了,简直就是一个雄心勃勃的目标。

在反馈谈话中,如果一方只扮演导师的角色,而不是评价者,我们大多数人会更加坦率、不拘谨。如果能坦率地说出遇到的困难,而不用担心这会损害我的声誉,那我就会毫无保留地说出来。我会承认我花了太多时间在网上冲浪,或者承认我有时很不愿意开电话会议。当有人给我们建议时,我们会有足够的安全感来接受建议。

然而,现实情况是,大多数管理者不得不同时扮演这两种角色。对直接下级来说,你很有可能既是导师,又是评价者。你得对他做出评价,同时还得确保提供他所需的指导。有些公司会聘请从不进行评价的执行导师,所以员工可以充分信任这些导师。如果你的公司没有这方面的高昂预算,那就鼓励你的下属寻找自己的导师和支持体系,员工会受益于多个导师的帮助。专业技术人员如果有多个导师指导,收入会更高,职业发展也会更快;和那些只有一个导师指导的专业技术人员相比,也会拥有更高的工作满意度。[9]另外,在有关评价的章节中,我们将更详细地介绍,你在需要提供指导和重要评价时,该如何组织你的措辞进行反馈。

本章最重要的一点是,每个员工都需要这三种反馈,你需要厘清自己应给出哪种类型的反馈。在你头几次尝试这么做的时候,要区别欣赏、指导和评价可能不太容易。但是你要知道,几乎所有的事情在最初尝试时都不会太容易,不管是用手机下单购物,还是尝试驾驶皮划艇。仅仅因为这件事不容易就放弃尝试肯定是不行的,不容易只不过意味着你需要实践练习而已。

// 小结 //

- 如果你能意识到欣赏、指导和评价是三种不同的反馈方式，那么沟通就会更加清晰明了。每个员工都需要这三种不同的反馈。

- 欣赏意味着你重视这份工作和完成这项工作的人。

- 指导能够帮助员工适应工作环境、提高工作效率和学习能力。

- 评价可让员工知道自己和公司的期望有多大差距，以及未来的期望是什么。

- 询问员工想要得到什么样的反馈，并确保给出相应的反馈。

- 很重要的一个例外是：新手或接触一项新任务的员工需要更多的赞赏，常常连他们都意识不到自己需要这么多的赞赏。

- 指导和评价常被混为一谈，都被归结为"建设性反馈"这一类。这样的混淆可能会给你和你的员工都带来挫败感。

第二章 //

与人并肩，而非问题

没有人在乎你知道多少，直到他们知道你有多在乎。[1]

——西奥多·罗斯福

先来看一个故事。故事的主人公叫克丽丝特尔。她的工作是筹款，这也是她擅长的。克丽丝特尔解释说："筹款这事儿很简单，要么是从银行筹款，要么就是别的地方。对我来说，肯定是要从银行筹款的。"克丽丝特尔是一家非营利机构的业务拓展部门副主任，工作几年后，主任职位出现了空缺，她觉得自己业绩出色，就申请了这个职位，虽然最终未能如愿，但她并没有气馁。她觉得自己还有很多东西要学，于是一如既往地努力工作，持续筹得了很多款项。当主任这个职位第二次出现空缺时，她又申请了，可是她还是没有如愿。这一次对她的打击比较大，让她有点不知所措。

5年里，她一共申请过三次主任职位，但每次都被拒绝。她觉得自己得换一份工作了，很显然现在这个老板没有提拔她的打算。但是她不想轻率地做决定，于是收起了正在起草的辞职信，给她的导师打了通电话，她的导师是她在公司之外最信任的朋友。她的导师告诉她不要辞职，至少现在不要辞职。"克丽丝特尔，就算离职也要在走之前搞清楚不被提拔的原因，显然有些事情是你不知道的。"

克丽丝特尔在每次申请升职被拒绝后，都会问问是什么原因，但收到的反馈总是模棱两可。人家跟她说："你做得很好，只是不适合这个职位。"没有人指导她如何提升自己，也没有人透露过这份工作要求候选人具备哪些条件。听了导师的建议，她豁然开朗——如果想另谋高就，她就得弄明白老是得不到提拔的原因。她主动联系了一位董事会成员，请他一起喝咖啡。这位董事会成员曾负责评聘考核，克丽丝特尔和他私交甚好。克丽丝特尔一股脑儿道出自己的困惑和无奈。她说："听着，我有一个问题要问你。我知道你可能没法回答这个问题，甚至有可能碍于法律层面的原因无法回答，但我确实感到自己正处于职业生涯的瓶颈期。我觉得我已经创造了足够的价值，你也知道我现在做着十分重要的工作，并且别人对我的评价也不错。我很感激大家的认可。但是你能不能给我说说我到底表现如何，我的技能又如何，为什么董事会认为我当不了主任,你能否告诉我怎样做才能进步?"不等对方回复,克丽丝特尔又说:"我保证听到实话不会哭出来,更不会歇斯底里。我会感谢你,然后耐心和你谈谈,要怎么做才能表现得更好、更专业。"说完克丽丝特尔轻舒一口气,满心期待对方的回答。

过了几秒,这位董事会成员脱口而出:"原因就是你喜欢佩戴那些夸张的首饰。"因为克丽丝特尔事先答应过不生气也不哭,所以她只能眨眨眼,说了声:"谢谢!"可是后来,她生了好几天气,她觉得能否做好这项工作和佩戴首饰毫无关系,至少在她心中二者毫不相干。她确实总喜欢穿金戴银,但家人觉得,这才是成功女性的象征。克丽丝特尔没有辞职,但是她开始准备求职简历了。几周后,她参加了一次筹款会议,在会上她第一次注意到,参会的女士通常只是戴着简单的结婚戒指,如果戴耳环,都是戴一些不起眼的大头钉、钻石或珍珠之类,没人戴特别大的、光芒四射的款式,也没有人戴那些走起路来晃来晃去、引人注目的手镯等饰品。这时她才开始注意到在工作场合佩戴首饰的一些禁忌。在高级筹款活动中,女性通常都会佩戴低调的珠宝,而不是她喜欢的这种大胆招摇的款式。

我们大多数人都想生活在理想世界中。理想世界里,在克丽丝特尔申请主任工作失败一两次后,就该有人告诉她失败的原因。人们大概会说:"我很喜欢你的珠宝,你当然可以随意佩戴,但是如果你想要代表单位做外联工作,就要重新考虑这样的珠宝配饰是否合适。做这份工作，你需要向外传达出精致、干练的信息。佩戴珠宝和工作看起来毫无关联，但太过珠光宝气往往会让人觉得不舒服。人们没准儿会觉得这样的人怎么会管好钱，钱恐怕花不到刀刃上。

但为什么没有人给克丽丝特尔这样的反馈呢？为什么没有人早一点给她提供一些有用的指导呢？部分原因可能是他们也觉得，因为佩戴首饰的缘故而否决一位实力强大的候选人，有点说不过去，而且有点性别歧视的意味。我前面说过，在理想世界中，人们可能会解释说她的佩饰是问题所在，但其实，在真正理想的世界中，佩饰并不应该是问题的症结。按理说，评价一个人不应该看外表，应该看他所做的贡献和人品才对啊。

但我相信，这故事总有另一面，无论管理者的思想多么开放，都会时不时遇到。虽然我没有采访过这些评聘委员会的成员，但我觉得他们恐怕心态有问题。其实换个角度，是可以给出启发性反馈意见的，但是他们并没有这样做。如果你误解了克丽丝特尔，或者在给予反馈时心态不对，那么要么会说错话，要么就会对问题闭口不谈。我们并没有意识到自己会受到思维方式的影响，但它确确实实会影响我们说什么以及怎么说。

第一章讨论了三种不同类型的反馈，而本章旨在揭示你可以采取哪些不同的思维方式来考核员工和思考问题。当给予赞赏时，拥有正确的心态相对容易，所以这一点会在"实践做法：欣赏"那一部分中探讨，但在提供指导或评价时，却容易陷入错误的心态。当你面临指出对方问题这种敏感的任务时，你会更经常性地陷入错误心态。这就引出了第二个超能力：反馈有效的关键在于心态。

三种错误的心态

管理者在进行反馈谈话时，常常会出现三种错误的心态。每种错误的心态都有不同的诱因，而且每种心态的缺陷都各不相同。

"提前打草稿"的心态

最容易出现的错误心态就是，只要有所谓正确的脚本就好了。如果你能用完美的措辞描述出问题所在，并且在反馈之前熟稔于心，然后按计划陈述，就万事大吉了。你期待接受反馈的那个人说"哦，当然，我明白你的意思"，然后对你的理性点头称是，并承认他们之前确实被误导了。

如果你刚开始担任管理职务，"提前打草稿"的心态尤其具有诱惑力。当你对如何给予反馈还不太熟练的时候，你就会想找些别人认可的措辞，于是就会在网上快速搜索一些奇思妙语。即使是对经验丰富的管理者来说，现成的脚本也是很有诱惑力的，因为它们能让你一直拖延的反馈对话变得更容易。我就有过这样的经历，在和几个同事谈过并且想出了正确的说话方式之后，我才进行了一段原本搁置的反馈对话。一旦找到了合适的措辞，我就不那么担心自己会被误解了。只要更大胆一点，就会胸有成竹。

做准备工作本身没啥不好。提前想好一些精心设计的句子可以在提出棘手话题时增强你的自信。一般来说，给予反馈比坐视不管要好。在本书中，我会提供一些你可以使用的语句，让你从一开始就确定正确的基调，或者挽救陷入僵局的对话。

那么提前打好草稿有什么问题呢？部分问题在于，对我们大多数人来说，在焦虑的时候，我们的记忆会僵化。如果你准备告诉某人，他画的图令人困惑，或者他的语气居高临下，你可能会因此变得焦虑。一边偷看写好的草稿，一边进行反馈对话，会看上去很不专业，而在给予别人反馈时照本宣科，只会更糟糕。虽然你在面谈前死记硬背并想记住这些句子，但神经科学家发现，你所依赖的工作记忆恰恰是那种在压力下会崩溃的记忆。[2]

"提前打草稿"的心态还有一个更大的问题。它会让你更注重表达，而忽略了倾听。首先，你要努力记住怎么说这件事。接下来，你就会想知道，"我说的没毛病吧？"然后你要么因为说得很完美而长舒一口气，要么责备自己忘记了一句怎么也想不起来的完美台词。你的注意力集中在对问题的构思上，更甚于在你面前的这个人。

当我采访一家小型服装公司的创始人兼首席执行官时，我看到了照本宣科是多么具有诱惑力和误导性。公司的新业务发展迅速，最近她刚刚与表现不佳的员工进行了几次艰难的反馈对话。在与其中一个人谈话之前，她费尽心思想好了说辞。"我说的话都没毛病。我把这些话都背下来了，并按计划完成了每一步。反馈结束时，我如释重负，但是对方很生气。他说了些什么我已经不记得了，我满脑子全是我要说的话。"她垂头丧气地说，"我能想起的就是反问自己为什么这样行不通？"

她并不是唯一一个在绩效评估中依赖脚本的人。在我写本书的时候，亚马逊管理类图书排名第二的畅销书是《用于绩效考核的有效措辞》。这类书只会使你的精力集中在错误的事情上，让你把注意力放在问题上，而不是人身上。

"解决问题"的心态

这就引起了第二个问题心态：你需要解决的是问题，而不是引起问题的员工。当你想让某人解决一个问题时，认识到下面这一点会很有帮助：管理者（你）、员工和工作是三个主体。图1中列出了这三个主体。

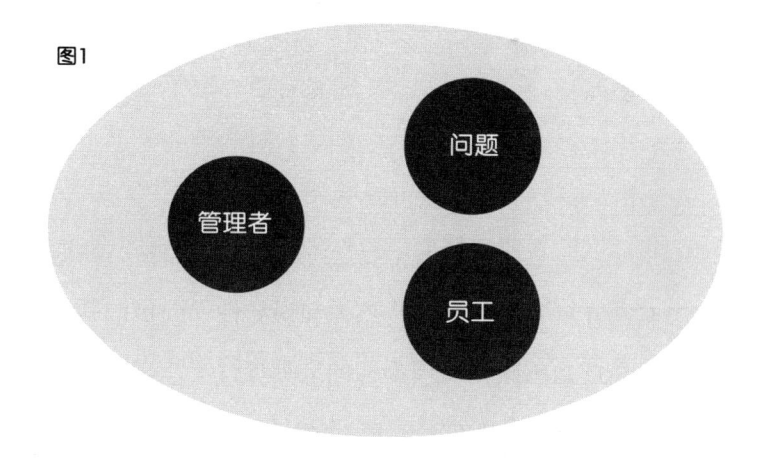

图1

如图 2 所示，当要向某人提出问题时，管理者（你）倾向于悄悄地靠近问题。这很容易做到，尤其是在你有较高标准的情况下。你已经预料到这个问题导致的直接后果，预料到如果问题持续下去可能会发生什么，你会痛苦地意识到这个问题会让你和员工（甚至整个公司）有多难堪。你跟自己确认：的确该提出这个问题了。你可能打算花 30 分钟与员工面对面讨论这个问题，然而，在此之前，你可能花了两三个小时来思考这个问题。你已经完全沉浸在如何解决问题之中，所以你与这个问题步调一致不足为奇。

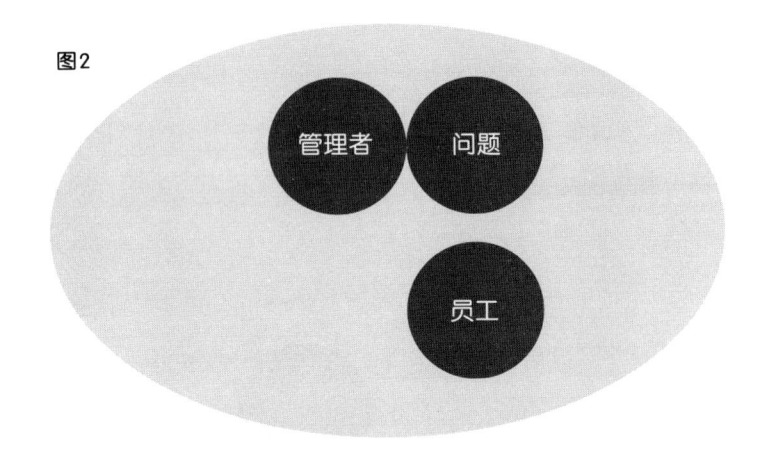

图 2

通过图 2 我想表明，员工会突然觉得自己是在孤军奋战。他们能看得出来你没有站在他们这一边。根据我的研究，当他们稍后谈到这段对话时，他们不会说"老板站在问题的角度上"，而是会说"老板没有问我怎么看这件事"，或者"他不关心我"，或者"感觉他更关心的是那天早上我旷工这件事，而不是我为什么旷工"，或者"他对问题并不在乎，只不过记了我一笔而已"。

当我让人们描述一下在工作中最令他们沮丧的反馈经历时，他们的故事里常常就有这么一个眼里只有问题的管理者。我们来看下面这个故事。卡西迪是一名视频游戏行业的高级软件工程师，他每周都会与管理者进行一对一的交流，他觉得这样会让自己的表现越来越好。卡西迪擅长解决棘手的编程问题，因此团队中的其他工程师经常向他请教。在对卡西迪进行年度绩效考核时，他的上司以及上司的上司都会参加。在这家公司，上司的上司参与绩效考核是标准程序，所以这并不让人意外。然而，这位上司的上司说的话却让人想不到。

这位上司的上司说："据我们了解，别人问你问题而你不知道答案时，你有时候会胡乱回答，殊不知，这将造成非常严重的后果。"卡西迪蒙了，他从未遇见过这样的情况。卡西迪问道："你能举个例子吗？"这位上司的上司回答："不能，具体是什么情况我也不掌握，你以后避免这样做就好了。"卡西迪看了看那个此时正低头看文件的上司，说："我不太理解。我肯定不想胡乱给别人提建议。你得告诉我，我在什么情况下曾经胡乱提建议，这样我才不会犯同样的错误。我想知道发生这件事的场景，以便回想一下什么时候有过这种情况。"可是无论是他的上司还是他的上司的上司都无法提供任何细节，也无法解释这种含混不清的投诉的来由。卡西迪感到十分沮丧，他不知道今后该怎么做，难道应该无视同事的求助吗？除非他对问题的答案有百分之百的把握，否则他是不是应该回应说"我不知道"？这样做就意味着他几乎对每个问题都得说"我不知道"。更令人恼火的是，这种反馈是突如其来的。就在前一天，他和上司见面，顺便问了问第二天的绩效评估会给他提些什么意见和建议，可他的上司说："你这一年表现得都很优秀。"

也许上司也对这样的反馈感到惊讶，但是在当时他并没有站出来支持卡西迪，他没有说明，卡西迪对团队其他成员的帮助有多大。这让人不能理解。也许他认为自己不能在会议上公开挑战他的上级，但在后来与卡西迪交谈时，他仍然没有想要解决问题。当卡西迪私下问他这件事时，他只是耸耸肩说："我想你可能需要在这方面多下功夫。"他没有表现出自己是站在卡西迪一边的，也没有表现出他想解决问题并避免下次有同样问题发生，他让卡西迪觉得这件事只能靠自己解决。卡西迪之前曾认为这位上司很支持他，而这次他俩的关系经受了前所未有的考验。

"他有点……"的心态

这是第三种有问题的心态，即你认为员工无法改变或不愿做出改变。如果你想的是"他就这样"而不是"他做了什么"，就说明你陷入了这种心态。你可能会发现自己有以下这些想法，即"这个人好胜心太强"或"那个人有点固执"。你有可能是在描述某种个体特征，或者是某位员工经常做的某个行为，你确信这是与生俱来的，没法改变。比如，你若是断言"诺亚压根儿不知道如何发送一封有五个段落的长邮件"，那就说明你有这样的心态（见图3）。

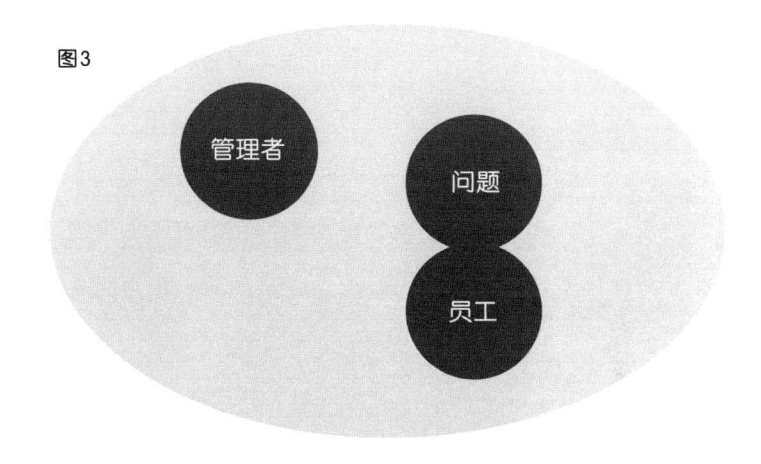

图3

[图示：管理者、问题、员工]

我称其为"他有点……"的心态，是因为管理者有时会在评价别人时加上"一点"来减轻打击力度，他们倒也没有自欺欺人的意思，他们就是认为这个人，无论男女，是不会做出什么改变的。

这种心态会破坏反馈的效果。因为在你的内心深处会一直认为，无论员工做什么，这个问题都会始终伴随着他。你可能会想："嗯，我私下里觉得丽莎是个控制狂，但我足够聪明，不会表达出来。"也许你巧妙地隐藏了真实观点，但是我在对员工反馈体验的调查中发现，他们认为在自己经历过的最糟糕的反馈中，通常都会感受到这样的信息。当主管在某位员工的绩效评估中写下

"总的来说，他有点懒惰"，或者"他不爱与新人一起工作"，抑或"他对工作不够坚定"时，这位员工会觉得恐怕要被解雇了。

如果你认为别人招人烦的行为是他们性格中根深蒂固的一部分，别人也会这么想的。我们都会这样，并且自然而然地就这样做了。实际上，这种行为非常普遍，心理学家将其称为"基本归因错误"。[3] 当解释别人的不良行为时，我们将其归咎于该人的固有品质；但是，当解释自己的不良行为时，则会将其归咎于特定情况。假设你正在参加团队会议，每个人都在汇报工作进度。轮到娜塔莎时，她双臂交叉，漫不经心，三言两语就汇报完了。你没准儿会想："她有点高冷，一定是觉得这个会议对她而言是浪费时间。"你可以将其归因于人，认为这是娜塔莎改不了的内在性格造成的。交叉的双臂是窥见娜塔莎内心的一扇窗。

现在，假设你是那个双臂交叉坐着的人，轮到你发言时，也是只说一两句话就完事了。你将如何解释自己的行为？"这里有点冷，我认为我们应该麻利点。副总裁汇报工作时就是这么做的，所以我也有样学样了。"你会将原因归结于环境。你认为自己的行为反映了一定的外部因素，是可以轻松改变的。你肯定不会反省这个行为，认为它反映了你的本性，你顶多觉得这要怪自己没穿件毛衣。

假设你不止一次注意到娜塔莎在会议上双臂交叉地坐着，决定提醒一下她。你觉得这样做是出于对她的真正关心——也许因为她是团队中唯一的女性，你希望人们尊重并包容她。如果你一开始就对她说"你有点高冷",那么她很可能在内心筑起一道防线;如果你稍微委婉点说"我注意到你有点高冷"似乎要好一些,但是她接收到的信息仍然是"你是……样的",因此,你传达的是一样的信息,即你认为这是她身上根深蒂固的特质。当然,你只是想帮帮她,因此你开始列出你能记起的那些她抱臂参加的会议,认为这样就有更多的证据证明你的看法。

你的意图是好的,但这样一一列举并不会带来好的效果,娜塔莎只会给你翻个白眼。如果你熟悉卡罗尔·德韦克提出的"固定型心态"和"成长型心态"的概念,你就会明白为什么你的评价是令人沮丧的:你对娜塔莎持有的是固定型心态,或者至少你传达的是固定型心态。固定型心态是你相信某人的基本特质,优点和缺点都是他的固定特质。[4]你认为娜塔莎擅长这个而不擅长那个,并且认为她一向如此。你没有意识到她只是在特定情况下才会这样。

如果在和别人交流的时候,你总是抱着一种固定型心态,认为别人永远无法改变,这会让人非常泄气。当然,你可能会希望娜塔莎听到"你有些高冷"这样的评价后会有所改变,但你刚刚表达的意思分明是:你不认为她能做出改变。

那有什么别的选择吗?斯坦福大学的发展心理学家德韦克认为,你在与他人交流时应该抱持成长型心态。此时,你相信他们的优势是可以随着时间的推移得到发展和培养的。娜塔莎的工作表现可以随着她投入精力的多少而改变。她是可以成长的。

哈佛大学和得州大学奥斯汀分校的研究人员发现，当管理者对员工抱持成长型心态时，管理者不仅会改变自己的语言，也更容易率先给予反馈。和那些认为员工不会持续学习进步的管理者相比，对员工采取成长型心态的管理者给予员工书面反馈的比例要高出63%。如果你在一家公司工作，希望管理者能够坦率直言，并经常提供反馈，那么关键就是看他们是否抱持成长型心态了。[5]

员工能察觉出这两种心态的差别吗？答案是肯定的。对员工来说，从具有成长型心态的管理者那里得到的反馈让他们更受鼓舞，让他们感到自己一直受到支持，而那些来自固定型心态的管理者给出的反馈，则不会给员工带来这种感觉。[6]

因此，我要劝你避免"你是……"这样的表达。那么，要怎么说呢？

你既需要具体说明员工行为，也需要指出他所面临的环境。[7]使用一些形容词当然是可以的，但是你要让人们知道这些词给人怎样的印象、会带来什么影响，而不是让对方觉得他们就是这样的人。比如，你至少可以不对娜塔莎说出"你有点高冷"这样的话，而是说"有时候你可能让人觉得有点高冷"。但是，理想情况下，你应该结合具体情境对此加以解释，例如"今天进行工作汇报时，我注意到你一直双臂交叉坐在那里，只说了一两句话，而其他人的汇报都很详细。我当时首先想到的是，'哦，不，这样可能会让别人觉得娜塔莎有点高冷'，而我不愿意他们这样看你"。

我们是否总是会犯基本归因错误？值得庆幸的是，不会。但是，当我们知道自己犯了这个错时，我们会非常不安。心理学家发现，与评价组内成员相比，我们更容易在评价组外成员时犯这样的错误。[8] 所谓"组内"就是你所属的任何组织内部。假设有一位叫安迪的财务经理，50多岁，白人，男性，并且是哈佛大学的杰出校友，那么他的"组内成员"的特征很可能就是白人，男性，毕业于常春藤联盟，等等。同样，"组外"就是非你所属的任何群组。对安迪而言，他的"组外成员"包括女性，团队中的非洲裔美国人或亚裔美国人，法律界人士，等等。当他的团队中的一位千禧一代的女性员工在早上开会时，提着一份从隔壁廉价咖啡馆打包的有汤有水的早餐大模大样地打开来吃，安迪心里会想："她可真是把自己当回事儿。"而当一个同龄的男同事做同样的事情时，安迪肯定会觉得："我敢打赌，他今天早上很匆忙，别无选择才买了这样一份早餐在这儿吃。"

什么也不说

在某些最令人沮丧的情况下，管理者会采用"他有点……"的心态，而不告诉员工他们具体有什么问题，因为他认为这些问题已经根深蒂固地成为某人的性格，根本无法改变。他的逻辑是：这个人不会改变，所以为什么要提出来？然而员工发现他人对自己的看法时会很意外。因为如果知道自己这样做有问题，他没准儿会非常乐意去改变。如果安迪当时说出了自己的看法，那位女性员工兴许会从家带杯酸奶当早餐对付一下就算了。

我相信这件事和本章开始时那个关于克丽丝特尔的故事是一回事儿。为什么没有人告诉克丽丝特尔她引人注目的金饰会让人误解？（也许你在想，"他们没有告诉她，是因为他们知道用这个理由拒绝某人升职很荒谬"，我同意你的观点，但在某些情况下，第一印象至关重要。）我们不知道评聘委员会的成员怎么想，可是我猜有人会觉得，"克丽丝特尔就是这样一个人，她不会改变的"。如果有人告诉克丽丝特尔她当时会给人留下怎样的印象，如果当时有人站在她的角度考虑问题，那么克丽丝特尔本可以做出非常明智的选择。在与潜在客户会面时，她没准儿会戴上一条普通的项链和简单的钻石手链，只有在不和客户见面，而是坐在办公桌前打电话交谈的时候，她才戴那些夸张的耳环。（事实上，后来她换了一份工作，就是这样做的。）

我们都知道戴首饰这件事是最容易做出的改变之一。毫无疑问，老板已经看惯了人们在通勤的路上穿着耐克运动服，到了公司就换成正装和皮鞋，珠宝首饰更是可以随意更换。克丽丝特尔若是收到了关于自己佩戴首饰的反馈，她可能会有以下两种反应。她要么会说："我非常想每天上班穿的都不一样。"要么会说："我喜欢佩戴首饰，那我干脆去一个对着装没有要求的公司工作。"无论是哪种反应，都由她自己来定。所以，我怀疑是某个大人物认为这件事太过敏感，还是不提为妙，她这样穿戴就是她个性使然。

我特别倾向于相信当时就是这样的。因为关于这个故事，我还有一点没有说出来，那就是，克丽丝特尔是个黑人，而评聘委员会的大多数成员是白人。对评聘委员会来说，克丽丝特尔属于"组外成员"。研究表明，如果你把某人归入"组外成员"，很可能就会认为那些让你不满意的行为是那个人的固有品质，而不会觉得这些行为可以随时改变。

所有想在他人面前呈现出自己最好一面的人，都可以从中学上一课。我们生活中免不了会有"外人"。如果你作为一位经理，同时是一名拉丁裔的同性恋，在你团队中，一般来说，白人直男占多数，但他们对你来说还是"外人"。所以你可能需要告诉自己，真真切切地告诉自己，那些令你烦恼的行为并不是根深蒂固的。如果我们想提供有效的反馈，就需要相信他人是可以改变的，我们得给他们机会，比如让他们自主选择上班时该如何穿戴。

更有效的心态：与员工同在

如果你回顾一下本章开头的几幅图，大概可以预测出最具成效、最有益的心态是什么。你会希望与员工形成统一战线（见图4）。如果员工觉得你是和他们站在一起的，你们一起分析问题，探讨问题发生的时间、原因和方式，那么员工就会更容易接受你的反馈。当一个人觉得你和他立场一致，在面对各种困难时他就会更轻松，因为他不是独自面对。

图4

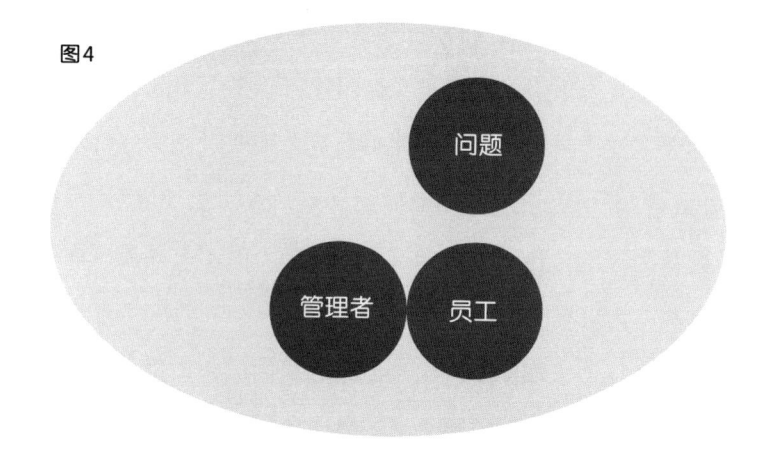

（图：问题、管理者、员工三个圆圈）

与员工站在一起并不意味着你要指责其他人，也不意味着你对员工不提要求，你仍然得让员工来解决问题，但是你得坚定地表达你们的立场是一致的。你要让他们知道，"你所做的对我很重要，你对我也很重要。你可能没有意识到，但这个问题正在妨碍你实现目标。我想让你知道这一点，因为我对你有很高的期望，我相信你有能力实现目标"。

尽管员工更愿意听到表扬而不是苛责，但如果他们知道你和他们的立场是一致的，他们会更容易接受"他们做错了"这一事实。据我的研究发现，在员工思考是什么让一场艰难的谈话变得可以忍受时，很显然，他们认为是发现老板和他们的立场一致时。他们会说："当然，这种情况很少，但我知道他是在为我着想。"或者，"这次谈话让我挺尴尬，但至少我知道他在为我着想"。或者，"他让我意识到平庸是不够的，这是我职业生涯中第一次意识到我真的可以有所作为"。

当你证明自己与员工站在一起时，对话会是什么样的？在此，我并不会提供一个具体谈话范本，而是要帮助你了解如何做到与员工统一战线。

举个例子，奥马尔是你手下的一位经理，你听到有人抱怨他太挑剔了。你已经注意到，在团队会议上，他总是强势地表达自己的想法，并且会批评其他人的建议。在每周一次的一对一交流中，你第一次和他探讨了这一点。

> 你：是这样。我认为你在构想未来和预测复杂度方面，头脑敏锐。一旦有人提出一个想法，你就可以详细预测出几个可能的后果，以及对方忽略的一些问题。这种超前的思考能力是你的优点。
>
> 奥马尔：谢谢你。我很高兴你注意到了。
>
> 你：这是你的优势之一，但有时也会对你产生负面影响。当我们开会讨论计划时，有人提出了一个与你所持的策略不同的策略时，我注意到你常常会立即列出这个想法行不通的几个原因。当你这样做的时候，别人就会对你有看法，这样做会让你看起来很固执，好像你的想法总是唯一的好主意似的。
>
> 奥马尔：等等，你是说当我有不同意见时，不应该直接

说出来吗?

你:我绝对希望你可以提出不同意见,同时,我也想确保其他人不会因为提出新的想法而遭受打击,而且我不想别人对你有负面的看法。你总能看到问题的症结,所以我希望人们能听得进你说的话。而现在,我觉得有人对你不理不睬。我不知道这该怎么办,我想知道你是否愿意和我一起就此好好讨论一下。

奥马尔:这不合理。听起来这是其他人的问题,不该是我要解决的问题。他们需要成长,需要理解我们不能把开会的时间浪费在那些糟糕的方案上。

你:看来你听到这些有点沮丧,我能理解。如果这些话对你有帮助,我认为这是一个你可以掌握的微妙技巧。我敢肯定,你和我一样希望别人表达自己的好想法。

奥马尔:当然。如果人们能在周五的会议上带来更多好点子,我会很高兴的。

你:可不是嘛,我们都希望如此。但是,无论想法是好还是坏,如果人们担心自己会被否决,他们往往会把自己的想法束之高阁。所以,如果你有兴趣和我一起想一想,我很愿意帮你解决这个问题。我很好奇,当你听到有人在会上提出一个想法时,你一般怎么想?

要注意,到目前为止,我没有提供任何指导或建议。作为管理者,你首先要证明你是站在奥马尔这边的。当有人说"这不是我的问题"或"这是×××的错"时,就说明他们还没有准备好接受建议。在同意这是一个问题之前,他们不会对解决问题持开放态度。所以你要表明你是支持他的,让他知道你是站在他的角度看问题的。一旦你找到了奥马尔确实想要解决的问题,他就会更愿意接受你的指导。我会在实践做法二和实践做法三中给出一些具体方案,这些方案可以让员工觉得你对他们的观点很上心。这种心态的转变,即与员工立场一致,而不是与问题立场一致,是关键的第一步。

你不够关注员工的五个信号

你如何判断自己是针对问题还是针对员工呢?也许二者你都会充分考虑。也许你小心翼翼地给出反馈是为了照顾员工的感受。据我的经验分析,如果出现以下五个信号,就说明你需要站在对方的立场考虑,才能让你的反馈有效。

1. 你不知道他人的目标。
2. 你不知道他人需要什么类型的反馈。
3. 其他人也能听到你所说的。
4. 谈话过程中全都是你在说。
5. 你不知道他人的看法。

你不知道他人的目标

确保你与员工立场一致的最好方法之一就是先弄清楚他们的目标。员工想要达到什么目标？他们是否在努力赢得重要客户的信任？他们是希望升任管理层，还是希望指导自己的团队，抑或只是想要一个更引人注目的头衔？

一旦了解他们的目标，你就可以帮助他们看清他们之前做过的哪些事阻碍了他们的进步，或者是他们哪些没有做到，使他们没能进步。咱们回顾一下奥马尔那个案例。如果你对奥马尔说"你太挑剔、太固执"，肯定会起到相反的效果，你应该说："我知道你希望获得信任，并与我们最大的客户合作。我想帮助你做到这一点。我发现一些因素可能会阻碍你进步，比如，当你在会议上否决别人的想法时，会显得你过于严厉。人们会怀疑，你到底有没有做好准备与最大的客户合作，或者你这样做兴许会毁掉花了数年时间才经营好的关系。在我看来，这些是你的制约因素。让别人知道你能把握好情绪对你会大有裨益。"这时候，奥马尔就会仔细听你讲话，因为你把他的行为和他想达成的目标联系起来了。

但是，在你不了解对方目标的情况下，员工会对你善意的建议置若罔闻。更糟的是，虽然你竭力想帮助他们，他们还是会感觉被冒犯了。我采访过一位名叫琳达的临床心理学家，她在一家小型心理诊所工作。琳达的老板让她下午5点后与客户见面，琳达对此非常诧异，她想："工作这么多年，你始终没有站在员工的角度为我着想。我的家人十分重要，我需要晚上回家照顾女儿。

我做不到晚上还要继续工作。"老板不把琳达认为重要的事放在眼里，这让琳达很难对老板的吩咐言听计从。想象一下，如果她的老板说了下面这番话，他们之间的谈话效果可能会不一样："我知道你的家人对你来说真的很重要，你想在晚上多陪陪他们。我很欣赏你能够平衡工作和生活。我也知道你希望培养自己的客户群体以增加收入。你是否可以考虑一下每周有一个晚上加班，或者你认为这事儿没的商量？"

最重要的是，指明对方的目标就代表你站在对方的立场上。你不是站在问题的角度，说："你知道这个问题有多严重吗？必须马上解决。"相反，你是站在员工的角度，针对他们期许的未来，说："这样会阻碍你前进的脚步。"

记住，员工的首要目标也许是在他人面前营造良好的形象。这似乎是一个肤浅的目标，但巴尔-戴维咨询公司的创始人莎伦·巴尔-戴维发现这是一个非常有效的激励方式。她的专长就是打磨领导者。如果你的公司里有一位才华横溢、看似不可替代的领导，但人们不喜欢和他共事，因为他总是把员工惹哭，而且半年就要换一个行政助理，那么你就可以求助于她。在戴维开始与这些令人讨厌的客户一起合作时，她要是说"我想帮助你与办公室中的其他人好好相处"，那是无法激励他们去改变的，这样说肯定没用，因为他们不需要靠与人相处获得成功。但是尽管他们不愿承认，事实上几乎每个人都会关心同一件事。这是什么呢？答案是，几乎每个人都会在乎别人怎么看自己。即使他们不在乎下属的看法，也会在乎上司的看法。在与上面提到的这位领导第一次会面时，巴尔-戴维说："人们对你处理工作的方式有些看法，这些看法会对你未来的成功造成障碍。我想帮你摆脱这些负面看法，这样你就扫除了成功道路上的障碍。"这样说之后，他就开始认真听了。

你不知道他人需要什么类型的反馈

这一点很容易明白，但是作为管理人员，我们常常会忽视这一点。在很多时候，我们对别人真正想听什么样的反馈一无所知，仅仅是靠自己的想象列一个反馈清单。正确的做法应该是这样的：首先要思考一下别人最需要怎样的反馈。也许某人正在努力让视频会议更加富有成效，很希望你对他在视频会议上的表现发表些看法；也许他正试图积极参与公司的各项事务，并想知道自己的努力是否奏效；一旦搞清楚别人期望得到怎样的反馈，你就可以了解他们看重的是什么以及他们有怎样的目标，这样，你就可以把最想提供的反馈与他人最想获得的反馈相匹配，获得最佳效果。

其他人也能听到你所说的

在你表达谢意的时候，如果其他人都可以听到，而不是只有被感谢者听到，倒是一件好事。有些人渴望得到公众的认可，但是还有些人会有点不好意思，希望你能在公众场合少夸奖他们为好。比较保险的做法是，首先私下称赞某人，然后征询他的意见，看看在公开场合就此事称赞他是否合适。如果你提供的反馈意见是较尖锐的，无论是指导性的意见还是评价，你都应该尽量采用一对一的方式。在我的研究中，许多员工提到，最令他们反感的反馈经历都是当着第三者的面发生的。比如，医生当着病人的面，告诉护士她哪里做得不对；或者，在一次众多同事出席的教研会上，系主任当着其他同事的面告诉一位新来的教师："你又把比喻弄混了，这样你会达不到教学要求的。"这些建议似乎并不过激，但是私下给出会好些，在公开场合，这些建议听上去不乏苛刻和夸张。在公开场合给出的这些反馈对当事人来说不是小事儿。在开放的办公场所，想要找到一些隐私空间不太容易，但有时候还是有必要这样做的。如果你是远程工作，安排一对一的视频会议就好。

谈话过程中全都是你在说

在反馈对话中，我们很多人都会犯一个错误，那就是过于努力地给出反馈，以至没有认真地倾听。要想与他人对话时取得好的反馈效果，你就必须认真倾听。正如我们在引言中提到的那样，当我问员工什么能让糟糕的反馈体验变得更好时，一些最常见的回答是希望被倾听。

你不知道他人的看法

那么你应该倾听什么呢？至少，你应该设法了解员工有怎样的看法；从他们的角度来看，发生了什么。在实践做法二中，我们将以探讨问题的形式来弄清楚员工对某些问题的看法。请注意：对许多管理者来说，这既是系列实践做法中最难做到的一点，也是最有效的一点。它会有助于你知道对方会说些什么。要想表明你与员工立场一致，而不只是为了解决问题，那么最简洁的方法就是了解他对这个问题的看法，然后抛开你的假设，真正地倾听。

// 小结 //

- 应避免"提前打草稿"的心态,因为这样会使你更专注于语言表达,而不是倾听。

- 不要只想着解决问题,这会使员工感到沮丧和不受支持。

- 不要假设员工不能或不愿意改变,这会让人非常泄气。

- 如果你倾向于避免反馈对话,请采用成长型心态,并假设其他人可以学习和提升。

- 最有效的心态是站在员工的立场上,和员工一起分析并解决问题。

- 要站在员工的角度进行对话,把重点放在员工优先考虑的目标上,或者弄清楚员工正在寻求什么样的反馈。

- 留意以下五个迹象，这些迹象说明你没有充分关注员工：

    1. 你不知道他人的目标。
    2. 你不知道他人需要什么类型的反馈。
    3. 其他人也能听到你所说的。
    4. 谈话过程中全都是你在说。
    5. 你不知道他人的看法。

第三章 //

大声说出你的善意

> 我发现,人们会忘记你说过的话,忘记你做过的事,但他们永远不会忘记你带给他们的感受。[1]
>
> ——玛雅·安吉罗

下面这个故事的主人公叫泰莉。她刚刚研究生毕业,找到了一份正式工作,在宾夕法尼亚大学附属医学中心担任研究员。这下她不仅可以独立负担自己的公寓租金,而且能像大人一样每半年去看一次牙医了。这让她感觉良好。最让她开心的是,这份工作使她与常春藤盟校搭上了边。

这件事唯一的缺陷是,她得搬到费城去。费城的犯罪率很高,城郊地广人稀,坐地铁都有点战战兢兢。所以,她去找了导师玛琳，想听听她的意见。

坐在玛琳办公室的小圆桌前，她俩把这份工作的利弊一一写下来。准确地说，是泰莉在那儿列，而玛琳却显得有点心猿意马。玛琳咬着嘴唇，沉思了一会儿，说道："你是我见过最擅长研究设计的人之一。这份工作貌似要求有较强的写作能力，可是你的写作能力让人不敢恭维，至少我没见过你写出过什么东西。我不知道毛病出在哪儿，也许是不自信，也许是有点完美主义，或者是因为其他什么原因。"听到这些话，泰莉先是愣了一下，然后心里一沉，继而干脆哭了起来。玛琳只好柔声接着说："我希望你幸福，能够享受工作，并且游刃有余。如果接受了这份工作，我担心你会不好过。所以，你得慎重决定，不光是要考虑这个城市怎么样，还要问问自己，你打算学习写作并且发表作品吗？我觉得你也能做到，但是会比较辛苦。对你来说，会比大多数人付出更多。如果你不愿意这样，不打算学习写作，那么接受这份工作对你来说无疑是在浪费时间。"

如果有地缝，泰莉宁愿钻进去。导师说得没错，这件事是泰莉心中的痛，她从来不想面对这一点。无论何时，只要写的内容稍微比一封电子邮件长，泰莉就仿佛永远做不完。让她修改草稿，得花好几个月，还总是为不能按时交稿找各种借口。虽然不中听，但简单来说，她就是不会写作，这无疑是她的弱点。

后来，泰莉拒绝了这个职位，她另找了一份工作。这份工作没有看牙的福利，也和常春藤名校无关，但是对写作能力没有要求。她暗下决心，日后一定要学习写作。

她确实做到了！经过多年的专业练习，积极参加写作培训班，她最终学会了如何起草一篇文章，将之润色成一篇优秀的作品，并呈现给世人。

我之所以对此了如指掌，是因为我就是泰莉。现在我以写作为生。或许更了不起的是，玛琳和我仍然是朋友。多年后，我邀请她参加了我的婚礼；每次回去，我们还会一起吃个饭。[2] 我们还是坐在她办公室的那张圆桌旁，只不过现在是边吃边聊，开怀大笑。我常常想起玛琳和我说的那番话，感慨我竟然能对揭露我缺点的人如此喜爱。我有好多理由说服自己接受她的批评，不过我觉得，正是那句简单的"我希望你幸福"让一切变得不同。其实我并没有很快缓过来，有好几个星期，一遇到她我就会感到尴尬和窘迫，但我知道她希望我过上美好的生活，对此我心存感激。在我的职业生涯中，她给我的那次反馈最让我难堪，但也最令我珍视。

其实我并不是在建议你去毁掉那些工作能力一般的员工的梦想，我只是建议你好好考虑一下你的打算，以及怎样表达比较合适。在这一章中，我们将探索这个原则，即怎样用一句简单的话让那些你不得不说的话显得不那么难以接受，就像玛琳当年和我说的那句话所起的作用一样。这就引出了第三个超能力：如果别人听出你话中的好意，你的好意就会起到意想不到的作用。

感觉有点过头，可还得照做不误

第三个重要原则是：明确表达出善意，你的反馈才易于被人接受。如果你要给人提供指导或评价，可他却不想听你的，你就得找机会跟他说："我是真心希望你好。"不要认为这句话太过直白，也不要认为你前段时间说过类似的话就不必再说了，这句话说多少遍都不嫌多。你需要在传达坏消息的同时表达出善意。在告诉别人"南森，你写的邮件不够专业"或者"凯拉，我希望你的客户数量翻一倍"之前，你首先要传达的是"我支持你"。

难道下属不知道你是支持他们的吗？毕竟，你已经够可以了，百忙之中抽时间为他们答疑解惑。看了上一章之后，你大概会了解努力养成正确心态的重要性。你要与人并肩，而不是一味纠结于问题本身。如果要传达坏消息，你可能会想："我只是个传信儿的，这不是我的错。"

你的支持（或者磊落）可能对你自己来说是显而易见的。说好话的时候，他们也会感受到。但如果是说不中听的话，恐怕就不乐观了。比如，你跟别人说："我想着你是不是得改进改进。"或者，更尖刻地说："你这样是得不到想要的结果的。"人家不会觉得你是为他们好。研究表明，如果他们有什么想法，也是和你的想法相反的，他们会觉得你实际上没往好处想。

不要迁怒于信使

关于人们对负面消息会做何反应，有两个让人觉得不安的研究结果。第一个是，员工会假定他们的经理恶意多于善意。佐治亚理工学院和康奈尔大学的研究人员做过一项研究，要求员工回想一下他们从现任或前任主管那里得到的绩效反馈，辨别这些反馈是"建设性的"还是"不太有建设性的"，并阐明原因。受试者一共列出了36条原因，其中最有建设性的是"为我未来的晋升做准备和训练"，最让人头皮发麻的是"因为实在没有其他事情好做"。

研究人员随后让另一组人阅读这些原因，并且从他们的角度出发评估一下，自己的上司出于这些意图给出反馈的概率有多大。只有少数人认为他们的上司在给出反馈时是出于善意，认为上司的反馈是为了"让我提振士气"，或"让我在面对具有挑战性的任务时更放松"。更多时候，员工看到的是不那么让人开心的一面。他们认为管理者的反馈或建议是出于一些自私的目的。为什么管理者要我再努力些？是不是为了"展示他们的权力或权威"，或"掩盖他们自己的缺点"。在我做的研究中，员工表示，他们的上司会出于各种不堪的原因挑刺或者批评他们。这些原因包括，"老板无法接受我比他更擅长某件事情"，"老板故意想在别人面前让我难堪"，或是"他刚被老板骂了一顿，所以把气撒在我身上"。这样的情况并不罕见：你心里一直在为某人考虑，一心为他好，但对那个人来说，却感受不到你的好意。[3]

第二个让人不安的发现与人们对坏消息的反应相关。你是否听说过"不要迁怒于信使"这个说法？一项前沿研究表明，当听到坏消息时，我们确实会迁怒于信使。莱斯利·约翰是哈佛商学院工商管理专业的副教授，她和同事进行了一系列共 11 个各不相同的有意思的实验，目的是了解我们怎样看待带来坏消息的人。在其中一个实验里，他们给每位参与者一美元来参与实验。参与者选择一个数字（1、2 或 3），随后看着研究人员将写有编号的纸条放入一个袋子，再随机抽出一张。如果抽出的数字和某位参与者选择的号码相同，那么这位参与者就会赢得 10 美分的奖金。[4]

正如人们料想的那样，没有得奖的人会感到失望，但意外的是，他们对宣布结果的人更为不满。每个人都选择了自己想要的数字，也知道抽取是随机的，但是当知道自己没有被选中，他们还是会对宣布结果的人非常不满。

这种坏情绪只是一时的吗？只是瞬间内对在场的所有人心存不满吗？有意思的是，其实并非如此。约翰发现没有中奖的参与者对共同参与实验的人没有啥不满，他们只是讨厌宣布他们落选的研究人员。在他们看来，研究人员并不是那么无辜。没有获奖的人认为研究人员在作弊。这位他们刚刚遇到的陌生人，动机不纯，并不想让他们得到那 10 美分。

这听起来非常不合理，然而，我们大多数人都会以这种方式草率地下结论。如果有个医生做完检查,叮嘱你回头来复查,你心里一定会想"这个医生肯定还想赚我的钱",而不会觉得"医生是在为我的健康着想"。

约翰和她的同事在多项研究中不断验证了这一发现,无论他们的行为后果有多么随机,结果都是一样的:当我们收到坏消息时,会迁怒于宣布消息的人。我们不喜欢这个带来坏消息的人,更进一步,我们认为这个人幸灾乐祸、自私自利,根本就不支持我们。

管理者在工作中经常得给人带来些"坏消息",这是让人头痛的事。有时候可能没那么糟糕,比如跟别人说"你在远程工作时效率不高";有时候会比较严重,比如告诉某人"你没涨工资"。宣布坏消息是他们工作的一部分。更糟糕的是,员工并不能像参与研究的人一样了解事情的全貌,他们不知道经理在背后表扬他们还是批评他们,但他们通常会觉得多半是批评。

那不是普通的三角关系,而是一种霸凌

要理解这种反应就必须认识到,人们都是喜欢编故事的。社会科学家发现,人总是会热衷于编故事,所以常常夸大事实追求效果,捕风捉影地编排别人的想法、目标和动机。请看图5,假设这幅画是动态的,三角形和圆圈围绕中心的盒子顺时针移动,你会首先看到 a,几秒钟后看到 b。[5]

图5

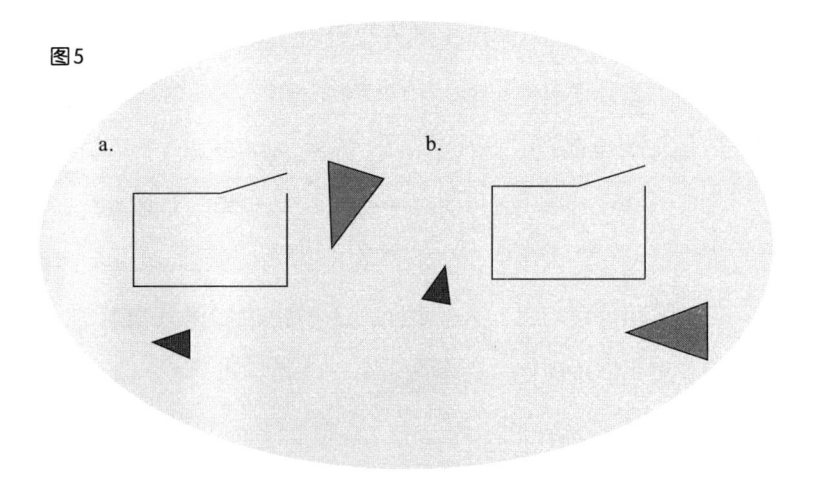

a.　　　　　b.

当人们被要求描述所看到的画面时，他们可能会说，看到了两个三角形和一个圆形绕着一个开口的矩形顺时针移动。然而，大多数人描述的画面都没这么简单。他们会说，那个大的三角形正在紧追不舍较小的图形，这些较小的图形看上去疲于奔命，仿佛正朝着矩形开口处奔去，好像那样大三角形才会够不到它们，它们才会感觉安全。

我的意思并不是说，只要是霸凌，我们就看得到，而是说，我们有时候会相信那些根本不存在的动机。如果我们看到简单的图形，都认为它们会根据目标和意图行事，那么就不难理解我们为什么认为复杂的人类会根据目标和意图行事。

对管理人员而言，最重要的是要意识到，当生活给人们带来意料之外的坏消息时，他们通常不会责怪自己，他们下意识的反应是找人背锅。我们看看下面这个故事。塔米提交了一份报告的草稿，你只是稍微改了改就说行了，她就会认为这份报告没问题了。可是当看到最终版本时，你却希望她重做报告里的6张图表。除非你能把为什么这样要求她解释通，否则塔米会认为你上次审阅时非常马虎，或者你根本不在乎她的付出。她不知道的是，你突然提高标准，是因为公司副总突然对这份报告很感兴趣，而你必须精益求精。这对你和塔米来说，是个表现的机会。既然如此，你就得让塔米明确地知道这一点。

有意思的是，有好事儿时，我们不会觉得是别人有意为之。约翰和同事发现，那些赢了10美分的人并不觉得是研究人员希望他们获奖。有好事时，无须解释，你会觉得好事就该发生在自己身上。作为管理者，当给员工带来好消息，譬如告诉某人她在会议上的表现非常不错，或是她即将得到期待已久的晋升时，这位员工并不会认为"我们经理盼着我好"，她会认为"这是我应得的"。

所以，这时即使说不出口，你也有必要说一句，"我希望有好事儿会降临到你头上"。很可能塔米一时半会儿还搞不懂是怎么回事儿，所以你必须得跟她说清楚。充分表达你的善意，引导她，让她更准确地了解，为什么她会听到不想听到的消息。

如何使坏消息显得不那么令人厌恶

跟别人说你为了他们的成功付出了很多，这不仅过于直白，而且似乎效果也不会好，但实际上还是有作用的。莱斯利·约翰在前文提到的那个实验中，让研究人员坚持说明，他们希望参与者中奖。研究人员解释说："我受过训练，能帮你抽中获奖的号码。来吧，咱们开始抽。"说完研究人员把手伸进袋子，随机抽出一张纸条。如果没有中奖，研究人员会说："我要告诉你一个坏消息，我没有做成我想做的事，因为没有中奖，这意味着你也没有这 10 美分的奖金。"和最初的实验不同，研究人员不过多说了两句话，然而强调的重点却成了"我是想你有好运来着"。这就是不同之处。当人们听到善意的传达时，对带来坏消息的人的不满情绪会减轻。通常情况下，带来坏消息的人不如带来好消息的人受欢迎，但是带来坏消息的同时充分表达善意，可以大大减少人们的不快。[6]

表达你的善意

当你给出不讨喜的反馈时，只要你的善意很明确、符合他人的心理预期，你就很容易传达。比如，你对下属卡拉说："卡拉，在我的努力下，你被列为提拔对象，我觉得你已经准备好，能够胜任这个岗位。但是其他部门领导还是觉得你不够格。咱们得想想办法，转变他们的观念。"你坚定地站在卡拉这一边，就很容易表达出"我时刻为你着想"这样的心意。

但是有些时候，你并非想别人之所想，这时候就没法知行合一了。你可能会觉得卡拉还不太称职,也不打算提拔她。比如,你觉得她或许可以把别人的计划执行得很好,但是在必须自己规划时,她做得就很不好。如果过早地将她提拔到领导岗位,你担心她的表现会差强人意。这会让你比较为难,因为别人会觉得你推荐的人不靠谱。抑或你提拔了卡拉,团队里没人能补上她腾出的空缺。

作为管理者,想得多是难免的。我们不仅要考虑卡拉的目标、需求和理想,还要考虑自己的目标、需求和理想,更不必说还得考虑团队目标。就像一家软件公司的经理托比所说:"利己主义不可避免。团队成员的成功来自互相支持。如果有人表现得很出色,推出了优秀的产品,整个团队就会获得更多的资源、更多的机会,以及更多的回旋余地。假如有人表现糟糕,就会使整个团队看上去更糟,影响的不只是一个人。"如果你在管理一个团队,你就得无时无刻地兼顾多重因素。因此,不要对自己太苛刻了。

当你有多重考虑时,你会向卡拉传达些什么呢?

首先你得实在点。如果不情愿,就不要说出"我要推荐你升职"这样的话。消息传出去了,如果卡拉继续留在团队里,她很有可能会听到真相。聪明的做法是弄明白针对某人你真实的期望是什么。以卡拉为例,也许你希望她能成为一个出色的管理者,就像她作为员工表现得一样出色。

有时,多方面考虑意味着解决某个问题的确是出于各方面的原因,这些原因可能会迫使你说出你本不想说的话。我从托比那儿听说过他朋友加里的一个故事。加里是个经理，比团队中的其他人至少大了10岁。他听力不太好，但是会读唇语，所以在一对一的会议上，他很敏锐，但在大型的小组会议上，他经常会不知所措，有时候会就与会人员在三四十分钟前讨论的话题绕来绕去。别人会因此对加里产生看法，因为这样让他显得迟钝、乏味、不可理喻；这样也会对加里所在的团队产生不好的影响。托比被这个问题困扰了很久，因为他知道要是直接指出这个问题会伤害到加里的自尊心。在一次问题百出的会议后，托比把加里拉到一边说："你是我的朋友，我想让人们看到你有多出色！我知道你不想听到这些，但你需要考虑买一个助听器，因为听力问题给你带来了不好的影响。你的想法很好，应该让大家认同，但现在情况恰恰相反。"如果托比只是关心他的朋友，他可能会保持沉默，但出于对团队的关心，他不得不说。然而，他很明智，用自己对加里的善意来表达出了自己对此事的真实想法。

让反馈更加个性化

优秀的管理者能用创造性的方式向员工传达"我希望你有好的发展"这样的信息，说出的话既要针对员工的身份也要顾及他们需要克服的困难。拟定一个目标，最好能为对方勾勒出他们愿意拥抱的愿景。弄清楚团队成员引以为傲的是什么，他们如何看待自己，或者希望如何被他人看待。下表列出的是人们不希望听到的反馈。

面临紧迫挑战的员工	在提供指导或者负面反馈时，管理者如何传达出"我希望你有好的发展"这样的信息
安娜是一位雄心勃勃的员工，但是她需要解决工作态度消极这个问题	经理说："我希望你是一位鼓舞人心的领导者，即使是在最糟糕的情况下也能做到这一点。所以，你必须重新思考在大会上怎样发言才会取得这样的效果。"
伊莱贾知识渊博，思维也颇具前瞻性，但是他很不擅长演讲，询问经理是否可以不要让他做这件事	经理对他说："因为你对数据了如指掌，我想给你一个机会来发挥你的优势，让更多人看到你富有战略性的思想。我觉得你应该希望对部门的发展方向有所影响，那么你就得把自己的想法说出来。"
费利克斯是团队中最年轻、给人印象最深刻的成员，也让老员工产生了些许嫉妒和怨恨。每次开会，他的提议要么被忽视，要么被否决，这让费利克斯十分沮丧	经理说："我希望人们认真对待你的建议，也希望他们更加欣赏你。所以，我建议，在提出一个想法之前，你先征询一下保罗的意见。这确实有点费事儿，但考虑到他总是在会上反驳你，而你只要多做些工作，提前和他讨论讨论，没准儿就能让他变成你最大的支持者。如果你能事先和保罗单独交换一下意见，他会觉得他是在指导你，这样也许就会赞同你的提议。"

说出你的善意需要把握时机，有时候比较容易，有时候会比较难。对我来说，当我向某人说出他们不太愿意听到的评价时，表达出我的善意是很自然的一件事。如果我跟卡拉说，"卡拉，我认为今年不会提拔你"，那么接下来我就能自然而然地说："我知道这话不中听，不过你一定要记住，我和你是同一个阵营的，对你想做的任何事，我都会鼎力相助。"但是不知道为什么，当我指导别人时，我必须费点心思才能点明我的好意。比如，我跟某人说："你愿意尝试主持一场会议吗？"然后又说："我是站在你

的角度考虑问题，是为你好，所以强烈建议你试试。"这就会有点尴尬，还会让人感觉很不真诚。所以在指导别人的时候，我经常把自己的好意和别人珍视的特定目标联系起来。如果我刚刚问过："你愿意尝试吗？"然后就会说："我之所以问你，是因为你说过不愿意看到会议变成闹哄哄的集会。"或者，"我之所以问你，是因为我知道你不太满意别人给你的总体评价，有几个人在他们的评论中提到你主持会议的问题"。

如果你确实对某人怀有特别的善意，请务必重复提及，不要仅仅激励一次就再也不提了。我曾经的一位上级告诉我，在我工作了八九个月后的一天，她看到我正在做她平时做的工作，觉得我做得很好，所以打算朝这个方向培养我。我压根儿没敢这么想过，所以很受鼓舞，立即答应了她给我安排的额外任务。但是几个月过去了，最终几年过去了，她再也没有提过这件事。（我当然觉得自己不能提出来。我不能说："我十分期待晋升到你的位置，我要怎么做才行呢？"）也许她是准备提拔我的，但是她之后再也没提过这件事。往好了说，这让我觉得她有点误导我；往坏了说，她完全是在忽悠我。

如果你不善于确定那个能够激发某人动机的特定目标，那就请注意观察他们在担心些什么。担心是强大的动力。安东尼是一家非营利组织的管理人员，他希望他的新行政助理伊莎贝尔注意一下撰写电子邮件时的语气。他发现她的措辞有时候会显得有些突然且过于强势，这与非营利组织的理想形象不符。如果直接对她说，安东尼担心她会不好接受，特别是她一直对自己的写作能力颇有自信。他冥思苦想怎么解决这个问题。有一次在伊莎贝尔说起她担心没有人回应自己发出的调查时，他觉得机会来了。他说："我知道你担心没人回复。我希望人们收到你的邮件时会想，'伊莎贝尔的邮件写得真不错，我很愿意花时间读一读'，然后立即打开看。所以，你是不是愿意改善一下写邮件的语气？"这时候说这些话，她就会很乐见这个建议。安东尼很好地利用了她认同自己是个优秀的写作者，同时又担心没人回复邮件这一点，从而解决了这个问题。

有时候，你没有具体的目标或能够鼓舞人心的诱惑可以利用，在这种情况下，就要说得笼统点儿，直接表达出自己希望别人好比让对方揣测更好。以下是一些表达善意的方法：

- "我希望看到你学习并成长。"
- "我希望你能成为最好的……"
- "我希望……不会成为制约你的因素。"
- "我不想跟你说令你不开心的话。我希望当其他人想起或谈论到你的时候，他们会说'伊莎贝尔很不错'。我不想让他们说'伊莎贝尔还可以，但是……'。"

你可以在下次的反馈谈话中试着用一下。如果感觉别扭也不要担心，不管怎样都要表达出你的好意。你的善意体现在，你在帮助别人更好地自圆其说，让他们把注意力放在如何提升自己上，而不是去费心解读你的动机。尽管我们也不想，可是作为管理者，还是不可避免地会给别人带来些坏消息。但是，我们可以避免让别人认为我们是个糟糕的上司。相信我，我知道该怎么做。如果你告诉我："你离理想的工作状态差得还很远。"我依然会钦佩你，那么你即便把话说得很难听，也不会让我觉得你是敌人，而是盟友。

// 小结 //

- 有好的初心是不够的。提供反馈时,你需要把它说出来。

- 员工收到负面反馈时,他们会认为管理者的恶意多于善意。

- 人们倾向于"迁怒于传达坏消息的人",这就意味着当有人说我们不爱听的消息时,我们会产生反感,认为他们是出于自私或恶意。

- 人们倾向于把人往坏处想,很少把人往好处想。因此,你必须让大家知道你的善意。

- 作为管理者,你肯定想得比较复杂,不要因此苛责自己。

- 当你出于各方考虑想得比较多时,想想你发自内心地想为别人做的好事儿,并把这当作你关注和关心的动力。

- 帮助他人分担忧虑也是个方法,能让别人感受到你的善意,让对方觉得你在为他们排忧解难。

第四章 //

把倾听当作工作中重要的一部分

倾听是把你的想法变成我们的想法的关键路径。[1]

——尼罗弗·麦钱特

当你翻开这本书时,可能你期待的是一本关于如何给予有效反馈的纲要,内容丰富,包括该说什么、该怎么说。但是,要知道,向别人提供反馈的时候,不见得一定要多说,最好的方法之一其实是认真倾听。做到这一点其实并不容易。如果你想让别人听进去你的反馈,就得先听他们说完。

在工作中,我们应该成为好的倾听者。善于倾听的人在工作中会表现得更好。比如,善于倾听的销售人员业绩更好,善于倾听的医生很少被投诉。要知道,倾听是做好上述工作的关键。做推销，要倾听客户的意见，才能向客户推荐满足他们需求的产品；当医生，要倾听患者的讲述，才能制订出有针对性的治疗方案。这两种情况，皆要求认真倾听，然后就可以发挥所长，做好工作。

工作中认真倾听还会带来意想不到的好处。以快餐店为例。快餐连锁店管理者若善于倾听，他们管理的特许经营店就不会出岔子。假设麦当劳的店长能听进一线员工的意见，那么一线员工出现安全事故的概率就会很低。再以小学为例，如果老师觉得校长善于倾听他们的意见，学生的考试成绩就会更高。比如，作为三年级的代班老师，教研组长肯听我的意见，那么我就会更努力地投入教学。所以，这不是简单的一句"认真倾听，然后就可以发挥所长，做好工作"能够概括的。这话本身不假，但同时也意味着"如果经理肯听我的意见和建议，我就会在工作中投入更多的精力"。这就是本书讨论的第四项超能力：善于倾听，你就会释放出新的动力。[2]

你可能会想，"我们不是在讨论怎么给予反馈吗？"也许你需要告诉卢卡斯，他得在下周五前完成某项工作，尽管完成的可能性不大。或者你需要让安吉拉知道，回复客户要更及时些。需要传达重要信息的人是你，不是卢卡斯，也不是安吉拉。也许确实如此，但是在这一章我们将会看到，认真倾听如何促使他人更好地接收你要传达的信息。

每分钟 700 字，不信你数

你要是觉得认真倾听没那么容易，这就对了。因为不只是你有这个问题，大多数人都会觉得夸夸其谈比认真倾听容易得多。听上去有点不可思议，因为公开演讲是让大部分人发怵的一件事，却很少有人会因为倾听而产生畏惧。然而事实上倾听才是更大的挑战。我们从小就接受讲话技能训练，练习怎么当着很多人的面讲话。而与此同时，我们却从没在意过什么倾听技巧，更不会想在这方面加以改进。

人们把讲话分成了不同类型，单是这一点就可以说明在讲话上人们花了多少心思。比如，附近大学的一位教授邀请你和她的研究生进行一些"交流"，你可能会问："你想让我做一个幻灯片演讲，还是和他们聊聊天就好呢？"你们俩都明白这两种讲话方式的区别。同理，不能因为你能简明扼要地说服别人，就断定你做一场 TED 演讲也没问题。这似乎不合逻辑。擅长一种讲话方式并不意味着对其他讲话方式也驾轻就熟。

同样，擅长一种倾听方式也并不意味着对所有倾听方式都了如指掌。这确实有点让人费解，我们对各种各样的讲话方式进行了细致分类，但对倾听方式却没有分类。各种类型的"听"都可以被称为"倾听"。当然，还有所谓"积极倾听"的说法。但在大多数人提及"积极倾听"时，他们的意思不过是觉得那是一种"比较不错的倾听方式"而已。当你的好朋友含泪向你诉说要和丈夫离婚时，你的倾听方式与你听到必须在三个可行的营销方案中选择一个时一定是不同的。

对大多数人来说，觉得倾听不太容易的另一个原因，在于讲话和思考之间会有时间差。研究人员发现，讲英语的人在正常对话中平均每分钟说152~170个单词。那我们的大脑呢？把我们的大脑放大来看。如果你的母语是英语，你的思维速度大概是每分钟700个单词。[3] 神经科学家表示如果你智商特别高，你的思维速度可能比其他人都要快。如果你听广播的速度是正常速度的1.5~2倍，正常的对话可能会让你"着急得不行"。你越聪明，就越难成为一个好的倾听者。

那么我们大多数人是怎么做的呢？本特利大学心理学教授海伦·梅尔德鲁姆认为，在谈话时，有时候我们表面在听对方讲话，心里却在想："他说得太慢了，所以我有时间想些乱七八糟不相关的事，没准儿一会儿可以讨论讨论这些事。"[4] 我们好像没错过对方的什么话，但是，我们其实漏掉了好多信息，因为我们东想想西想想，等重新回到谈话中时，对方已经从他儿子赢得足球赛的话题转移到餐厅有老鼠上了。

你不需要每次谈话都架起天线捕捉信号

作为管理者，要想耐心倾听更是难上加难，不仅因为有一大堆事情让你分神，还因为反馈时要求的倾听方式可能与你擅长的倾听方式不太一样。借用一句俗语，"世上没有万能药"。你上学的时候，很可能善于做社会科学家所说的那种"批判型倾听"。批判型倾听包括"完整而准确地理解讲话者所说的一切"。[5] 有强烈批评意识的听众经常能发现别人逻辑上的错误或者矛盾之处。如果你上学时在这方面是个好学生,你有可能在倾听别人谈话时经常问自己:"这可信吗?"[6]这些十分有效的批判型倾听技巧能帮助你成为出色的管理者,因为善于判断提议是否可行的人往往能够被提拔到管理层。

只是你得知道,批判型倾听在多数反馈谈话中都没什么用。"架起天线捕捉信号"这种做法在评价性反馈中很有效,具体情况我们会在后面详细探讨。但是,当卢卡斯解释自己恐怕在下周五截止日期前没法完成工作时,你就需要另一种形式的倾听技巧来帮助你更好地给予他反馈。当然,借用批判型倾听你能判断出卢卡斯是否有足够充分的理由要求推后完成任务的时间,也能让你看清楚卢卡斯是否有能力日后承担更有挑战性的工作。

但此时此刻,他坐在你对面,觉得你在要求他做不可能做到的事情。你需要支持他,你想尽可能地帮助卢卡斯在截止日期前完成工作,所以这时你是不需要所谓批判型倾听的。

你现在需要的是"关系型倾听"。关系型倾听指的是你站在对方的角度,理解对方的处境,是一种换位思考。要做到关系型倾听,你首先要理解对方的情绪、经历和他正在忧虑些什么。正如盖伊·拉兹在《TED 广播时间》中所说:"倾听不是一种判断行为,而是一种激发同理心的行为。"[7]

既然卢卡斯提到自己需要更多时间,那么你就应该问问他是否遇到了什么困难。作为管理者，或许你能帮他解决问题也未可知。从卢卡斯的角度来看，要是让他多花几天时间完成工作，会有怎样的成本-效益分析呢？不要不敢询问别人的感受。问问卢卡斯对这个项目怎么想。也许他觉得自己的努力毫无用处，在这种情况下，你可以肯定地告诉他，他最近的努力对你很重要。是不是有什么工作之外的事情影响到了他的效率？你可能没法彻底解决问题，但简单地问问，也能显示出你对他的关心。

研究人员发现，关系型倾听给人以希望，可以减少人们承受的压力，也能让人觉得，你是和他们在一起的，这会让他们更愿意接受你的指导。[8]这种类型的倾听还能改善员工对你的看法，他们会认为你非常善于提供反馈。研究人员对全球3800多名员工开展了一项调查，让他们对公司管理者的反馈能力进行评价。结果显示，管理者的倾听能力与反馈能力之间存在着强相关性。在给予员工反馈之前充分倾听对方观点和看法的管理者所提供的反馈通常被认为最诚恳、最有用，也最有效。实际上，员工更愿意向这些管理者寻求反馈。而那些不愿倾听、常常在询问员工观点之前就直接提出建议的管理者，则被认为是糟糕的反馈者，员工也不愿意接受他们的建议。[9]模式很清楚了：倾听我，你的反馈就是成功的；忽略我，我也无所谓。

如果你要鞭策别人更努力地工作，关系型倾听和表现出同理心可能是你最不想做的事情。因为这样做会让你感觉软弱，好像是在向别人低头。但实际上，这么做会让人备受鼓舞，而且是一种更明智的鞭策。你愿意认真倾听，你的员工才会愿意接受你的建议。

具体要怎么做呢？我认为，团队中遇到问题的每个人都会这样想：除非我相信你的看法和我一致，否则我才不相信你能帮我解决问题。如果你认真倾听，员工就会放松下来，他们会因为你的反馈和指导能真正帮助到他们而感到安心。

倾听让人更理性

在你觉得提供反馈会给对方带来负担时，倾听其实也是一个不错的选择。如果你觉得有些话不好说，很需要对方通情达理，那就不妨先倾听，然后再给予反馈。

"倾听让人更理性"是耶路撒冷工商管理学院组织行为学教授阿维·克鲁格的座右铭。在过去的十年里他一直在研究倾听。据他的研究发现，人们不被人注意到的想法往往表现了他们最无聊的一面。克鲁格做过一个实验，随机将实验人员与一位倾听能力差的人或一位倾听能力强的人配对，并给他们分配了一个讨论话题。在倾听能力差的人面前，人们会采取非黑即白的态度。当他们谈论自己的时候，只说自己的优点，不提自己的缺点。在讨论敏感的政治问题时，他们常常态度强硬，认为评析当前政治形势，只有一种方式是最明智的。但当他们遇到善于倾听的人，这种非黑即白的态度就会烟消云散。他们总能更全面地讨论问题。

在谈论到自己的时候，只会提到自己的缺点，而从不夸耀自己的优点；谈及政治，也从不极端。[10] 他们会承认形势复杂，也会阐明自己立场的缺陷。

如果你面前站着一位心不在焉的听众，这个听众还是一个心不在焉的管理者。这种情况就好比你开启了二手车销售模式。你在"兜售"自己的观点，想要努力吸引这个人的注意力。一旦吸引了某人，就要引导他关注那些最具特色的卖点。当你发现对方漏听了某些话时，就会卖力地强调。但是当对方的注意力完全集中在你身上时，你就会产生某些细微差别，此时的你不是在兜售，而是在思考。这是一个好机会，让你充分地展现自己的思考力。你完全不再担心对方会曲解你的意思，或者只听到那些让人感觉不太好的话，因为你知道他们一直在认真倾听。作为讲话的人，你可以充分展现更多的理性。

想象一下，你必须给安吉拉一些评价性反馈，让她更好更灵活地回应客户提出的要求。如果安吉拉是个容易焦虑、爱出风头、像二手车销售员一样的人，你恐怕不想和她打交道，因为你希望看到一个理性的安吉拉。如果你真正试着去理解她为什么反应有点迟钝，或者你采用关系型倾听的方式，那么她就会从容地说出自己真正遇到的问题是什么。

也许你觉得团队中的一些人，尤其是安吉拉和卢卡斯，对他们的问题说不出什么道道，这恰恰就是你正在经历的烦恼。然而，研究人员发现，作为倾听者，你才是给谈话定基调的那个人。对方还没开口，你就已经决定了自己会心不在焉地旁顾左右还是全神贯注地参与其中。你其实有能力帮助他们理清思路并发掘出更有趣的见解。倾听者若是表现出聆听对方是件值得做的事，那么毫无疑问，对方就会即刻成为一个值得别人聆听的人。[11]

你一定有过这样的经历：和某人共进晚餐，对方对你的一切都非常好奇，你们相见恨晚。你发现自己在那天晚上的谈话中，比以往任何时候都更善于表达，讲的故事也更精彩。

我并不是说，假如面对一群好听众，任何人都能像奥普拉·温弗瑞一样能言善辩，滔滔不绝。有些人生来擅长交流。但如果你和对方独处一室一对一交流，却心猿意马，那么你们之间的交流会跌入糟糕的怪圈。比如，如果安吉拉一开口就显得很乏味，你就会觉得忽视她是合理的，于是她不停地说些车轱辘话，这样一来，这场谈话对你们双方来说都是在浪费时间。如果你一开始就认为对方是无趣的，那就完了，因为他们可能真的会变成那样。

注重倾听，以人为本

有好多书教我们怎样才能成为一名更好的倾听者，书里的内容仿佛是要我们一招一式都要像《星球大战》里的尤达大师那样才行。这些书教导我们注重一些细微的技巧，比如怎样听话听音，在沉默且尴尬的场合中如何泰然处之，等等。这些行为的确让人佩服，但对忙碌的管理人员来说，恐怕很难做到。

有些人在倾听时表现得很极端,在别人说话的时候一言不发,不动声色,直到人家把话说完。我把这种行为称作"僵尸型倾听"。当然,如果你的目的是让对方局促不安,那这招很管用。我遇到过一位研究生院的教授,在我讲话的过程中,他一直一言不发地盯着我,不时眨眨眼睛。我说完后,他沉默了五六秒才开始发表他的看法。可能有人跟他说过最好的倾听方式就是这样(谁知道他以前是怎样听别人讲话的),可是这种方式实在让我如芒在背。这件事都过去 25 年了,今天依然历历在目。

认真倾听,意味着没什么让人捉摸不透的目的;恰恰相反,倾听是展示你努力的方式。正如哈佛商学院谈判专业的教授迪帕克·马尔霍特拉所揭示的那样,认真倾听要做到以下两点:"一是你试图真正理解并尽可能多地了解对方想法的由来,二是要让他们知道你在努力做到上述这一点。"[12]

如何表现出你在了解情况?可以问几个问题,但有个小窍门:不要只问别人的行动任务。有些管理者只会询问一下大家本周都做了些什么,这样实际并不能拉近你们之间的关系,也无法提高反馈对话的质量。管理者应关注一下员工的个人状况。研究人员发现,员工最尊重那些以人为本、倾听他人意见的领导,而不仅仅是以任务、以团队为中心的领导。换句话说,如果你问起员工的个人情况,说明你在意他人。这些以人为本的问题能帮助你掌握关系型倾听的精髓。

让我们回到上面提到的卢卡斯的故事里,他有可能在下周五这个最后期限前完不成任务。当然，作为一名管理者，你需要抽时间问问与任务相关的问题，比如，任务完成了多少；以及团队中出现的问题，比如，还有谁可能没法在截止日期前完成工作。然而，要想让卢卡斯接受你的反馈，你就要表现出想知道他真实想法的样子。你可以问问他："如果还有可能，你觉得有没有什么办法能让你按时完成任务？你觉得是什么造成了目前这种状况？你有什么难处？我能为你做些什么？"

所以，尝试在下次面对面交流时，多提一些以人为本的问题。不过，读到这儿，我还是要告诫你，做个听众很重要。

有价值的倾听行为/倾听者的意图	倾听者可以提的问题（以人为本）
鼓励讲话者厘清问题	你如何看待这个问题？站在你的角度，我们在什么情况下最有可能再遇到这个问题？
尽力去理解	我想确认一下我是否理解了你的意思，现在请你转述一下你听到的话
表明倾听者在认真思考讲话者的意见	・我正在收集一些关于如何处理这件事的意见，你有什么好的建议？ ・以你高屋建瓴的看法，团队的首要任务应该是什么？是什么让这件事没能得到应有的重视？
对讲话者的陈述表现出兴趣	接下来又发生了什么？你从中学到了什么？
即使在有不同意见的时候，也要对讲话者开诚布公	我觉得我们在这个问题上有分歧，但我还是想听听你的看法，你愿意把你的想法告诉我吗？

关于为何要以人为本，还有一个原因是这样能帮助你的员工进

步。员工的工作效率在哪种情况下更高？是在领导者以人为本时，还是在领导者以任务为本时？这是研究者一直以来都非常感兴趣的课题。如果你的领导风格是以人为本，你就会专注于建立和维护沟通渠道、态度和关系，使团队能够很好地合作。你在乎的是人本身。如果你的领导风格是以任务为本，就会专注于提出任务要求、创建任务结构和监控团队绩效。你在乎的是任务是否完成。（糟糕的领导者很难把注意力集中在工作上或人身上，这让我好奇他们关注的究竟是什么。）

社会科学家发现，当员工为一个以人为本的领导工作时，他们总会表现出更强的学习能力。[13] 因为这样的领导能与员工进行有效沟通，保持良好的人际关系。团队成员可以公开地讨论他们的错误，于是就不太可能再犯同样的错误。在以任务为中心的团队中，人们不愿意谈论自己的错误，于是张三就会犯李四去年犯过的错误。所以，多问一些以人为本的问题，可以让大家都能从中受益。（你没准儿想知道，以人为本的领导者是不是能完成任务。研究表明，这个担心是多余的，你不会因为以人为本而失去生产力。）

对别人的话进行释义是最有价值的倾听行为之一。你可能会不以为然，因为它看起来太简单了，其实释义比你想象的要复杂。释义使你能够让对方了解你都听到了些什么，以及你听懂了些什么。试着用自己的话来表达你听到的内容，能够检验你是否听懂了对方的意思。如果卢卡斯说："因为米歇尔总是不能按时把她负责的部分交给我，所以我才一直没能完成工作。"你可以反问一句："那么是米歇尔没有在你需要的时候把她负责的部分交给你，是吗？这确实很让人恼火。这是你没按时完成任务的主要原因，对吗？"这时卢卡斯可能会列出一些其他原因，不管怎样，他都会感受到你的理解，然后你们可以共同把大大小小的问题梳理一遍。

"我也会有情绪低落的时候"

还有一个很有用的方式能够表明你在认真倾听，即支持对方所说的话。这并不是说你必须要与他们意见一致。我们来看看这个例子。有一天维姬说："我比办公室里的任何人做的事都多。"这时你不必回应："是的，你的工作量是他们的两倍多。"你要表示出对维姬的支持，你应该说"我明白你为什么觉得有点招架不住"，或者"我明白你为什么会沮丧"，甚至"我明白你为什么觉得不受重视"。要支持别人说的话，就要表达出"你的感受是非常合理的"。

一直以来就有专门针对"获得支持与压力反应之间的关系"的研究。在一个经典的实验中，参与者必须心算出很难的数学问题。想象一下你参与了这个实验。不能使用铅笔和纸，只有40秒的时间在计算机上完成每个问题。毫不夸张地说，这种压力足以让你心跳加速、汗流浃背。在你努力解决了三个问题之后，实验员突然暂停实验,询问你感受如何。你会像大多数人一样说:"实在是太累了。"[14]

那么实验员会怎样回应你的狼狈呢?如果你恰好在能得到支持的那一组,那么恭喜你,这时实验员会安慰你说,"没有纸笔,解数学题确实会很累",或者"如果让我完成这般艰巨的任务,我也会很累"。你会听到诸如"你的感受是合理的,你不是唯一一个这么认为的人"之类的反馈。但如果你不够幸运,被分配到得不到支持的那一组,实验员会对你的狼狈做出完全不同的反应。你会听到"你没必要感到沮丧",或者"其他人也感到很累,也没见谁表现得跟你一样",抑或"理解不了你的感受,你反应过度,只有你反应这么大"之类的反馈。实验员给出反馈之后,下一组问题就会出现,你需要继续答题。这样的环节一共三轮,基本上只会听到两种回应,要么是"我觉得你的感受很合理",要么就是"我很意外你竟然觉得这么累"。

实验结束后,你会做何感受?如果你在得不到支持的那个小组,实验员的反馈很有可能会让你抓狂。对这些受试者来说,随着每一轮新的问题的出现,他们的心率就会不断上升,出汗量也随之增加。他们的情绪越来越糟,甚至质疑自己当初为什么要报名参加这个实验。但是,如果你在能够得到支持的小组,你就不会这么烦恼。答题进行到第三轮的时候,你没准儿开始为自己犯的错误而自嘲。事实上,对于这些得到支持的受试者,相对另一组,虽然面对着数量和难度都一样的题目,他们的心率却不会加快。

这是因为实验员对他们不断支持的过程缓和了他们的情绪。得到言语支持不仅会让对方感到安心，还可以减轻压力。这就好像你有一块盾牌，抵挡了生活中的一切挫折。

有意思的是，仅仅被告知"没有必要感到失落"并没有什么效果。通常，这是父母会对子女说的话。我想很多心存善意的管理者也会对年轻的员工这么讲。他们这样做的目的可能是想减轻年轻人的压力，但实际上却常常适得其反。在听到有人给我们建议说"你有点反应过度了"的时候，我们大多数人的压力并不会减轻，相反，会感受到更大的压力。

我亲眼见识过支持的力量。有天下午，我正在咖啡馆工作。离我不到10英尺（约3米）的地方坐着两个男人，其中一个大概是这家店的经理，他跟另一个人说："你还没有把货送去啊？"另一个人应该是个员工，回答说："可是我确实送到了啊。"我没有故意偷听，可是他们的讲话声越来越大。这名员工很明显非常激动，坐立不安，并越来越焦虑，不停地重复"我确实送到了"。等他说完，经理回应道："我觉得你有点激动，但我理解你的情绪。"听到这句话，这名员工的口气立刻软了下来，回答道："是，我确实有点激动了。"他逐渐放松，也冷静下来，几分钟后，对话有了进展。

但是我对这位经理接下来的行为很不赞同。他理了理手上的材料，说道："好了，这不过就是个反馈而已，没什么大不了的，你也没有必要感到失落。你只不过是没有送到货罢了，承认了也没什么大不了的。"听到这话,我的心一沉,想着接下来麻烦了。这位经理忽略了员工表现出的情绪,甚至还透露出一丝模棱两可、似是而非的威胁。不出意料,这位员工再一次暴跳如雷。我能想象到,一开始这位经理是想让员工冷静下来的,但可怕的是,他却造成了适得其反的效果。

当然,你要做的不只是支持对方所说的。作为管理者,你不能每次都简单地以"我也会感到沮丧。我很高兴今天能与你好好谈谈这件事"来结束一段重要的反馈谈话。毕竟换位思考后,你还得解决问题。不过,如果没有第一步,即在没有支持对方话语和情绪的情况下就直奔主题,只想着解决问题,别人就会觉得你不尊重他们做出的努力。他们或许会觉得你的指导是有用的,却感受不到理解。而我们每个人,都是渴望被理解的。

练习关系型倾听

你可以在压力不大的时候强化关系型倾听的技巧。试一下,在本周的一对一交流中,制定一个目标,弄清楚每个人期待什么和担心什么(如果有的话)。 前一个问题很容易。简短地问一下员工:"你有什么期待?"可能有人会对工作有所期待,比如贾斯敏会很期待下周二做演示;可能有人对自己的事情有所期待,比如带着孩子去滑雪。

这个问题会给你做个铺垫,进入下一个问题,问问他们有没有什么担心的事情。你可能下意识地会对他们的回应做出以下反应，即表示"我们有同样的担心"。你们也许担心的是下一个里程碑式的事件，比如是否能与高盛签合同，抑或即将召开的一个会议是否能顺利举办。这些其实都是团队面临的忧虑。然而，烦恼就像雪花，每一片都不一样。贾斯敏可能在担心她要做的演示，而科里担心的是为什么副总裁没有大力支持你们团队。在一对一的谈话中你要仔细倾听，简单地记下每个人都在担心什么。

并非每个人都会有烦恼，没有也没关系。比如我就碰到过一个员工，经常回答"没什么，为什么呢，我该担心些什么吗？"在这种情况下，你应该考虑是否让他觉得工作中还是有些需要担忧的地方的。

为什么要采用关系型倾听呢？这是因为，在你要给出一些不太好接受的反馈时，你需要这些关系型倾听的技巧，帮助你从容地搞定。如果你已经把关系型倾听运用于每个团队成员身上，你会赢得大家的信任和好感。你已经表明了你和他们立场一致，这样当你说起他们不想听到的问题时，他们不会立即觉得"你从来就没有喜欢过我"；相反，他们会第一时间觉得"这话确实不中听，但我知道你是关心我才这样说"。瞧，你认真倾听别人，别人当然也会认真听你说话。

// 小结 //

- 如果你的反馈会给对方带来压力，或者你需要对方努力解决问题，那么倾听就是你最好的工具。

- 记住：先倾听，后反馈。

- 研究表明，当人们与一个善于倾听的人交谈时，他们会站在更合理的立场上，减少戒备心，也更容易认识到自己的不足。

- 当管理者善于倾听时，员工就会主动寻求他们的反馈，并对这位给予反馈的管理者最佳评价。

- 仅仅善于倾听并不意味着在其他方面你也表现出色。

- 作为一个管理者，你可能已经熟练掌握了批判型倾听，比如怎么辨别无效信息，但在反馈对话中，你需要采用关系型倾听，即站在别人的角度看问题。

- 如果你认为别人很无聊，那他们就会很无聊。听者往往是给谈话定调的那个人。

- 你可以通过问一些以人为本的问题来说明你在认真倾听,要对对方的想法表示出好奇。

- 对别人的感受表现出同理心。"我能理解你为什么会有这种感觉",这句话能减少对方的压力,而"没有必要难过"这句话则会带来适得其反的效果。

·第二部分·

实践做法:欣赏

只是避免提供批判性反馈，比较好理解。因为，"很糟糕"这样的反馈通常意味深长，让人捉摸不透又惴惴不安，而"很棒"这样的话就比较让人放松，让对方觉得没什么可担心的。

然而，美国一项全国性的研究发现，约 37% 的管理者承认，不会因为员工工作出色而表扬他们；16% 的管理者认为，不会仅仅因为员工提出了不错的想法而表扬他们。[1] 这意味着当团队中有人给客户提供了出色的服务或是给领导留下了深刻印象时，10 个管理者中有 4 个会默不作声，每 6 个人中只有一个会含含糊糊地夸奖说："这个好点子是吉尔提出来的。"理想世界中，赞美他人是很容易的事儿，但在现实世界中却并非如此。

当管理者不给予员工应有的称赞时，他们会有什么损失呢？对初出茅庐者来说，他们会错过最好的员工。在本章中，我们就来讨论一下这方面的问题。要组建一支高效的团队，必须给团队成员这样的信号："我了解各位的优点，希望大家可以发挥所长。"并且必须确实这样想才行。

第五章 //

实践做法 1：
发现每个人的长处

做一个一流的观察者。[1]

——马克·郭士顿

我的朋友戴夫挂了电话，耸了耸肩，觉得自己已经尽力了。戴夫在一家校外培训机构工作，辅导孩子各种作业，从代数到关于《麦克白》的论文，无所不包。有一天他接到一位女士的电话，对方在考虑让女儿退出辅导班。作为一位不堪重负的职场妈妈，每周两次接送女儿往返辅导班让她疲惫不堪。戴夫试图说服她坚持一下，像平常一样，他说："我们不妨想想为什么让孩子来这里。"但最终，他理解了这位妈妈为什么要退课。学生们来来去去，辅导班资金充足，所以他并不太担心经营的问题。

大约半小时后，他在走廊上站着时，他的老板多萝西找到他。多萝西貌似听到了他和那位妈妈的对话。虽然比戴夫矮了一截儿，多萝西却径直走到他面前，霸气地指着他说："你给她回电话，现在就打过去，告诉她不能退。"他从没见过她这么努力地争取一个学生。戴夫开始给她解释是怎么回事儿，可她根本不听。"这女孩和我们的其他学生不一样，"她仍然晃着手指说，"这个学生需要补习数学，她在学校很吃力。你不为她争取机会，别人也不会，这孩子需要我们。你给她妈妈打电话把这件事搞定。"

戴夫无可奈何，只好回到办公室，拿起电话，给那位母亲打了个电话。他们谈了20分钟，比第一次通话的时间长多了。然后她改变了主意，重新给女儿报了名。戴夫放下电话，松了一口气。

对学生来说，这个故事的结局堪称圆满。孩子的数学进步了，并且留在了学校。然而这件事的影响远不止此。当戴夫第二次挂断电话时，他去把结果告诉了多萝西，想着她也就是简单地点点头，然后该干嘛干嘛。他不过是做了她要求他做的罢了。但是多萝西没有忽视这个时刻或者戴夫的努力，她对戴夫说："你做到了。我确实觉得你的功劳不小。因为你，那个小女孩现在有了第二次成功的机会。"在下班回家的路上，戴夫不断地回想那一刻，他有生以来第一次意识到，他可以做一些或说一些真正改变别人命运的事情，这使他感到骄傲。在随后的几周，他发现自己在每个学生身上都更加用心，因为他不仅仅是一名数学老师，他肩负重任。

最让他开心的是，多萝西不只私下里夸他，她在别人的面前也这么说，戴夫站在旁边，还挺不好意思的。几个星期以来，多萝西反复跟同事提起戴夫的功劳，他如何为这个女孩争取机会，因为他的坚持，他们让一个女孩不至泯然于众人。"都是你的功劳。"她反复说道。

那通电话已经过去15个年头了，戴夫还是会为此而感慨万千。当被问起经历过的最有价值的反馈时，他就会想到多萝西。

让员工有像戴夫这样的经历有什么秘诀吗？我们如何给予有效的赞美，把员工在工作中最平淡的时刻变成他最自豪的时刻？这看起来应该不难，然而我们都会有收到表扬转眼就忘了的经历。在收到正面评价时，我们大多数人对评价内容都不会太在意，只会点点头表示收下，然后便会等待下一次的称赞。我们知道，当有人说"太棒了"时，他们也会说"但是……"。

你可能还会认为表扬和认可是多余的，因为员工都是成年人，成年人不需要（或者不应该）听到"做得好"这样的话。也许你觉得给员工的待遇很好了，以此表示认可还不够吗？[2] 然而，从下面的例子中，你会发现这确实不够。薪水意味着员工有一份工作，但是表扬会让他热爱工作。对一位年近五旬的员工来说，年龄仅仅意味着在给予他表扬和认可时，要比给一位8岁小孩表扬时更花心思而已，正所谓好话不嫌多。

在本章中，我们将回答三个关键问题：第一个问题，为什么你应该对团队成员不吝赞美；第二个问题，以怎样的方式称赞；

第三个问题，称赞些什么。赞美不必都是难忘的，如果恰到好处，就会带来根本性变化。你可以成为某人的多萝西，不必甜言蜜语也能助人成长。若是任由员工遇到麻烦的工作就躲避，别人不会觉得你是个好老板，这不是个好现象。受欢迎的老板相信员工有能力不断进步，会让员工感到骄傲。

这些不是简单的赞美

让我们从第一个问题开始，即管理者为什么要加倍关注和赞美员工？首先，管理者给予的赞美和员工期望获得的赞美之间有巨大差距。最近的一项调查显示，只有24%的美国工人认为他们在工作中得到了足够的认可。这可不只是出现在那些矫情的千禧一代身上的新问题。罗斯福大学的卡洛琳·威利查阅了过去将近50年的资料数据发现，尽管自20世纪50年代以来美国企业界发生了种种变化，但有件事始终未曾改变，即员工们总是认为自己的能力被低估了。威利发现，超过80%的管理者表示自己经常向员工表达赞赏，然而只有不到20%的员工承认经常听见领导表扬自己。管理者觉得自己该说的都说了，而员工却觉得他们几乎什么都没说。[3]

管理者是否像员工所说的那么吝于赞赏呢？这不太好说，但正如我们在前几章中所看到的那样，最重要的是员工的看法，而非你的看法。当员工感受到关注和赞赏时，他们在工作中的表现会有所不同。比如在得到多萝西的称赞之后，戴夫每次与学生谈话时的表现都有所提高。当你给予员工认可时，员工的敬业度就会明显提高。社会科学家对"员工敬业度"的定义是"员工对组织及其目标的情感承诺"。[4] 对一名敬业的财务顾问来说，即使不是她的本职工作，看到走廊上有垃圾，她也会捡起来；而一名敬业的保安，即使离下班只有5分钟，看到监视器上有异常闪烁，也会立刻前去调查。

数据显示，受到表扬的员工大都十分敬业。盖洛普调查发现，预估员工敬业度的关键问题是："在过去的7天里，你是否因工作出色而获得认可或称赞？"对这一问题回答"否"的员工，表示计划在一年内辞职的可能性要高出三倍。虽然员工不是因为赞美而留下，但是如果过去的一周没有人注意到他们的贡献，那肯定是有些方面出了问题。

赞美（至少是有意义的赞美）并没有你想象的那么容易被人遗忘。当我让人们回忆他们在职业生涯中收到过的最有价值的反馈时，81%的受访者说他们当时收到的反馈要么是完全正面的，要么大部分是正面的，只有少数是负面的。很少有人（8%）认为，他们在工作中收到的最有价值的反馈是负面的。[5]

你和员工之间如果级别差距很大，那么只需要小小的认可就可以带来巨大的影响。如果你是董事或副总裁，对于新入职的员工，你只需记住他们的名字，然后在走廊上遇到他们时说"我听说你在某个项目中做了很大贡献",简简单单一句话就能让对方觉得自己一个月的辛苦付出都是值得的。

或许给予员工更多表扬最具说服力的一个理由是,表现最好的团队会得到更多表扬。但是,让我们想想,是大量的表扬带来了出色的表现,还是出色的表现使人们获得了更多赞誉?信不信由你,通常是表扬催生了出色的表现。马库斯·白金汉、阿什利·古德尔和ADP研究所的数据科学家考察了全球各地的团队,发现的结果正如你料想的那样:出色表现确实与表扬和认可相关。[6] 在做出了出色的业绩后,团队通常会得到领导的大加赞赏,这不足为奇。但其实并非总是这样。我们都有过这样的经历:所在团队取得了令人难以置信的成就,在巨大的压力下完成了不可能完成的任务,但直到最后,也没人对我们说什么。没有人被感谢或是被认可。这个数据很有意思:当表扬在先时,表扬和出色表现之间的正相关要强得多。当团队收到赞扬和认可时,表扬与出色表现之间呈现的相关系数是没有收到赞扬和认可的4倍。有时候,员工也会因为出色的工作表现得到认可,但更多时候,他们表现出色是因为得到了认可。

那么,赞扬到底有什么好处呢?显而易见,第一个好处就是会让人感到愉悦。赞扬总比反对要好。但是为什么赞扬会带来更好的工作表现呢?首先,赞扬让我们知道自己的辛勤工作会产生一定的影响,并且会受到关注。当我了解到因为自己的聪明才智和加班工作而获得认可时,就会更加努力。赞扬带来的好处还包括，如果赞扬在先，对方会更愿意接受指导，我们会在之后的章节中详细讲解。

我的建议就是不吝赞扬。在你的工作日历上加上一项日程，花点时间给员工发个邮件，或是去对方的工位上聊聊。我认识的一位经理每周都会留出一个小时的时间，他把这段时间称为"PREP"时间。在外界看来，这就像做会前准备，但对他来说这意味着"加倍赞扬"。

如果你带的团队不幸是单位里表现最差的，那么加倍赞扬可能不会立竿见影地让他们变成表现最好的团队，但正如下面的例子显示的那样，赞扬会帮他们卸下包袱，而包袱正是妨碍他们进步的原因。

恰到好处地平衡表扬和批评

了解了表扬团队成员的必要性之后，让我们来看看该如何表扬。有些人认为，应当平衡正反馈与负反馈的比例。每当提醒别人"我记得你前两次会议都没有参加"时，也要想一想应该多久说一次"我很欣赏你做的工作"。许多管理者普遍认为表扬和批评的比例应是2∶1。如果你没有太高的目标，那这个比率很合适，但是如果你追求建立一支卓越的团队，那这个比率就差远了。密歇根大学的研究人员发现，按照表扬和批评2∶1这样的比例进行反馈，团队表现通常很平庸，既达不到效率最高，也不会效率最低。① 表现最好的团队，也就是利润最高、客户满意度最高的团队，员工每受到一次批评，同时会得到五六次表扬。[7]

研究人员还观察到，受表扬频次远高于批评的员工会在办公室创造一种温馨且轻松的氛围，很少会说"这肯定不行"之类的话。因此，即使团队中最腼腆的人也会愿意表达些新的甚至是冒险的想法。批评意见要少而精，那么为什么不尝试一下非常规的方式呢？如果你希望今年带的团队能够超越其他团队，成为最卓越的团队，那么你的表扬与批评反馈的比例不应是1∶1或者2∶1，而应该是5∶1甚至更多。

比美食和恋爱的感觉更好

你也许会觉得匪夷所思，被批评一次之后怎么还会得到五六次表扬？（这让我想起了电影《上班一条虫》中那些有意思的"亮点"。）这样想不仅是因为5∶1的比例似乎有点过高，而且也与本书之前的内容有点不一致。前文中提到员工都希望得到更多的批评性反馈，他们更愿意听到批评，是因为批评能够帮助他们学习和成长。[8]似乎任何值得留住的员工都应该渴望金·斯科特那种"直接挑战"和"个人关怀"相结合的反馈方式，而不是玛丽·波平斯那种"不断表扬"掺杂着"偶尔批评"的反馈方式。

---

① 确切的数字是：表现中等的团队每受到一次批评，会收到1.9次表扬，表扬和批评之比接近2∶1。

简而言之，所有人都想知道自己的短板是什么。从理论上讲，我们希望别人对我们所犯的错误睁一只眼闭一只眼。然而，当人们憧憬未来的自己时，他们想要的那些抽象的东西与在辛苦工作中渴望得到的真实的东西是有很大差别的。想象中，自己精神焕发，开明豁达，追求进步，可是在疲惫不堪、屡屡受挫时就一个念头："我到底有没有取得进步？"

事实证明，我们最渴望的是进步。哈佛商学院的特蕾莎·阿玛比尔与发展心理学家史蒂文·克莱默一起分析了238个人的日常工作日记，总共12000多篇，发现人们最想要的感觉是每天进步一点点。[9]日记里记录的最好的一天往往是人们取得些许进步的日子，朴素而简单。值得注意的是，并不是做完了一个项目或按时完成任务才会让人有成就感，其实，只要项目有进展就足以让人产生满足感。不断进步的感觉使人们更有动力，情绪更高涨。

作为管理者，你可以在这方面做点什么来鼓舞士气。在人们忙于某个复杂任务时，你可以指出你看到的进步。比如，如果阿伊莎正在学着与人谈判，可能还没有达成一个令人印象深刻的协议，但还是在某些方面有了一些进步。也许她在谈判前做了充分的准备，使她能够镇定自若，不会因为对方令人不快的语气而让自己失去信心。你应该告诉她，两个月前她还不具备这一关键能力，而现在她表现得很好。你要帮助她分解任务，让她看到自己正在取得进步。每个人都想听到这些话，"你在这点上有进步""你的努力得到了回报""你所做的正是我们需要的"。最后这句话应该是最让人开心的了。

大多数人比我们想象中更渴望得到赞扬和肯定。一项由密歇根大学开展的研究发现，比起美食和恋爱，人们更看重自尊。吃比萨和冰激凌时，感觉是很愉快，但当你看重的人夸你聪明时，你会觉得更开心。正如纽约大学心理学教授多莉·丘格所观察到的那样："鉴于公开渴求赞美是一种社会禁忌，这些研究参与者可能低估了他们对受到肯定的重视程度。"[10]

三明治式反馈是否有效？

这一章中最有价值的部分应该是关于三明治式反馈这一经典做法的探讨。你或许了解这个范式：以表扬开始，提出一点批评，再给予更多的表扬。尽管这种反馈曾经很受欢迎，但现在很多管理者都不认可它，称其为"无效三明治"。然而，我想弄清楚，三明治式反馈是否真的有效？是否应该将负面反馈隐藏在赞扬之间？这种做法是否会忽略掉重要的信息？

在上一章中，我们介绍过哈佛商学院的莱斯利·约翰，并且介绍了直抒胸臆的重要性。约翰还研究了正面反馈和负面反馈的顺序是否真的很重要。事实证明，顺序确实很重要。

约翰和她的同事做了一个实验。他们要求成年人画一只熊（你要愿意也可以试试）。你会发现熊虽然很笨拙，可是并不好画。

如果是做画图猜词游戏，你画的熊没准儿会被当成一只肥猫。这个任务对于测试反馈效果堪称完美，因为我们大多数人都画不好熊，有很大提升空间。约翰和她的同事对一部分人先给予正面反馈，再给予负面反馈，而对另一部分人，则把顺序倒过来给予反馈。研究发现，先给予负面反馈效果较差。参与实验的人认为这些批评和建议没有说到点子上，他们认为反馈者水平一般。其实这些参与实验的人都收到了积极的反馈，然而，他们对反馈者却不以为然。如果用一些鼓励和肯定的话作为反馈对话的开场白，参与者会更加关注随之而来的负面反馈，并会认真加以思考。实验证明，没人在乎批评之后再给出的那些积极的反馈。以正面反馈或负面反馈来结尾，并不是很重要，但重要的是要先赞扬和欣赏。

关于正面反馈和负面反馈的顺序是否能提高一个人的工作质量，约翰和她的同事还没做研究，大家可以关注这方面的研究。但他们确实发现，表扬可以提高我们对负面反馈的重视程度，并会帮助我们认识到反馈者的意见和建议是有价值的。表扬让人觉得自己工作中的优异表现被认可了，潜力被人发现了，也会让人重视随之而来的意见和建议。[11]

约翰的研究揭示了反馈的关键问题，即如何让别人倾听你的想法。答案就是你要用称赞来吸引他们。如果你希望员工打起精神，认真对待自己的工作，首先要关注他们的出色表现。你要给他人一个理由去尝试做得更好。

团体优势 vs 个体优势

当你想着怎么表扬员工时，可以每周花一个小时来想想你的团队的优势，这样做能帮助你意识到两种截然不同的优势。第一，有些优势可以推动整个团队进步。比如，考特尼非常随和、自信，她提出的任何想法，人们都会喜欢并接纳。我把这种力量称为"团体优势"。团体优势能够提升团队或组织的力量。因为考特尼很有说服力，她不必反复在各种会议上重申她的想法，她的团队就能赢得更多的优质客户。

第二种力量，我称之为"个体优势"。个体优势让员工更强大。我们想想，什么样的工作可以使人精力充沛？什么可以使人对继续钻研问题感到兴奋不已？个体优势让人进入所谓的"心流"状态，他们完全沉浸在工作中，忘记了时间，因为这份工作从本质上来说是非常令人满意的。[12]

有时候，团体优势和个体优势是一样的，比如考特尼喜欢提出自己的想法。但我经常发现，有些人的团体优势和他们的个体优势是完全不同的。激励个人和激励整个团队可能会有很大不同。

例如，本杰明在演讲时会幽默地打消人们的疑虑，让人们感到安心。这是一种出色的团体优势，因为本杰明可以让人们无所顾忌，甚至是笑着谈论敏感话题。人们通常会回避一些话题，比如为什么有色人种员工很少被提升到管理层。很少有人能像他一样，引导人们就敏感话题进行富有成效的谈话，而且还不会引起争议。这是一种个体优势吗？其实并不是。虽然本杰明不介意就种族和民族等敏感问题进行讨论，但这不是他喜欢做的事情。他真正喜欢做的、让他起劲儿的，是对视觉设计的思考。只要让他花一个小时修改演示文稿，他就会开心一整天。而且，因为他发挥了个体优势，那么他讨厌做的事情也没那么讨厌了，比如他会觉得听一个夸夸其谈的高管在会上长篇大论也没那么难以忍受了。

作为一个管理者，你应该认识到团体优势和个体优势是不同的。团体优势需要被肯定，也需要被赞美。当这种力量对整个团队有利时，你不希望它是昙花一现，而是希望这是个反复出现的闪光时刻，所以你需要指出具体的行为表现及其带来的积极影响。在本杰明的案例中，具体的行为表现是，他主导了一场关于管理层缺乏多样性的对话；这个对话带来的积极影响是，公司现在正为有色人种员工推出一项培训计划。我们再回头看看戴夫的那个案例，以更好地理解与掌握这一点。当戴夫成功地让那个女孩的妈妈重新报名，挂掉电话时，他只是松了一口气，觉得他的老板多萝西不会再提这件事了。但是多萝西把他的小成就与更大的成就联系在一起，告诉他："那个小女孩现在有了一个机会，这都是你的功劳。"这种更大的影响力会让人觉得自己受到重视，觉得自己很特别，并且愿意再次发挥这种力量。

指出年轻员工的团体优势尤其重要。你年轻的时候，并不一定知道自己哪方面做得特别好，总得有人告诉你。一位科技行业的管理者曾告诉我："当你年轻的时候，你可能认为某件事人人都能干好。对你来说很容易的事情，对别人来说一定也很容易。"我们可能会抱怨，千禧一代和 Z 世代需要的反馈太多了，但也许他们需要这么多反馈是有原因的。他们成长在一个英雄辈出的时代，难怪他们老是想："我真正的天赋是什么？"

团体优势需要被认可，而个体优势通常不需要。当然，你可以指出，本杰明的演示文稿做得非常出色，他也许很乐意和你讨论用什么字体合适，但赞扬这个意义不大。基本上，能发挥个体优势本身对人们来说就是很有回报的事情。

发掘个体优势的最好方法是确保有机会去运用它，最好是每天都有机会。这听起来可能有点不可思议，但优秀团队的管理者确实能够成功做到这一点。ADP 研究所的研究人员发现，团队生产力的最佳且唯一的预测指标是测试团队中每一位成员是否都同意"我每天都有机会在工作中发挥个体优势"这一说法。无论国籍或行业，表现最好的团队中的成员都同意这一说法。这说明他们的管理者确实能够做到这一点。我犹豫是否要分享这一发现，因为它似乎实在难以做到。怎么可能确保每个人每天都能发挥个体优势呢？有些工作是没人喜欢做的，比如填写冗长乏味的表格或检查别人工作中的错误。要记得，虽然我们也想把这些可怕的工作任务根除，但这不是我们的目标，我们的目标是确保每个人每天花一点时间发挥个体优势，享受自己做得最好的事情。一两个小时就行，然后，可怕的工作任务就没那么可怕了。

作为一名管理者，你应该即刻就试试做到这一点，即帮助员工更好地发挥个体优势。这件事需要两个步骤：首先，你需要弄清楚每个员工的个体优势是什么；其次，你需要对他们的职位做些调整，使他们有机会定期发挥他们的个体优势。这并不意味着要把爱好融入工作。比如，汉娜喜欢玩手机游戏，如果汉娜乐于在社交媒体上为新产品发布文案，让她每天玩一会儿又何妨。

你可能会迷惑应怎样调整每个人的工作来发挥他们的个体优势。乍听起来这件事很麻烦，不过，一旦你知道是什么激发了某个人的活力，你们就可以共同创造出新颖的、可行的解决方案。我曾经有一个非常外向的研究助理，每当他开始讨论刚刚学到的东西时就会非常兴奋。他想每天与我联系，而不是按照我的计划每周一次。他的一项重要任务是撰写研究报告。然而，当他没法从我这里得到灵感时，他写的报告就显得马马虎虎。于是我们商量好了一个解决方案：我们在团队里找到了另一个人，这个人也希望有更多的社交互动，他们俩每周见几次面，有时只见10分钟，讨论一下他们各自发现的问题。这样一来，他的报告就写得清晰生动多了，在工作中也更快乐了。那个和他互动交流的人也很开心，工作效率也提高了不少。由此可见，认识到自己怎样才能做到最好，就会从平庸变得出色。

最重要的是，给团队中的每一个人机会，让他们充分运用个体优势。多年之后，他们会认为这份工作是他们做过的最好工作。

告诉我哪天你的工作状态最好

怎样辨识某人的独特优势呢？一开始，问就可以。你可以试着问对方："工作中你具体喜欢做什么？"但这样问可能会让对方摸不着头脑，有些不知所措。让我们看看怎样巧妙地提问能够引发讨论（见下表）。[13]

辨识个体优势	辨识团体优势
1. 你是否知道自己喜欢做什么，但还没开始做？	1. 有没有人告诉过你，哪些事情你做得特别好？
2. 什么事情是你做完后还想有机会再做的？	2. 工作中，你关注的事情都有哪些？
3. 哪些日常工作是你很愿意做的？	3. 你觉得哪些工作最有用？
4. 告诉我们一个这方面的经历：非常投入地做着某项工作，以至没有意识到过了多长时间	4. 你曾做过的什么事（现在不再做了）对你产生了很大的影响？
5. 回忆一下自己表现最好的一天都做了些什么？	5. 与团队中的其他人相比，你个人更擅长做什么？

还可以问一个较笼统的问题，与这两种优势都有关联，即"你在工作中感到最骄傲的三件事是什么？"

然而，有些人对个体优势认识不清，可能是因为刚从学校毕业，还没有机会发现自己擅长什么，或者是因为还没有很强的自我意识。（据我们之前的调查，只有大约 10%~15% 的人具有较强的自我意识。）鉴于此，我给你介绍一个有用的工具——克利夫顿优势评估（CliftonStrengths），这是我最爱用的工具之一。你可以在线完成这个评估，整个评估大约需要 30 分钟。完成后你会收到一份个性化报告，上面会按照 1~10 的顺序列出你的 10 项优势以及一份行动计划，以便帮助你在工作中充分利用这些优势。[14]

如果你还没有发现值得赞美的地方，请继续寻找

上面我们阐明了为什么以及怎样去认识他人的长处，接下来，我们要讨论的问题是：应该赞美些什么？坦白地说，比较而言，有些人的闪光点更突出，容易赞扬，而有些人则不具备很多团体优势。而且，如果你对某人的工作感到失望或不满意，可能会不断在心里逐条数算他们的缺点。我们并不是让你心口不一地说："我十分满意你这一周的工作。"这么说，任凭谁听起来都觉得很假。

你想必也不想虚伪地称赞别人。如果你心里不这么想，那就不要说："基拉，我对你的报告印象深刻。"基拉可能会误以为你对这份报告的要求就是这样。还有一种可能是，基拉也知道自己的工作其实做得不怎么样。研究发现，当管理者对某位员工的工作有些什么想法的时候，74% 的情况下员工是心知肚明的。[15] 如果你现在虚伪地表扬，等到之后你真心赞扬基拉时，她会将信将疑。

如果一个人的工作做得不好怎么办呢？这种情况下赞美无异于谎言。你不必动情地赞美，只需要对他们的辛苦付出表示感谢

就好。我曾经对工作中那些令人沮丧的反馈做过调查研究。53%的员工承认，如果管理者能够认可他们的努力，他们会更愿意接受管理者的批评指正。作为管理者，一旦你对员工的辛勤工作表示认可，就可以开始了解他们对工作怎么看。你们的对话可能是这样的：

> 你：基拉，感谢你努力完成了这份报告。我注意到你这周有好几天都忙得顾不上吃午餐。谢谢你所做的努力。
>
> 基拉：谢谢你注意到我。因为有些数据很难查，使我在这份报告上花的时间几乎是上一份报告的两倍。
>
> 你：非常感谢你能一直坚持完成工作。你觉得这份报告怎么样？
>
> 基拉：我很高兴最后还是完成了这份报告。至于质量如何，还是你说了算。
>
> 你：你研究这份报告的时间比我长，也更了解各项数据，所以我想听听你的看法。你怎么看？
>
> 基拉：我不太明白你的问题。
>
> 你：以我的经验，做大项目的时候，项目开始之前我所设想的与最终完成的东西之间通常会存在差距。那么，你最满意的是哪些地方，哪些地方和你原来想象的不太一样呢？

> 基拉：这不是我做得最好的报告，但也还行。
>
> 你：嗯，说得挺好。告诉我这份报告中哪些部分你觉得做得还行，以及你觉得和以前相比，哪些地方做得不够好。

这段对话的关键是，先要承认基拉付出的努力，然后再引导对方具体阐述她在工作中觉得自己的优势是什么，以及遇到了哪些困难。

员工除了希望他们的辛勤付出得到认可，还希望在哪些地方得到认可呢？研究表明，员工希望在以下情况下得到管理者的认可[16]：

- 做出巨大、突破式的进步。
- 积极进取，主动工作。
- 对某一问题或被忽视的需求有担当。
- 提了些好主意。
- 表现忠诚，遵守承诺。
- 促进团队合作。

若是不提基拉这份乏善可陈的报告，你也许会对她积极指导团队里新员工的行为表示赞赏，要不是因为她，新员工可能现在连打印机都不会用。

还有一个被屡次验证的策略：表扬和认可员工做出的每一点进步，即使某位员工的表现与你的要求有一点差距，也没关系。真诚鼓励才能带来长久的进步。比如简单地表扬一下蒂亚戈，告诉他："我注意到你回应团队邀请时极少用'回复所有人'，我觉得这样很好。"

如果很难赞扬某位员工，那么就在手机上设置一个备忘提醒，每周回顾一下他有没有改进之前做得不好的行为。我们大多数人不会注意到员工之前出现的问题什么时候改正了，因此在手机上设置提醒可以帮助我们定期回顾，看看本周这些问题是否依然存在。如果已不再出现，那请记得表扬一下。

对男女员工一视同仁，不可厚此薄彼

给予员工赞美时，请务必对男性员工和女性员工一视同仁。斯坦福大学的一个团队仔细研究了真实的员工绩效评估资料，发现绩效评估对女性并不友好。对新入职的员工来说，女性收到的反馈相比较男性收到的反馈通常更含糊。57%的女性员工收到的反馈要么乏善可陈、不带任何感情色彩，要么就非常笼统，比如"你给团队带来了非常大的帮助"或是"你今年表现很不错"；相比之下，只有43%的男性收到过这类反馈。[17]这类不咸不淡的赞美似乎无伤大雅，但是给男性的赞美可不会这般平淡无奇。管理者更容易称赞男性员工是"改变规则的人"，"具有创新性"，以及

"有远见卓识"。管理者还更愿意指出男性员工如何利用自己的技能完成了重大业务或取得了有效成果。当女性员工收到"你今年表现不错"这类称赞的时候，男性员工收到的却是，"鉴于他已经完成了三份主要合同的签订，我认为他有能力吸引更多客户"。研究人员对绩效评估中提及这种特定业务成果的频率进行了统计，发现这样的描述60%出现在给男性员工的反馈中，而只有40%会出现在给女性员工的反馈中。我们给男性员工的反馈更加具体，可能并非有意为之，但是确实就这么做了。

其实差异倒也不是有多大，但有时候确实会带来一些麻烦。在阅读员工的绩效评估表时，人们对塞缪尔的印象肯定要比对萨拉的印象更全面、更具体。那位"签订了三份主要合同"的员工当然要比"对团队很有帮助"的员工更有可能获得提拔。

称赞员工时减少性别偏见的一种方法是为每位员工确定三个产品成果或业务成果。每季度做一次，这样你就能够时刻关注到每位员工的贡献。

我在访谈中发现，不仅正式赞美容易含糊其词，有时候即兴赞美也会这样。我采访过一名剧院制片人的助理，名叫拉娜，据她说，她的经理常常在走到她背后时说一句"做得好"，可是眼睛还盯着手上的笔记本，耳机也没摘下来。拉娜会想："我今天做了数不清的事情，而你现在说的是哪件事？"当你赞扬别人时，务必具体一些。如果你可以具体说出是哪件事做得好、好在哪儿，那么被表扬的人会很快进入学习模式。虽然这样做会多花你一点点时间，但这样会激励别人下次做得更好。

当"有帮助"并不那么奏效时

女性员工有没有接收过强烈且始终如一的信息呢？应该说还是有的。在人们的固有思维里，有一些事情理应由女性来做，比如照顾别人，当女性在这方面做得很好时，就会受到称赞。[18]提到最能形容女性的词语时，人们通常会想起"温暖""友好""有条理""敏感"等词语。一般来说，人们会觉得女性的形象就是母亲的形象，是那位接自己放学回家的妈妈。提到男性，人们通常会想到《复仇者联盟》中托尼·斯塔克的形象，用的词通常是"有运动细胞""有商业头脑""自信""果断"等等。[19]有意或无意地，我们都希望女人承担照顾人的角色，而男人承担起领导角色。[20]

大多数人都会不自觉地把女性当助手，把男性当领导。下表总结了一些管理者给予男性员工和女性员工反馈时的不同用词。建议你回顾一下上一次给员工做的绩效评估，看看你的用词偏向哪一类反馈模式，看看你是否无意中把男性员工放到了领导层面，而让女性员工处于基层。[21]在评价团队中的女性成员时，慎用"有帮助"这个词。她的领导力表现在哪里？当基拉指导新员工时，不要对她说"你对团队很有帮助"，而是评价她"做了很多本职工作以外的工作"，"大大提高了团队效率"，或者"对新人能够以身作则"，等等。

赞扬男性和女性的不同模式

赞美女性	赞美男性
总是含糊其词,比如"你这一年表现得还不错",或者"你是团队的宝贵财富"	与工作成果有关的具体技能,比如"你给客户翻译了技术术语,从而促成了三个重要合作合同的签订"
认为女性: "乐于助人" "有同情心" "热情" "精力充沛" "有条理"	认为男性: "有创新性" "有远见" "游戏规则的改变者" "有独创能力" "有分析能力" "能够胜任工作" "值得信任" "充满自信" "善于表达" "头脑冷静" "富有逻辑" "多才多艺"

研究表明,女性之所以被贴上"乐于助人"的标签,是因为她们经常在办公室做些琐碎的事情,这些事情都是些"无法带来晋升机会的工作"。现实就是这样,不会有人因为给大家订茶点之类的事情做得好而得到提拔。与男性相比,女性更擅长做烦琐的工作,比如撰写报告、预订会议室、执行任务或策划集体聚餐等乏味的工作。琳达·巴布科克是卡内基-梅隆大学的组织心理学家,她表示,女性做这些工作更熟练,原因之一是她们自愿做这些工作。倒也不是在策划派对的时候,女性总是主动承担,事

实上，管理者要求女性做这些没有报酬的办公室杂务，比他们要求男性做的概率高44%。[22]更可悲的是，女性管理者和男性管理者在这一点上没有差别。女性答应做这些琐事时，会感到沉重的压力。面对这样的要求，51%的男性会服从安排，而女性服从安排的比例远远超出男性，高达76%。这些琐事当然需要有人去做，但是不一定非要女性来做。平衡工作量的一个简单方法就是列出这些需要做的琐事，让大家轮流来做。

最后，如第一章所述，考虑到员工的需求，按需反馈是最有效的，不管反馈是哪种类型。不过，欣赏型反馈是最难的。我遇到过很多人，尤其是女性，她们总会收到含糊不清的反馈，比如"继续做你的事情"。一旦问得多了点儿，就会让人觉得有什么企图，显得咄咄逼人或造成尴尬，于是只好糊里糊涂地继续工作。问老板"你能说说我哪些地方让你觉得满意吗"肯定是很不合适的。

不要让大家觉得要求表扬是一件难堪的事情。团队会议的开场白可以这样说："我刚了解到，只有24%的员工觉得在工作中得到了足够的表扬，这意味着只有1/4的人在工作中受到了表扬的激励。我想，在团队中每一个人都应该受到表扬的激励。我会努力在一对一相处的过程中发现每个人的优点，但如果你认为需要更多的认可，可以随时提醒我，告诉我你想成为这24%中的一员。只要稍稍提醒我一下，我就能做得更好。"[23]

// 小结 //

- 大多数管理者认为他们给了员工很多赞美，但员工并不这么认为。

- 如果员工每周的努力都能得到认可，他们就会更想留下来好好干，而不是整天想着跳槽。

- 表现最好的团队平均每受到一次批评，就会得到五六次表扬。

- 表扬和认可往往要在员工做出出色工作之前给予，而不是之后，尤其是员工正在努力完成一个项目时，很需要得到管理者的赞赏。

- 团体优势提升团队，个体优势提升个人；团体优势需要得到肯定，个体优势也需要时常得到肯定。

- 经典的三明治式反馈并不是一个完美的模型。但是有一点确实值得肯定，即随真诚的表扬而来的批评往往更让人印象深刻，也更有价值。

- 如果你觉得没什么值得表扬的地方，那就什么也不要说。不过，仍然要认可员工的努力和付出。

- 我们赞美女性时，通常都很漫不经心、含糊其词，而赞美男性时，通常都会直接与业务能力和生产能力挂钩。

- 从整个社会的角度出发，我们认为女性要照顾家庭，而男性则是当家做主的那一个，因此我们表扬他们的时候会带着上述偏见。

·第三部分·

实践做法：指导

如果你是一名经理，很有可能需要经常给员工一些建议。比如，艾玛要做一个公开演讲，你很担心她的讲解太过无聊，会让所有人昏昏欲睡。再比如，你听说扎克似乎并没有准备好就参加了客户会议。好在你有能力运用一些关键策略让艾玛和扎克更容易接受批评意见，指导他们下一步具体怎么做。[1] 指导的方式至关重要，如果表达不当，将会带来适得其反的效果。

当着所有团队成员的面，在电话会议上不痛不痒地提些建议，是不是就可以了？或者，会议间隙，在走廊上碰到时顺便说两句就好？抑或，等到每周一对一交流时，再提出自己的意见和看法？

你也许尝试过上述所有方式，但问题在于它们都不起作用。或者更确切地说，如果你只想完成任务，那么这些方法都没毛病。这些方法都花不了多长时间，如果你别无选择，那么不管怎样都得找个机会表达指导性的意见。但是，请做好思想准备，这些错误很可能还会重现在扎克和艾玛身上。如果他俩之后更加不信任你，也不足为奇。

接到这样的反馈，他们会很不高兴。我们中的许多人都有过类似体验：在给予他人反馈时，觉得自己的话非常深刻，应该对他人很有帮助，却不知为何别人对我们的反馈大为恼火。还记得引言中我举的一个例子吗？我曾试图帮助一位研究生解决教学上遇到的问题，而他非但没有感激我，反而对我大为光火。那么你该怎么做才不会重蹈我的覆辙？

如果你确实希望他人有所改变，就需要花点时间好好琢磨琢磨。在接下来的三章中，我们将会看到巧妙的指导是如何带来出色的工作表现的。

第六章从整体角度提供了放之四海而皆准的指导技巧和策略。无论是问题还是机遇，这些工具都能够让你明察秋毫。第七章深入探讨了在遇到对你的反馈反应激烈、抱有排斥情绪的员工时，该如何指导。第八章将有助于你消除偏见，更好地给女性和有色人种员工提建议。

第六章 //

实践做法 2：
多问少说

> 尽管我们并不真正知道问题是什么，但我们知道他们需要的答案是什么。[1]
>
> ——迈克尔·邦盖·斯坦尼尔，《指导之道》

晚上 10 点多，胡安坐在他工作的这家豪华酒店宽敞的大厅里，和酒店的总经理悠闲地聊着天。忽然，一位女士疾步穿过大厅，径直走向前台。胡安听不到她和前台工作人员的对话，但他看见，这位女士很快办好了入住手续，拿着房卡，边看手机边翻弄着包往房间走。

坐在椅子上悠闲聊天的胡安好奇地观察着。他是这家酒店的人力资源经理，曾受邀在全国各地培训企业员工，教他们如何维护客户关系。严格意义上讲，在他看来，刚刚看到的这一幕不是维系客户关系的场景，但天色已晚，他便不再纠结，转过头继续和总经理聊天。

但是这位总经理并不打算放弃这个教导员工的机会，一边说着"看我的"，一边站起来径直朝前台走去。胡安跟上去，想听听总经理如何指导这位前台工作人员。他先是夸奖前台很快就帮客户办完了手续，然后说，以后可以利用这种机会和客人建立情感联系。总经理鼓励道："要注意眼神交流，问问对方从哪儿来，一路可好？这些方式能培养客人对我们的忠诚度。我相信你可以做到。"总经理转过来朝胡安点了点头，然后走开了。很显然，他对自己的指导很满意。

现在，该轮到胡安上前交谈了。他认出，这名员工参加过他的培训，胡安想听听她是怎么看待这件事的。胡安问道："最近怎么样？"她局促地回答："还好。"胡安接着说："我刚刚在旁边看着，觉得貌似发生了什么事。你能给我讲讲怎么回事儿吗？"这位员工摇了摇头，坚持说："没有发生什么啊。"胡安耐心而轻柔地说："嘿，告诉我到底怎么了？"只一瞬间，她的佯装镇定就全盘皆崩。"我感觉很糟糕。我觉得我做得没毛病，但显然，还是有问题的。这位客人进来就说'气死我了，航班严重延误。我一个月前和亚洲那边的客户约好要打个电话，结果现在已经迟到好几分钟了。赶快给我房卡'。我当时觉得，她就是因为太生气才冲着我发无名火。"听到这儿，胡安说："你说得不错，做得也很好，判断得也没问题。那么，这种情况下，怎么与对方建立情感联系呢？"一听这话，这位员工放松下来，说："我没机会了。这会儿已经来不及了。"胡安立刻回应道："不，现在还不晚，你还有机会。她明早退房离开，你觉得还可以怎么办呢？"他俩一起讨论了一会儿。忽然，这位前台灵机一动，说："有了，我可以写一张便条，写上'希望你及时到房间打了那个电话。我叫玛德琳，明早7点前我都在前台值班，如果你需要任何帮助，都可以找我'。"她从门缝里把纸条递了进去。三天后，那位客人在官网上留言，对酒店的服务大加赞赏，尤其点名了这位叫玛德琳的员工。

胡安和玛德琳的故事是我们每个人都愿意有的经历。但老实说，我们大多数时间都会像那位总经理一样行事。当你发现一个问题并知道怎样解决时，自然想要和盘托出。有话就说，貌似没什么问题。不过，显然胡安的方法是有效的。胡安提出了问题。他知道自己的视角并不全面，即使在玛德琳告诉他发生了什么之后，他仍然没有告诉她该怎么做。他提醒她要有更大的目标，然后不停地提问，直到她自己找到解决方案。

最优秀的管理者认为，员工需要对问题和解决方案有一种主人翁意识。但优秀的管理者不会坐以待毙，空等这种意识的出现。他们往往会通过提问来培养员工的主人翁意识。[2]

我们通常认为指导就是要掌握所有的答案，但专业人士会告诉你，好问题在大多数时候胜过好答案。本章的内容就是关于哪些问题是值得问的。

跟进提问是讨喜的做法

在提建议之前，先问几个问题是很有必要的。哈佛商学院教授艾莉森·伍德·布鲁克斯和弗朗西斯卡·基诺发现，比较而言，人们喜欢你多提问，而不是草草问几个问题就算了。[3] 回想一下，在平常15分钟的会议中，你会向一个团队成员问多少个问题？4个问题？那太少了。在15分钟的对话中问了至少9个问题的人比最多问4个问题的人更受欢迎。当然，在工作中取悦他人肯定不是主要目标，但是如果你比较受欢迎，别人会更愿意接受你的建议。所以，试着在一对一的谈话中把你提的问题增加一倍，看看会有什么效果。

15分钟内问9个问题可能有点离谱，但绝不是要你发起9个不同的话题。研究发现，就同一话题跟进提问可以增进彼此之间的关系：提问表明你在倾听，你很在乎，想要知道更多。[4] 不妨设想一下，丹妮尔说她担心自己在完成某个项目阶段性工作时过于追求完美。有了她的自我评价，便能引出很多可问的问题。比如，是什么让她觉得自己是个完美主义者？她怎么评价自己在这一阶段的工作？她认为哪些项目值得追求完美？

直奔主题的最好问题：你面临的真正挑战是什么？

在提建议之前提问的另一个重要原因是，你需要了解对方对某一问题的看法。像前面那位酒店总经理一样，你并不总是洞察一切，有可能你所获知的信息并不全面。

　　回过头看看丹妮尔的困境，也许她已经发了太多的电子邮件给某人来征求意见。你没准儿在想："她已经开始着手解决了。"但也许你没意识到你确实可以帮她解决她遇到的麻烦。看看下面的对话。读的时候注意，第一遍没理解对话的含义也没关系。对话中，如果别人沉默不言，通常意味着讲话者要重新组织语言，提出新的问题。我的一个治疗师朋友曾经告诉我："重要的不是你说了什么，而是你接下来要说什么。"我们看看下面这段对话：

　　丹妮尔：这个项目进行到这儿我觉得自己有点过于追求完美了。

　　你：嗯，我觉得你应该先继续往下做。

　　（丹妮尔感到尴尬，不知道说啥，只好沉默。）

　　你：很抱歉，让我们退一步来说。你比我更了解这个项目，每天的进展你都很清楚。请告诉我，目前你面临的挑战是什么？

　　丹妮尔：我注意到其他团队已经进行到了设计阶段，而我们仍在发邮件收集客户的意见。可能是我要求太高了。

　　你：要求高是好事，尤其是对于这么一个备受瞩目的项目。你收集的意见有用吗？

　　丹妮尔：问题就在这儿。市场部的人并没有认真回复我，他们在糊弄我。

你：这样啊。你之前和市场部还有外联部的人一起合作过吗？

丹妮尔：这是第一次，觉得有些别扭。

你：这样啊。或许我可以帮你。你介意我带你过去，给你介绍一下我的熟人吗？他们人手不足。如果发件人和邮件能对得上号，他们的响应速度可能会更快一些。

丹妮尔：我知道你很忙，所以没想麻烦你。

你：我知道你的工作一向出色，所以觉得你是这个项目的最佳人选，我相信你可以做好。但是离项目完成日期只有不到一个月了，我有点担心你现在的进度，所以给你再派几个人一起做。这并不是不相信你的能力，只是觉得可能会有助于你按时完成项目。那么你觉得还有什么能帮到你？

对话这样进行的话，丹妮尔就会深受鼓舞，也更想继续做下去。你表现出你对她的信心，相信她有能力做好这份工作，也显示出你很关心她目前遇到的实际困难。也许就像她所说的，问题出在市场部，或者也可能是一些更大的问题。奇普·希思和丹·希思的著作《行为设计学——打造峰值体验》①发人深思，[5] 书中提到，如果你想成

---

① 该书简体中文版已于 2018 年由中信出版集团出版。——编者注

功地指导别人，需要遵循一个经典的公式，即"高标准＋信任＋下一步的具体做法＋充分支持"。这些步骤的顺序不重要，重要的是不要急于帮忙，要先了解他人的观点和想法。你应该表达信任，具体说明下一步怎么做，按需给予充分支持，而不是把你认为人家需要但人家未必需要的想法硬塞给别人，这一点将在下一节重点讨论。前面提到的那位酒店总经理设置了高标准，表达了信任，对下一步该怎么做也说到了，但他对玛德琳真正遇到的困难却毫不知情。比较而言，胡安的做法更有借鉴意义，因为只有问清楚对方具体遇到了什么问题，才会有针对性地弄清楚接下来怎么做。

迈克尔·邦盖·斯塔尼尔在《指导之道》中有一句话："你真正遇到的问题是什么？"[6] 指导员工时，我通常都会问这类问题，效果非常好。如果对方说了一大堆自己遇到的困难，我通常会总结出三四个，把这些问题写在纸上，再圈出来，然后给员工看我列的问题，问："哪个是你真正遇到的困难？"或者，"你还有没有什么别的困难？"我当然也想重点讨论在我看来最困难的问题，或者我认为员工可能会遇到的难题，但是，这很可能并不是真正困扰他人的。我需要认真听听别人怎么说。

权力带来的问题

你可能会想，"我还是很善于站在别人的角度看问题的"。可能确实如此。不过成为管理者，意味着你比以前拥有了更大的权力。（你可能会想："也许特蕾莎有权这样做，但她从来没有在我的团队里工作过。"好吧,也许你的权力没有自己需要或想要的那么大,但如果别人向你汇报,或者你负责评价别人,那么你就拥有比他们更大的权力。)

俗话说:"权力越大,责任越大。"对管理者而言,实际上是"权力越大,换位思考的能力就越差"。研究发现,有权力的人比没有权力的人更难站在别人的角度看问题。心理学家用过许多创造性的方法证明了这一点。有一个经典的实验,要求受试者快速在额头上写一个字母 E。你可以动动手指试一试。

现在,问题来了。你写的 E 是为了让别人能看懂,还是只有你自己能看懂?如果你此刻觉得自己特别强大,可能就会写一个自己能看懂的 E。哥伦比亚大学管理学教授亚当·加林斯基做过一项经典研究,研究人员先让一半受试者感觉自己对他人拥有至高无上的权力,然后让另一半感觉自己没有权力影响他人。感觉有权力的受试者写的 E 通常只有他们自己能认出来,而感觉没有权力的受试者写的 E 大家都能看出来。如果你写的 E 只有自己能看出来,并不意味着你是一个坏人或是自私的人,你只是正在享受一个特别强大的时刻,你的第一反应不是从别人的角度看世界而已。研究人员已经在很多方面重现了这种视角缺陷。人们在觉得自己无所不能的时候,很难看出别人面部表情中流露出来的情绪。有权势的人会想当然地认为其他人知道自己在嘲讽什么。如果你本意是开玩笑,但别人却觉得很不愉快,那你就能体会权力带来的负面效应——很难预测别人怎样看待事物。[7]

针对上面的失礼行为,神经科学有一个解释。加拿大安大略省的一个研究小组向两组人展示了一段视频,这是一段一个人挤压橡胶球的录像。其中一组事先被引导,认为自己享有至高无上的权力,而另一组则觉得自己没什么权力。研究人员通过经颅磁刺激仪观察受试者大脑活动的模式。当觉得自己没有什么权力的受试者看了球被挤压的视频后,他们大脑的运动区域活跃了起来。他们经历了镜像反应,这是一种神经元的模拟反应,即旁观者大脑中的神经元被激活,就像旁观者实际上在做这个动作,而不仅仅是在观察一样。看别人挤球,你的运动皮层中与手相关的神经元在每一次挤球时都会发出强烈的信号,即使你没有意识到,实际上也经历了一种替代体验。

但是那些觉得自己位高权重的人并没有这种代入感。当他们观看视频时,与他们手相关的运动区域几乎没有被激活。权力似乎削弱了他们站在别人角度看问题的能力。[8]

依我拙见,这太令人沮丧了。一旦你觉得享有权力,神经学意义上就很难想象别人正在经历什么。通常情况下,当你感同身受时,你的大脑会相应地有所反应,帮助你洞察站在别人的立场上是什么感觉,但权力改变了这一切,有了权力,你就只能感受到自己的感觉。

更糟糕的是,给予反馈会触发神经通道,让你感觉自己很强大,如此一来,就会疏远他人。事实上,科学家发现,让人感到自我强大的一个方法,就是给他们评价别人的机会。换句话说,即使你觉得自己现在是团队中最没能力的那一个，当有机会对别人的工作提供反馈时，你就会觉得自己的能力有了很大提高。

不会换位思考意味着我们觉得自己的建议很好，但实际上恰好相反。我想到以前采访过一位叫阿基拉的软件工程师。他曾经私下去找老板，对他说担心自己的能力不足，恐怕承担不了一个大项目。老板回复道："别担心，没人能从我们手中把项目抢走。"老板激动地谈起自己如何给团队争取到了这个项目，并且保证任何团队都无法把这个项目抢走。阿基拉怔住了。他其实是来问怎样解决一个复杂的编码问题，想着得到点建议也是好的，然而却被告知："别担心，项目永远都是我们的。"这样的指导让他更担心了。现在，阿基拉没法再问其他任何人了，因为这样可能会让别人觉得他们团队没能力承担这个大项目。无论站在阿基拉的角度还是玛德琳的角度，他们的领导都加重了自己的忧虑，原因都是领导还没问清员工真正的问题就给予了指点。

让人讲出问题所在，了解他们怎么看待问题

多多询问他人的看法，对理解对方为什么会犯错很有帮助。例如，你听说扎克没做任何准备就去与一位重要客户会面。理想情况下，你希望扎克告诉你他为什么这么做，而不是等着你去问。如果他一上来就承认了自己的错误，那么就代表他很想获得你的指点，也更愿意接受你的建议。如果他并不认为自己做错了什么，就需要你来问一系列的问题引出这个事儿，并且试着理解扎克对此怎么看。

那对话要怎么进行呢？图6是一个问题流程图，显示了如何采取一种合作的方式来处理这个问题，可供参考。如果你没有亲

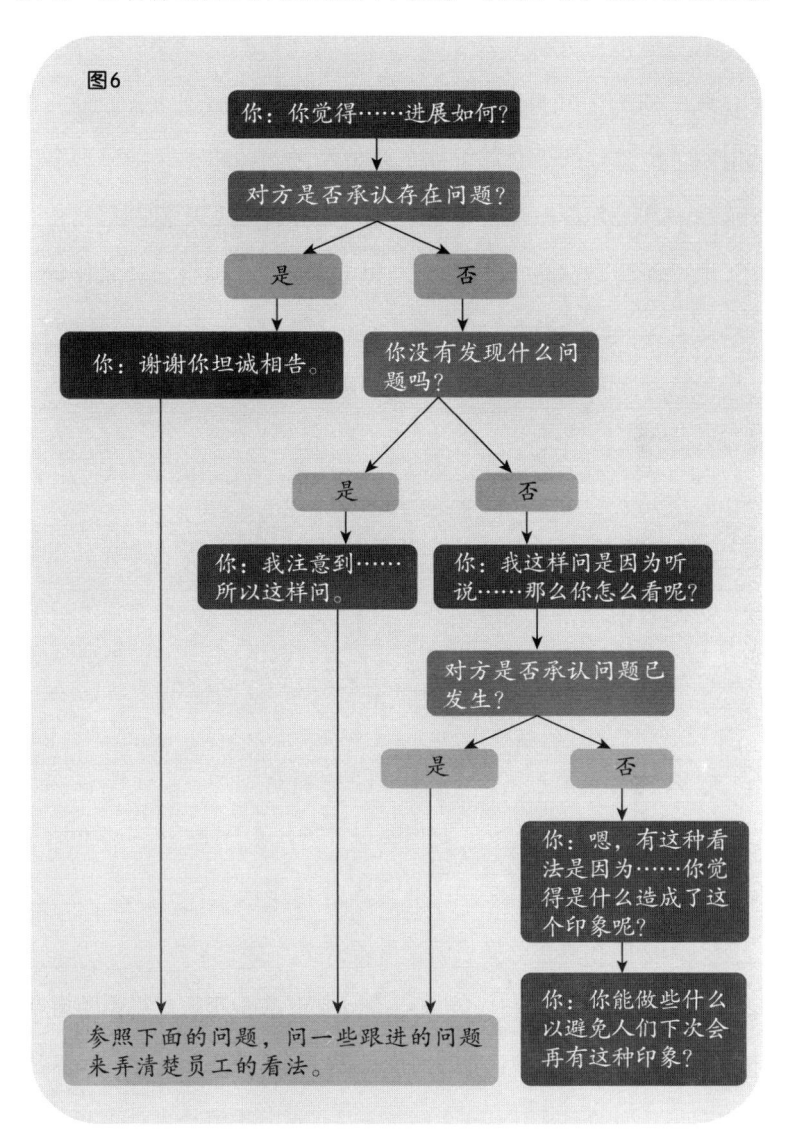

图6

```
你：你觉得……进展如何？
          ↓
   对方是否承认存在问题？
      ↙         ↘
     是          否
     ↓           ↓
你：谢谢你坦    你没有发现什么问
诚相告。        题吗？
              ↙      ↘
             是       否
             ↓        ↓
        你：我注意   你：我这样问是因为听
        到……所以   说……那么你怎么看呢？
        这样问。         ↓
                  对方是否承认问题已
                  发生？
                   ↙      ↘
                  是       否
                  ↓        ↓
                      你：嗯，有这种看
                      法是因为……你觉
                      得是什么造成了这
                      个印象呢？
                          ↓
                      你：你能做些什么
                      以避免人们下次会
                      再有这种印象？
```

参照下面的问题，问一些跟进的问题来弄清楚员工的看法。

自目睹有问题的行为,那会稍微有点难办,但你可以说:"我听说了……"然后你们双方便能够弄清是真的确有其事,还是只是传闻。对事情有充分认识非常重要,这也是我们仍需努力的地方。就上面关于扎克的例子来说,做到这一点有助于我们分清扎克是做了很充分的准备却给人造成了错误的印象,还是他根本没有做好应有的准备。

正如你在流程图中看到的,你的目标是将问题一五一十地摆出来,这样就能问出扎克是怎么想的。

这里的很多方法都提示我们"跟进提问"来弄清楚员工的真实想法。下面这些问题可供参考:

- "那不是你的一贯作风,是不是有什么事儿啊?"
- "因为……让我有点担心。"就扎克的例子来说,你可以描述一下不做准备就去见客户会带来什么影响,然后问:"那么你怎么看这件事?"
- "有什么我不知道的事情发生吗?你一直很可靠,也很擅长与客户会面这类事情。你能告诉我,到底怎么回事儿吗?"
- "我很想知道,在你看来,是哪里出了问题?"
- "我猜你在权衡什么。那么你在权衡什么呢?"
- "我一直尝试理解,但还是没明白,是不是有什么我不知道的,那到底是什么呢?"[9]

你不用问扎克全部问题，那太多了，扎克可能会崩溃，你只需要问一两个问题，能够启发扎克说出自己的看法就行了。最有帮助的是问他："我想知道你是怎么看待这件事的？"因为扎克可能正迫不及待地想要告诉你他的看法。同时，这样问也能够帮助你了解他看到了什么问题以及他没有看到什么问题。

围绕失误创造心理安全感

指导扎克之前先问问他对这个问题的看法，有两个意义。首先，这表示你尊重他。我们都希望得到领导的尊重。[10]一旦你认真地听他怎么说，扎克就更有可能乐意听取你的意见。可能扎克准备得其实很充分，只是没有发挥出来；或者他做了很多准备，但做错了方向。假如你能坦率地接受他的失误，那么扎克会更愿意接受你的建议。

其次，指导之前倾听，其实是在创造社会学家所说的"心理安全感"。心理安全感是让员工感到"被包容接纳、有安全的学习环境、能够安心工作、有勇气接受工作挑战"的一种感觉。[11]你也许觉得你只是在指导扎克怎样与这个客户相处，但其实远远不止这些，你传递给他的信息还包括，"这就是我们处理失误的方式。当大家遇到问题时，我会认真倾听，我想知道你们怎么看待问题，是不是因为尝试一些新颖的、创新的方法才导致了失误，以及你们从中学到了什么"。研究发现，领导者在反馈对话中创造心理安全感的最主要方式之一是提出问题并创造互动对话。[12]哈佛大学管理学教授艾米·埃德蒙森认为，心理安全感在大多数工作场所中很少出现，因为人们觉得有必要掩盖自己的错误，而不会觉得可以安心地讨论并从中吸取教训。[13] 而作为领导，你得让所有员工在提到出现的问题时有安全感才行。

不知你是否注意到，我的问题没有以"为什么"开头的。当一个问题以"为什么"开头，而不是以"什么"或"如何"开头时，人们会立即警觉。被问"你为什么要这么做？"会让人觉得自己像一只在室内撒尿被抓到的小狗。被问到的人要么含混地回答"我不知道"，要么极力为自己辩护。不管怎样，以"为什么"开头的问题让人在心理上感到不安全，不会让人用发散性思维想去解决问题。正如斯坦尼尔所言，"只要你的语气稍有偏差，就会突然蹦出来'为什么……'，给人的感觉像是在问，'你脑子里到底在想什么？'"[14]

问扎克"你为什么没有准备好"会让人觉得你在指责他的性格；相反，如果你问"告诉我，是什么让你没有做好充分准备"，听上去就好多了。这样问让人觉得你关注的是事情本身，而这正是扎克所关注的。

在指导员工改正错误时，你仅仅考虑他们下次应该怎么做是不够的，他们可能还需要亡羊补牢。同样，从询问开始，给别人一个自己想出解决办法的机会，而不是先入为主地自说自话。你可以问扎克："你现在有什么办法让这位客户重拾对你的信任，以确保我们不会失去这个客户？"扎克提了一两个想法，但还不够深入彻底。于是，你可以继续问："这些方法都可以试一试，还有其他办法吗？"要尽量采取协作的方式解决问题。有时候，你只需要在扎克有些跑题的时候，或者对修复关系认识不足的时候，插上一句，简单地告诉扎克应该做什么就可以了。但正如我们将在本章后面看到的那样，以问题的形式去提建议也是可行的。

还有一种策略是，可以向对方释放信号，表明你在认真倾听并理解他们的观点，即站在对方的立场上进行交流。换位思考让人觉得被理解。或许扎克会回应说："这太让人沮丧了。我把整个上午的时间腾出来做准备，但是在最后一刻，客户把我们下午的会议提前到了那天早上。前一天晚上9点他给我发了一封电子邮件，我第二天早晨吃完早餐查看邮箱时才看到那封邮件。"这时，你可以回应说："所以客户在最后一刻把会议提前了，头天晚上9点才给你发了一封电子邮件。这的确令人沮丧，但事情已经发生了，那么你接下来打算怎么办呢？"不要只是重复他的话，这样感觉像是在嘲讽。当对方在描述问题出在哪儿或他们怎么想这个问题时，要以对方为中心去交流，对方就会感到放松。这是因为他们觉得你认真了解了他们的想法。

激活大脑的"奖励回路"

夸奖式的反馈通常会让人心情愉悦。如果副总裁在走廊遇到你，对你说："我听说你在处理网飞公司合同的事儿，部门里有你在真好。"这样的话听起来会让人感到欣慰和开心,你会觉得辛苦没有白费,你会充满信心,给同伴发短信告知这个好消息。要是旁边没有人,你甚至想手舞足蹈一下。

然而,指导不是这样的。想象一下,同一位领导对你说:"给你 30 分钟,给伦敦那边的办公室打电话把预算的问题搞清楚。要尽可能地圆滑一点,因为那帮人都非常敏感,不好打交道。"听到这句话,很难让人觉得愉快。你会不开心,心想:"你没看到我有多忙吗?"或者有些困惑,不知道预算有什么问题。而且显而易见的是,你对"圆滑一点"这种说法不太乐意,感觉受了侮辱。

让指导感觉像是在表达欣赏,全看话怎么说。如果这位副总裁以截然不同的方式处理这个问题,又如何呢?如果他说:"我知道你一直想去国外工作。你之前提过,我一直记着。现在有个机会能够帮你判断一下你是否适合去英国那边工作。给你 30 分钟,打电话到伦敦那边办公室把预算的问题搞清楚。要尽可能地圆滑一点,因为那帮人都非常敏感,不好打交道。"

同样的问题,会给人不同的感觉,是不是?你能感到一丝希望,并非常感谢上司给你的建议。这感觉更像是在听到"你很棒"后,立即想给同伴发短信。为什么这种做法会让人更开心呢?用神经科学来解释,感觉不同是因为大脑处理方式不同。神经学家发现,如果收到的建议或反馈有助于实现你的目标,大脑中一个特殊的脑回路会被激活,心理学家称之为"奖励回路"。

我们再来详细解释一下。大脑中有一些处理奖励的特殊回路,其中一个是情绪边缘系统里的一片区域，被称为腹侧纹状体，还有一片区域是计划和决策系统中的一部分，即额叶皮质的一部分，被称为眼眶额叶皮质。[15]研究发现，当你得到赞扬或被表扬说是团队中做得最好的一个时，这两个区域都会有反应。这就是奖励回路。当感受到夸奖时，它们会加速运转。当建议或反馈贴合你的想法时，奖励回路也会有反应。研究人员仍在探索大脑的不同区域都有什么作用，但目前比较有把握的猜测是：眼眶额叶皮质能够记下人们的目标，在离理想的目标越来越近时，眼眶额叶皮质会向腹侧纹状体传达信号，产生幸福感。换句话说，即使没有受到表扬，也会情绪高涨。建议能够推动人们向目标更进一步，这也是一种奖励。

再来看一下关于员工目标的问题。在第二章里我们了解到，如果了解了他人的目标，则更容易站在他人的角度，而不是问题的角度。现在我们能更好地理解了解他人目标的重要性了。把你的建议和员工的目标联系起来，就能激起奖励回路。员工不再胆怯，会主动向你寻求建议和指导。

但不能替别人定目标。如果想激活奖励回路，靠猜是不行的。如果老板对你说"我知道你一直想要去国外工作"，可是你的孩子却身染重疾，你可能会对这种含糊的表达感到困惑，并不会开心。因为，如果可能，你倒更希望能经常居家办公。所以，每个员工都会有不同的目标。在第四章中我们了解到，在员工心里，能够认真倾听的管理者才是最好的反馈者，我觉得这可能是因为那些管理者了解每个人的目标是什么。

如何询问别人的目标呢？可以直截了当地问："你有哪些很想完成的目标呢？"但这个空洞的问题会使员工不过是重提一下团队的目标，比如，"我希望增加培训视频的流量"，或"我希望降低运营的费用"。这些目标不错，但这些目标与个人无关。管理者其实很想知道：怎样才能让人们感觉有进步、有收获并有机会表现出位？下面这些问题能够给人机会，谈些私密的想法。

- "今年你最想完成的三到四件事是什么？"
- "想象一下6个月后的自己，理想情况下，你的工作生活中，哪方面会有所改善？"
- "具体说说，你觉得什么才是真正的成就？"
- "怎样才会让你觉得工作更有意思呢？"[16]

最好的建议方式——提问："我想知道如果……会怎样"

你不能每次都以对方的目标为基础开始指导性对话。也许你要提的建议与他们的目标不一致，或者承诺了一些你根本做不到的回报让人觉得被误导了。是否应该开门见山地说出你的建议？可以这么做，但会引起新的问题。假设艾玛要做一次重要的演示，你认为她不应以一些令人头晕目眩的数据作为开头，而应该从客户的故事开始，因为这样会令人印象更深刻。

你了解那些"观众"。他们确实希望看到数据，但一开始就罗列数据会让他们觉得非常乏味。

如果与熟人进行交流，那么开门见山地说出你的建议没什么问题。艾玛可能会觉得有点烦，因为你从头管到了脚。但是，在这个过程中，她会对你产生依赖，此后每次做演示都会来问你的意见。你成了她进步的瓶颈。每次做演示时，她都会不停地看你的脸色来判断自己做得对不对，这样她会越来越没有自信。

你可以巧妙地提些问题来激发她的好奇心，而不是把你的想法强加给她，这样会使你们的对话变得融洽，双方都能畅所欲言。这个建议来自聆听专家盖伊·伊茨查科夫和阿维·克鲁格。[17] 你可以这样问："如果选择这样做，怎么样？"或者："一上来就铺天盖地地给出这么多数据，我觉得有点不妥。我在想，能不能讲一个你遇到过的最有挑战性的客户故事来引出主题？"这样表达会让艾玛觉得你和她是站在一起的。她可能会问："难道客户不想看数据吗？"你可以分享一些你认为有说服力的想法。谨慎措辞是共同解决问题的关键，这个方法同样适用于扎克。你可以跟扎克说："如果你打电话给客户，告诉他接下来 6 个月的合作中我们可以让两个点，这样做怎么样？"

"我想知道如果你选择……会怎样"这个问题带来的另一个好处是会引起一场富有成效的对话。许多时候，员工可能需要回到办公桌前，一个人来思考管理者的建议。艾玛可能会想："如果没有数据，4~6 页的幻灯片还有意义吗？"此外，"我想知道如果你选择……会怎样"这个问题表明你想权衡不同方法的利弊，并且你对你的建议会带来的连锁反应也明察秋毫。她可能想说服你，先给出数据是个很好的方式。她在学习，你也一样。

诚然，这种指导非常耗时。一句"就以故事开头"要简单得多，但是艾玛不会有什么收获。除非是你去做这次演示，而不是她去。

但此类建议也要适当，尤其是当你的建议比较多时。我们来听听思想领袖尼洛弗·莫钱特的建议。莫钱特是商业创新者，被"思想者50"评为世界顶尖思想家之一。她每次去做咨询都会提许多建议。但她深知，如果带着激动的情绪提建议，客户往往置若罔闻。她发现有一种方法能够帮助自己控制情绪。每次约好见面时，她都会拿一张白纸或便笺，在一面写下自己的建议，在另一面针对每个建议写出至少两个问题。这花不了多长时间，却使她的谈话内容丰富了很多。有时她甚至用不上准备好的建议，因为客户在向她提问时，极具洞察力的双方会共同提出更好的解决方案。[18]

指导决策树

我采访过的一位名叫文森特的管理者，他很好地解释了为什么我们给别人指导时，不应该一上来就告诉人们要做些什么。他有近20年的管理经验。据他观察，指导通常遵循"决策树"展开（见图7）。

图7

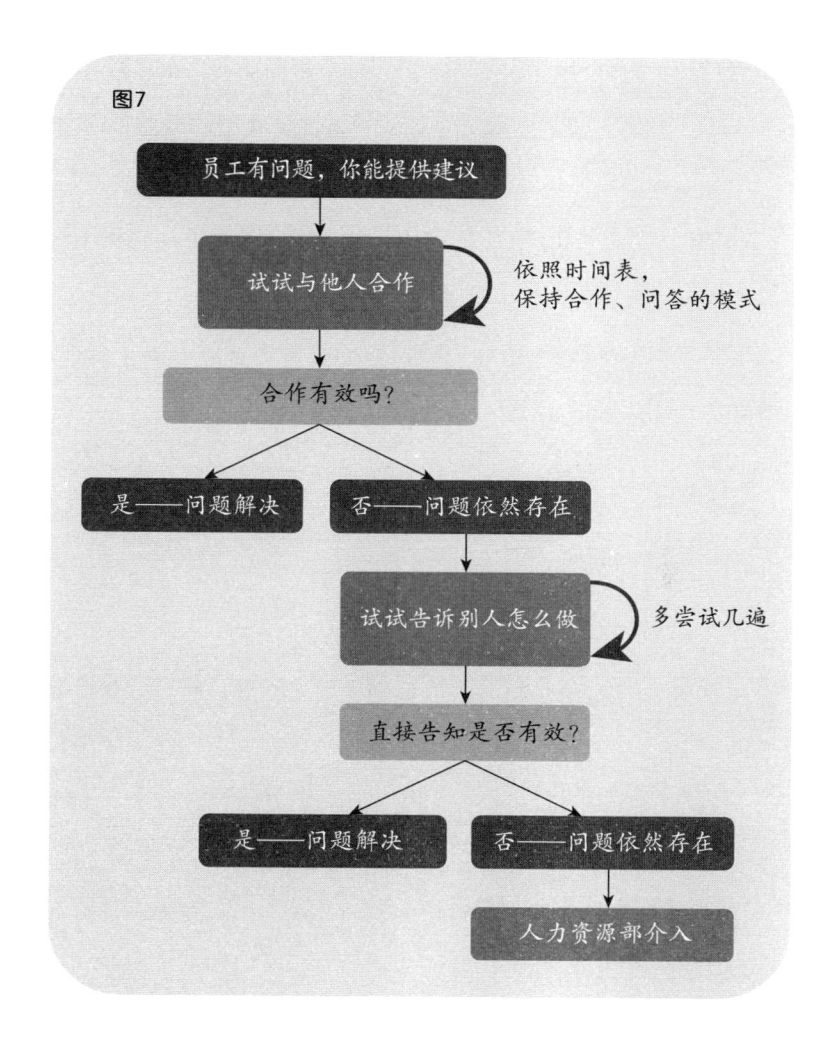

```
员工有问题,你能提供建议
            ↓
       试试与他人合作 ⟲   依照时间表,
            ↓              保持合作、问答的模式
        合作有效吗?
         ↙      ↘
   是——问题解决    否——问题依然存在
                        ↓
                  试试告诉别人怎么做 ⟲  多尝试几遍
                        ↓
                   直接告知是否有效?
                    ↙        ↘
            是——问题解决      否——问题依然存在
                                  ↓
                             人力资源部介入
```

任何指导过程的第一步都是与他人合作。你想知道他们都尝试过什么解决方案,为什么效果不好,以及他们是否还有其他想法;你想把各种可能性摆到桌面上,提出一些自己的想法;你也想知道他人掌握而你不了解的关键信息或限制因素。像胡安那样

说:"跟我说说,发生了什么事儿。"那是你在帮助对方培养良好的判断力,这样他以后就能独自面对并解决问题了。

这是一种协作,在大多数情况下,你们会找到有效的解决方案。

但有时,你尽自己所能采取合作的方式,但对方还是找不到解决问题的方法。也许时间已经来不及,或者眼看要错过机会了。这时候,你得改变一下指导方式,应该明确告诉对方该怎么做。再来看一下扎克那次经历。可能扎克的客户明天才飞回日本,所以这时你可以告诉扎克:"还有机会能挽回这个客户。你照着我说的做,马上打个电话给她,问问今天下午或明天上午能否再见一面。这是当务之急。"直接告知做法是每位管理者时常会用到的方法,但好的管理者往往很少使用这个方法。

如果你发现自己必须时常告诉别人要怎么做,而对方却没有表现出任何改善的迹象,那么你就得开始琢磨这个人能否胜任这个工作或是否适合在这个公司工作。如果公司规模足够大,而你认为这个人更适合另一个职位,那么就尝试调动一下此人的工作。这就意味着你的反馈进入决策树流程的最后阶段,即人力资源部门介入。针对反复出现的问题以及如何安置出现问题的员工,公司可能有一个正式的流程,规定你和员工具体怎么做。

棘手情况下如何提问

如果有人向你征求意见,而你不知道如何帮助他,该怎么办?比如，一位员工正在处理一个从未遇到过的复杂问题，或者，这个问题完全超出了你的专业知识范围，你还能指导他吗？答案是肯定的。你仍然可以通过正确的提问来创造一个灵光一现的时刻。

作家帕克·帕尔默提出了一个原则，用于指导自己能力范围以外的事情时最有效。他提出了"坦诚的开放式问题"这个概念。[19]一个坦诚的开放式问题涉及三个方面：第一，不要提一个特定的解决方案（这样做会减轻压力，因为在这种情况下你也不知道该提些什么建议）。不要问："你尝试过……了吗？"而要这样问："你做了什么尝试？""具体哪里遇到了困难？""目前尝试的方法中你最喜欢哪一个，最不喜欢的又是哪一个？"第二，你不可能知道对方会给出什么样的答案。因此，当员工提到你给他们设置的目标时，不要问"那你的目标又是什么呢？"而应该问"现在最重要的是什么？"[20]第三，你的目标是引导对方思考。当对方停顿一下，说"这个问题问得好"时，就说明这是一个发人深省、坦诚的开放式问题。如果你没有给出具体的解决方案，那么这可能感觉不像是在指导别人，但如果受指导的人自己想通了可能的解决方案，这就说明他们更有信心认为自己的想法是对的，也更相信自己能够很好地解决问题。

坦诚的开放式问题帮助我度过了最艰难、最烧脑的指导过程。比如之前提到的帮助教授提升课堂效果。我指导过很多人，从专利律师到有机化学家再到百老汇编舞师。所有的专业我都懂吗？当然不是。但是通过提一些坦诚的开放式问题，我帮助他们厘清了自己面临的首要问题，然后再一起制订解决方案。我想起了指导一位理论物理老师的经历。那是我求职面试的一个环节，我当时很紧张，因为我最后一次接触物理还是在上高中的时候。这位物理老师想要提高她的班级实验环节的表现，所以我一直在问她的教学目标是什么，为什么她认为实验课效果不好，以及她觉得自己哪方面的教学效果最好。后两个问题发人深省，让她逐渐提炼出了一个最好的方案，能够将自己的优势运用于解决许多反复出现的问题。她想出了能够应用于实践的方法，而我也顺利得到了这份工作。

有一类员工不喜欢别人告诉他们该做什么，指导这类员工确实很难。与这些人相处时，你得多多提问才行。

针对某个错误，比如像扎克搞砸了准备工作这件事，你们正好讨论了为什么这会成为一个问题。你想提出解决方案，这样扎克之后在参加会议时就能够做好准备。但你也知道，如果这么做，扎克很可能不情愿接受。所以，你要问问他接下来打算怎么办：你是想集思广益，还是想一个人弄清楚？

扎克可能会说，他想自己弄清楚。这很好，但你仍须和他再确认一下，这也是应该的，他也要有所担当才行。这就引出了下面这个问题："我想要确保，当我们下次再讨论这个问题时，你可以告诉我'问题已经解决了，已经找到更好的办法'，或者'大部分问题已经解决，但我们仍在研究最佳方案'。你打算什么时候再来跟我汇报一下进展呢？"

这样说，就给了扎克设定时间表的自主权。也许他心里想的是"永不"，但他很可能会咕哝着说："下周吧。"

下次当你觉得有了一个完美的提议时，想想胡安那次和前台工作人员的对话。他仅仅问了几个简单的问题，就帮助一位员工从一个令人沮丧的时刻走了出来。毫无疑问，他本可以建议对方从门缝塞张纸条进去，但他忍住了。这点你也可以做到。正如马尔科姆·福布斯所说："聪明的人会在不懂的时候提问。有时，他们就是懂，也会这么做。"[21]

// 小结 //

- 如果你提出跟进的问题，员工会更喜欢你，对你的建议更感兴趣。试着在一对一的谈话中把提问的次数增加一倍。

- "你目前面临的真正挑战是什么？"这是个很好的问题，能够帮助一个人聚焦于他最需要的指导和建议。

- 与权力相伴的是受限的视角。记住那个字母 E 的实验，要明白当你感觉拥有权力时，大脑工作机制会有所不同，你必须比平时更努力地去理解别人的观点。

- 在对方犯了错误时，弄清楚对方怎么想尤为重要，比如问问："我想知道你是怎样看待这件事的？"这会对你有所帮助。

- 避免以"为什么……"为开头来提问，因为这会让人处于防御状态。问一些具体的问题，比如，"你希望发生什么？"

- 当我们接受的建议或反馈让我们更接近自己的目标时，大脑中的奖励回路就会被激活。

- 询问他人的个人目标，把你的建议和他人的目标联系起来。

- 当你要提具体建议的时候,一个有效的问题便是:"我想知道,如果你选择……会怎样?"

- 指导是一个连续的过程。以合作开始,只有当合作不奏效时,才直接告知对方做法。

- 如果你想引导他人进入灵光一现的时刻,那就在你也不知道这个问题的答案时,提至少一个坦诚的开放式问题。

第七章 //

实践做法3：
将威胁最小化

> 我想展现出良好的精神面貌，好好表现自己。学习固然重要，但我不想当众学习。[1]
>
> ——艾米·埃德蒙森《无畏的组织》

为了参加公司的新品发布会，你参加了一场盛大的宴会，也十分享受这个时刻。你和老板站在自助餐桌前，他一直催你赶紧尝尝面前这道美味的洋蓟蘸酱。为了给大家留下好印象，你决定大胆尝试一下，今晚这道洋蓟蘸酱看来是非吃不可了。你尝了一口后发现它确实非常美味，虽然刚开始有点犹豫，但感受到美味后便拿了整整一盘蘸过浓稠芝士酱的洋蓟。也就过了一小时，你开始感到肠胃不适。还没散会，你就急着找卫生间。马上就到卫生间了，你还是没忍住腹泻，裤子上稍微弄脏了一点儿。清理干净、整理好仪容之后，你径直穿过人潮汹涌的餐厅，直奔门外，打算回家休息。

到了下星期一，你刚坐到办公桌前，就看到日程表上写着下午两点开会。

你很快回复邮件确认了会议："很开心能够参加本次会议，我需要准备些什么吗？"忙了一上午后，你收到一个会议更新通知，标题是"意外腹泻事件"。你当即觉得恐慌症都要发作了。为什么要讨论这件事呢？它只是一件小事，不过是当时不小心罢了，而且你也很确定没人注意到，不讨论的话，这件事就算过去了，为什么就不能翻篇呢？难道这种情况不止一次发生过？不就只有那天发生过吗？邮件通知又来了：老板加入了会议。

请放心，这个故事纯属虚构，也不是为了提醒大家要注意食品安全，这是一个教训：对犯了错误的员工来说，不请自来的反馈会给人以威胁感。管理层似乎有些言过其实，他们想对偶然发生的尴尬事件进行指导，但员工本就处境困窘，压根儿不想提起这件事。尽管我们会自我安慰，以后绝对不会直接把邮件标题写成这样，但我们还是会说出一些让对方很反感的话。我们想告诉索菲亚，她对行政助理说的一些话不太恰当，或者告诉里克他是如何耽误团队项目进展的。我们希望人们能从自己的失误中吸取教训，这样他们未来就能表现得更棒，声誉也会更好，但这通常意味着要提出一个别人不愿意讨论的话题。如此一来，我们可能会比我们想象中更加频繁地让对方产生威胁感。

本章将帮助你以更坦率、更友好的方式提出和讨论这些难题，以便你的团队成员能畅所欲言，而不是在背后怨声载道。

为什么夹枪带棒的指导是无效的

当人们感到威胁时，他们的大脑就会进入封闭状态。其实，并不完全是封闭的，他们仍然在细致入微地观察周围环境，比如你穿什么、坐在哪里，以及你紧张时过多的肢体动作，但是你一直期待的有意义的学习却偃旗息鼓。[2]

有压力的反馈对话会在两个关键方面损害认知能力。首先，在神经化学层面上，对方正在产生一种皮质醇，这种皮质醇会损害他们的记忆。处于压力下的人很难记住那些在他们没有压力时很容易想到的细节，并且他们不仅仅对上个月发生的事情一无所知，当有压力时，人们更容易忘记昨天发生的事情。[3] 当人们不得不从头到尾重启一段记忆时，如果处在压力下，就特别容易忘记重要的细节。[4]

你可能发现这种情况会让反馈对话变得更加困难。你是否遇到过有人坚持说"事情不是这样的"？试想一下，你在去开会的路上，恰好听到索菲亚（白人）对你的黑人行政助理说："你口才真好。"你既不了解当时的语境，也不知道她是什么意思，但你很清楚，你的行政助理可能把这句话视作一种歧视、一种无意识间表达出的种族主义观念，仿佛美国黑人没有白人那样聪明、口才好。你脑中记下了要对索菲亚说的话。那天下午你没空，等第二天，你把索菲亚叫来单独谈谈。当你描述你听到的内容以及你的关切点时，她矢口否认，称自己没说过那样的话。也许是你听错了，但是要是索菲亚觉得你的谈话让她感受到威胁（她可能在想："我不是种族主义者！"），她的瞬时记忆就会出现障碍。你认为她一定记得，因为这是昨天发生的事，而且索菲亚很聪明，所以你确信她在故意否认，但是考虑到与你谈话的压力，她可能真的忘记了，就好像压力会暂时抹去我们的记忆一样。

显然，现在说"抱歉，索菲亚，当你为自己辩护的时候，你的记忆是有缺陷的"并不适合。但你确实需要一些策略来减少胁迫感和压力，这样她才能接受你的指导。在讨论这些策略之前，我们有必要了解有压力的反馈对话会对第二种心理能力造成严重破坏，心理学家称这种能力为"认知灵活性"。认知灵活性是指在不同概念之间来回转换的能力。[5] 如果我的认知灵活性较高，就会先分析出问题的一种解决方案，然后再分析出第二种方案，通过灵活地比较两种解决方案可能产生的结果，我甚至能想出第三种方案。然而，如果我的认知灵活性较低，尽管我可以成功地深入思考出问题的一种解决方案，但当我试图转换到另一种解决方案时，我却无法深入思考。我尝试过转换思维，但让人很恼火的是，我一直在思考和谈论的仍是第一种解决方案。

不出所料，当压力导致皮质醇水平上升时，认知灵活性就会降低。当陷入焦虑时，有些人可能会很清楚地解释他们解决某个问题的方法，但如果让他们转换话题，讨论一个新的方法，他们的大脑就像一只咬着骨头的英国斗牛犬，一动也不动。心理学家发现，当人们的皮质醇水平飙升时，他们会失去认知灵活性，尤其是男性。[6]女性在压力下的皮质醇水平确实会大幅上升——她们的皮质醇水平变得和男性一样高——但出于某种原因，女性在压力下更容易转换状态。这意味着你可能会发现，与你的男下属相比，女下属更乐于接受建议，也更愿意接受解决问题的新方法。（当然，还有其他一些与性别相关的问题也可能发挥了作用，但认知灵活性是一个合理的因素，只是很少有人知道。）

在指导谈话中，低认知灵活性是你最不想遇到的情况。假设里克耽误了一个项目的进度，其他人都在等他的成果，而他却拖后腿了。你想和里克一起讨论时间管理问题，但是当你提出精简他的工作的建议时，里克小声拒绝了。他对每一个新的建议都不停地表示"我觉得这样不行"，但又说不出适当的理由。然后，他坚持认为，如果其他人不再打扰他，他目前的方法就会奏效。并且，如果他有一台新电脑的话就更好了。他只是在找借口吗？也许吧，但如果你的反馈对他产生了胁迫感，他的认知灵活性就会受到影响，就更难在心理上接受尝试新的解决方案。如果你想让他跳出思维定式，那么就要降低他的威胁感。

运用 SCARF 模型降低反馈的胁迫感

SCARF 模型非常有用，可用于确定如何减少指导过程中让对方产生的胁迫感。此模型是由神经领导力研究院（NeuroLeadership Institute）的戴维·罗克及其同事开发。SCARF 取自五个单词的首字母，分别代表地位感（status）、确定感（certainty）、自主性（autonomy）、关系（relatedness）和公平感（fairness）。

地位感是指与同龄人相比你自己的重要程度。[7] 确定感是你对未来走向的了解程度。自主性是你对现在和将来所发生事件的掌控感。关系是无论你把同事视为朋友还是敌人，都要与周围建立的联系和形成的安全感。公平感是你在和他人互动时所秉持的公正、无偏颇的态度。

SCARF 模型背后的基本逻辑是，当这五个维度中的任何一个维度受到挑战或被削弱时，人们就会产生胁迫感；而当这五个维度中的任意一个维度被感知时，人们就会有收获感。

此模型可以大致预测你的话语信息中能让对方感受到的威胁程度。如果里克耽误了项目，而你对他说："只有你一个人没有按时完成任务。我听说你上周好几天都早退了，我不知道怎么跟你说，但我们可能需要让其他人来接手这个项目。"如果这样说，就会给人非常强烈的胁迫感，因为这样做，模型里的五个维度都会遭受打击：地位感（他唯一能感知到的一个维度），确定感（他还应该继续努力吗？），自主性（他不知道自己还能不能应付得来），关系（是谁在背后对他议论纷纷？），以及公平感（他是否能解释一下自己那天为什么要早退？）如果你这么做，也就不要指望里克还能听进去你别的建议，他会把自己全副武装，对你百般防备。

让我们重新想想应如何和里克交谈。你能否不削弱他的地位感，反而将其有所提升呢？也许你可以说："我刚刚看了一下本季度的统计数据，你的客户数量在本部门是数一数二的。我真希望每个人都能和你做得一样棒。"这样就能让对方感觉自己的表现优于同行，让对方地位提高了。接下来再来看看你担心的事情和它们带来的影响。"但我担心争取到这么多客户也会相应地付出许多代价。我注意到你在托雷斯的提案上耗费了大量时间，我需要你赶在截止日期前完成项目，不然就会耽误其他团队的工作。"而现在要做的是，千万不要打击他的自主性，要对他循循善诱，让他主动说出自己的工作情况，以此提高他的自主性。"我希望你能给我一个更全面的解释——你对上周截止日期出现的状况有什么想法？"当你设定一个新的期限时，同样要给对方一定的自主权和控制权。"我希望至少在本周四前能看到你提交的任务。你怎样才能完成呢？或者你希望我去征求别人的意见吗？"

SCARF 模型可以打开你的思路，给你提供一些处理棘手反馈的新方法。以玛雅为例，她是一家大型慈善基金会的公关部主管。在她的团队中，有一位资深成员彼得，虽然他一直勤勤恳恳、一丝不苟地工作，却一直没有什么亮眼的表现。这就是问题所在。他现在接手了基金会里两个最好的项目，而且这两个项目都应该做得很出色。领导层中有好几个人私下对玛雅说："难道你不应该换个更好的负责人吗？"

玛雅想再给彼得一次机会，于是她找来彼得，坐下来当面告诉他："你的工作表现有待提高。"在准备指导彼得如何工作时，她听对方回答说："但是领导一直对我的表现很满意，他们都这样对我说。"玛雅有些不知所措。

领导层这般"两面派"的做法让玛雅的工作更难开展了。她说："他们可能当面夸你，但在背地里却很担心你的工作能力。咱们来谈谈你怎样才能表现得更好。"

尽管如此，还是有好消息的。那就是彼得能够提高工作表现，并且也能继续留在公司做这份工作，但这个喜忧参半的消息却从内心深处伤害了他。他在工作中变得非常容易激动，也越来越不快乐。他不再像以前一样全心全意地尊敬领导层，也不知道还能信任谁。领导层还是对他说他的工作做得不错，但他们向来如此，也从来不会有其他评价。玛雅产生了强烈的挫败感。回想起来，也许她不应该一五一十地全都告诉彼得，这样对他来说是很大的打击。但如果不这么做，又有什么办法可以激励他努力提高工作水平呢？

当玛雅第一次告诉我这件事时，我也没有想到任何解决办法，但是当我后来看到 SCARF 模型时，我就想到了办法。她当时其实可以先对彼得说："实际上，他们对你的工作并不像他们在你面前表现出来的那样满意，其实我也有点担心。"然后，再想办法提升五个维度中的一个或者多个维度。因为彼得现在已经不确定该相信谁了，所以玛雅可以从增进彼此关系开始。"他们的本意是好的，想要鼓励你，但也许你更应该把他们当成朋友，认为他们对你说的话是不希望你和他人产生矛盾。他们不是在为你的事业着想，但我是在为你考虑。你要明白，我很了解你，我知道你可以做到。我很珍惜我们的友谊，也希望你能像之前一样成功。我知道你心里也是这么想的。请你相信我，我对你说的都是真心话。咱们可以做个计划，看看怎么提高你的工作表现。"玛雅为他指明了一条路，让他明白自己现在的处境，并且不会成为他眼中的敌人。相反，他会更加信任玛雅，认为她能一直给他建议和支持。此外，玛雅还可以着重强调自己的良苦用心，这样彼得就会更加关注她的好意，而不会认为领导层居心叵测了。

或者，玛雅也可能增强了他的确定感，对彼得来说，这种确定感肯定已经消失殆尽了。她当时可以说："我想让你知道，我一直在支持你。你是团队中的核心成员，他们没有资格对我的成员说三道四。我知道你很难不去想这件事，但你真没必要太过担心。我希望你还可以表现得很出色，我也相信你能够做到。但现在你有一个优势，你对你的客户有充分的了解，如果你有一个标准非常高的客户，他就会告诉你，在哪些方面你做得很好。因此，与其依赖领导给你的反馈,不如弄清楚如何才能更准确地了解你的工作。你值得拥有更多的确定感。在未来几个月里,让我们明确一些要取得的具体成果,定期进行检查,以便我们双方都能看到你的稳步进展。"

如果你为了不让员工产生胁迫感而避免对他们进行指导,那么你可以尝试至少一种方法来提升对方的地位感、确定感、自主性、关系或公平感,并且尽早在反馈对话中进行尝试。你可以这么想:让对方感知到 SCARF 模型中的每个维度,这样他们就能准备好面对任何问题了。

一对一交流还是与团队共同讨论?

有人会问我应何时给予整个团队反馈,何时给予个人反馈。假如出现了一些问题,你无法预料后果,并认为需要多人协同来应对,那么你就可以在团队会议上提出来。假如你正在审阅部门的年度报告初稿,你可以在团队会议上这样说:"我们已经在报告中涵盖了今年上半年的业绩指标,非常不错,但上个季度的指标还没有显示。如果报告中不显示上个季度的指标,会显得我们在刻意隐瞒什么,是什么让我们产生了不列出上个季度指标的想法?"这个问题需要团队共同解决,因为每个人有不同的分工。有人会说信息技术部门在更换软件,导致报告中丢失了信息,还有人会说负责汇总这些数据的员工最近在休产假。大家在共同解决问题，并且权责分明。

但如果问题指向了某个员工，那你可以单独与他进行谈话。你可以单独找时间对奥斯汀说："我发现报告中没有显示任何指标。"如果在整个团队面前指出这个问题，会让他产生紧迫感，比如他会认为自己是唯一遗漏指标的人，会担心自己是否被团队淘汰。这是一种非常有用的经验：当出现问题时，你认为问题出在谁身上，那就与谁单独交流。这样做的确需要花费时间，假设你与奥斯汀谈话需要10分钟，但可能会产生10倍以上的效果。

这让我想起了遇到过的一位可怕的主管，他在团队会议上提出了他担心的所有问题。他与犯错的那位员工至少交流了15分钟，而其他六七个员工坐在那里在本子上涂涂画画或者翻翻笔记，避免进行眼神交流，从而导致会议偏离主题。经过一阵激烈的探讨后，主管只是挥挥手说："罢了，先做完再说吧，想不明白这么简单的事你们做起来怎么如此费劲。好了，我们说下一个问题吧。"这真的感觉像是在说"下一个会是谁呢"，大家当然都不希望是自己。

学习室还是实验室

假如你经常指导他人改正错误行为，并且希望他们最终能改变自己的行为，这看起来很简单。然而，作为管理者，我们经常犯一个典型的错误：给人贴标签，而不是给行为贴标签。我明白这是怎么回事：你会为已经重复发生的问题感到沮丧。也许第一次或第二次发生的时候你什么都没说，但是现在又发生了，你受够了，于是做出了强烈的论断，比如"我们不能相信英迪拉"或"里昂不够专业"。这些都是真实的管理者在真实的绩效评估中做出的真实评论，我想这让英迪拉和里昂都会感到非常沮丧。

给予他人强有力的论断没有问题，但强烈的性格判断则不然。如果你说出你的批评，好像是在给别人的内在本性贴标签，那么对方是不会接受的。正如范德堡大学管理学教授马克·坎农在一篇经典论文中所言，员工在听到这种反馈时，会等同于听到"你从根本上就是个有缺陷的、坏的、没用的人，你就是个这样的人"。[8]不要说"你不专业，里昂"，而应试着说："里昂，你在电话会议上谈论你在拉斯维加斯的疯狂周末，这听起来很不专业，会损害你的声誉。"正如我们在第二章中看到的，你想把问题表现为"独立存在"的东西，即员工表现出一次或两次（甚至多次）的行为，但这不是决定性的性格特征。

切记：作为管理者，你要有一种鼓励员工成长的思维。不管他们现在遇到了什么困难，你都应该告诉他们，通过实践、自身努力和他人反馈，他们就可以取得进步。这意味着当你提供反馈时，你应该强调你相信他们可以改变。固定型心态的命名有一个讽刺之处是，它实际上并不是固定的。一个有着固定型心态的人通常会被劝说采用成长型心态。[9] 换句话说，一个人在开始为你工作时可能认为他们只是不擅长演讲或谈判，但如果你强调演讲和谈判是重要的技能，这个人的思维就会开始转变。（你可能想知道心态在多大程度上是可塑的，在多大程度上是根深蒂固的。研究人员还没有给出确切答案，但他们已经证明，平均而言，大多数人都可以转换为成长型心态，而表现最差的人受益最大。[10] 如果你在谈判中表现糟糕，并且因此而停止谈判，那么此时你学习谈判技巧，就会收获更多。有时候，成长型心态的助推正是我们所需要的。)

　　两个员工可能会对相同的反馈做出不同的反应，因为一个拥有固定型心态，另一个拥有成长型心态。反馈体验对那些拥有固定型心态的人来说更具威胁性。[11] 以公开演讲为例，想象一下芬恩马上要做一个重要的演讲。如果芬恩在公开演讲方面有一套固定的思维模式，并且总是受到众人的称赞，那么芬恩就会投入大量精力证明自己是一个天生的演说家。在内心深处，他相信一个人要么是一个伟大的演说家，要么永远不是。这种感觉很明显。对芬恩来说，如果他表现出色话，这将是一种难以置信的回报。当芬恩做10分钟的演讲练习时，他的同事花20分钟提供了详细的反馈，指出他是如何紧张地踱步，说"嗯"的次数太多，等等。可怜的芬恩满脸通红，想钻到椅子下面去，这是他的噩梦。这无关演讲本身，而是他发现自己是一个冒牌货，是一个在他心目中永远不会成为伟大演说家的人。所以芬恩对反馈是什么反应呢？他不情愿地在会议上做了一些笔记，但当他回到办公室时，他会发一封电子邮件向别人解释应该如何做陈述演讲。你会想"干吗这么敏感？"但当一个人有固定型心态时，他不会接受别人的指导，因为他处于自我证明状态。

与此相反，你团队中的另一个成员乔治亚，对公开演讲抱有一种成长型心态。当团队给予她 20 分钟的详细指导，告诉她如何提高演讲水平时，她可能会对自己很失望——每个人都希望自己的工作在第一次尝试时就很完美——但她不会放弃，她会做很多笔记来记录能够改进的地方，也会提出很多问题。当她回到办公室时，她会发一封电子邮件，询问能否过几天再做一次练习。她不是处在自我证明状态，而是学习状态。

我和我丈夫对这两种状态有一个简单的分辨方法。当我们中的一个人对工作上的事情感到紧张时，另一个人会问，"那么你是在学习室还是实验室？"我总是想待在学习室里，这个问题提醒我要审视自己的心态。

你想要团队中多一些像乔治亚的人，少些像芬恩的人，所以不要告诉芬恩们"不要这么敏感"（这会让他处于守势），要帮助他保持一种成长型心态。当心理学家想要在实验室里验证成长型心态时，他们会给受试人员一篇文章，讲述我们的智力是如何通过努力和毅力不断提高的。如果芬恩每次拒绝接受任务，你都给他一篇关于智力的文章，那样就太教条了，所以你需要的是安排对话的方式。当你提供反馈时，你可以说一些话来鼓励对方培养成长型心态。

- "在这个组织中,我们重视的是学习能力和毅力,而不是现有的天分和才能。如果有人表现出了学习能力,那他就是我想培养的人。"
- "我知道这令人生畏,但我也知道你能学会。我以前见过你学更难的东西。"举一个例子,说明这个成员在你遇到他之后他学习的技能或知识。
- "不管一个人的技艺有多高超,总还有很大的提升空间。你正处于学习阶段,我为此感到骄傲,你也应该如此。"
- 引用心理学家亚伯拉罕·马斯洛的一句话:"这是一个你'要么向前迈进,要么后退到安全区域的地方'。我知道安全区域很诱人,但我希望你能朝着成长的方向前进。"[12]

运用"参照自我行为"技巧

如果你的一位直系下属表现得很出色,但另一个下属在相同情况下却表现得不尽如人意,该怎么办呢?在小型会议上塞缪尔表现得很有政治头脑,但在部门会议上却犯了严重的政治错误。与塞缪尔交谈时,你可以采取一种有效的技巧,心理学家和教育家将其称为"参照自我行为"。简单来说,你可以对他说:"我知道你曾在其他场合表现得很出色,这种场合你当然也不在话下。所以怎样才能发挥稳定呢?"研究人员发现,当某个人表现不佳时,你可以把他之前的出色表现作为标准,而不是把他人的成功作为比较对象,这样会起到更好的激励作用。[13]员工会坚定"下次我要更加努力"的决心,或是"更相信自己会取得进步"。当你觉得员工产生胁迫感时,"自我参照行为"技巧也可以派上用场,但它会把领导的指导场景变成双方的头脑风暴会。

查尔斯是一位商业传播学教授,我在采访他的过程中发现,他对班级男同学的要求比对女同学更严格。有一次交作业时,一个男生交了份不合格的作业,尽管他学习能力很强,教授还是毫不犹豫地把他叫到一边说:"你一定要反省为什么没有认真完成作业。"或者,"我知道你认真完成的作业是什么样的"。他在旁敲侧击的时候,其他人也会认真听,这有利于所有同学共同进步。但是如果一个能力很强的女生交了一份质量很低的作业,他就不会有明显的反应,他会就如何改进作业质量写一份书面反馈,而不是把女同学拉到一边,像他对男同学那样当面说:"我知道你能做得更好。"教授也意识到自己在不经意间助推了男生的进步,于是他做了一个实验。作为一名沟通专家,他知道使用正确的语言会得到什么样的效果。他决定在亚莉克希亚身上尝试一种新的方法。亚莉克希亚在课堂上表现得安静乖巧,但课下却展现出了优秀的领导才能。

查尔斯给她发了封邮件,让她到办公室来。在办公室门口,她紧张不安地敲了敲门，好像自己犯了什么错误。教授很想跟她说不要担心，但他忍住了，并没有因为对方是女生就安慰她。"去年的商务沟通课上，你寡言少语，这样就显得你很普通，大多数人都和你一样。但我前几天看了你在营销俱乐部会议中的表现，与以往截然不同，整个房间里的人都在听你讲话。你为什么不能在课堂上大胆地展示自己呢？"亚莉克希亚喃喃自语："我不知道。"然后继续低头盯着地板。

但查尔斯还有办法。他私下了解到亚莉克希亚还是自己的同事桑托斯博士的学生。他继续说道："我了解过，你在其他场合给人印象很深刻。我想要你挑战一下自己。在今晚桑托斯博士的课上，你要表现得像在俱乐部时一样出色，而且我约了桑托斯课后一起吃晚饭。我会问她今天课堂有没有人表现得还不错，如果她没有提到你的名字，那我只能再找你谈谈了。"

那天晚上快要吃完饭时，查尔斯问桑托斯博士："今晚班上有人表现得很出色吗？"

桑托斯博士想了一会儿回答说："确实有，亚莉克希亚表现得很不错。"在接下来的几周中，亚莉克希亚不仅在他的课堂上非常引人注目，在其他课上的表现也非常出色。

查尔斯策略的成功之处在于，一方面，他让亚莉克希亚知道老师是相信她的；另一方面，查尔斯让她在限定时间内有所改变。如果非要总结出一个要点，那就是直接指出你希望某人如何表现，而且他曾经这样做到过。这能体现出你很关心他，也能让他相信自己有能力做到。

提出私人问题的五个步骤

很想在查尔斯鼓舞人心的故事中结束这一章，但是还有一个话题我们应该谈谈，因为无论我们获得多少技能或者我们的意图有多纯粹，一些批评指正式的对话都会让人产生胁迫感。你如何提出一个微妙的私人问题呢？比如，你如何告诉朱迪她的办公室有股异味，或者更糟的是，她身上也有异味？正如《上班路上的沟通进修课》一书的作者莎丽·哈莉所观察到的那样，告诉别人他们身上有异味可能是你最难给出的反馈之一。与工作的反馈相比，有关他人私密问题的反馈对他们更有威胁性。所以稍后我将展示如何进行工作方面的反馈对话。

因为你想倾听，不想发号施令，所以你必须与人进行交谈，不能只是发一封电子邮件。你把朱迪拉到一边，去你的办公室或没有人能听到你们声音的地方，远离开放的公共工作空间。你可以说："我知道这对你和我来说都很尴尬。"然后提醒朱迪注意到你的善意："但我想让你从我这里而不是别人那里听到，因为我看到你所做的一切都很优秀，我希望你可以成功。"接下来，进入观察阶段。哈莉发现简单的词句最有效："我注意到你身上有股味道。"或者更加具体一些："我注意到这些天你的办公室里有一种异味。"表明说话的内容是你的观察结果，与他人无关。不要说

"其他人已经抱怨……",这会让朱迪觉得你们在联合起来对付她,并且会产生自我防卫心理,你和她的亲密关系会受到威胁。一旦你做出了观察,就要对她的工作可能会受到的影响表示关注:"我不希望有人回避与你合作。"或者,"我希望确保客户专注于你提供的丰富知识,而这种杂事可能会分散他们的注意力"。说这些一共花了45秒,而现在你准备好倾听了。通过倾听,你给了朱迪一些确定感和自主性。在进入倾听模式前你可以问她:"现在你有什么想法呢?"然后就闭嘴听她说。你可能会忍不住继续说下去,但请记住SCARF模型——要给她自主性。她可能会有点结巴,但是如果你在倾听,她就不会那么焦虑了,而你也可以泰然自若地帮助她想出解决办法。[14]

有些管理者喜欢比较柔和的开场白,按照上一章"多问少说"的建议,你可以先提出一个开放性的问题,在你说其他话之前先听她说。在这种情况下,你可以先问问"你最近怎么样?你似乎变得有点不一样了,我想和你聊聊"。给朱迪一个机会,让你了解她生活中发生的每一个变化。这是富有同理心的沟通方式,人们总是会感激那个认真听他们说话的人。

当你提出一个私人的、可能会令人尴尬的问题时,你首先要做到倾听,我唯一担心的是,你可能会临阵退缩。至少,我就是这样。有一次,我不得不给某位教授提供反馈,说他在课堂上打瞌睡,这让他的学生感到不快——于是我提了一个开放式的问题:"那么,你还好吗?"他便详细描述了他的医生是如何给他更换了治疗抑郁症的药物。几年前他住过精神病院，而最近他感觉非常糟糕。药物？住院治疗？他并没有说是药物作用让他犯困，但我可以联想到这个原因。于是我打起了退堂鼓。打瞌睡根本就不是目前要关注的问题。然而，最重要的是，现在提出这个敏感的问题让我感到更加尴尬。我俩结束了谈话，但我听说他还是一直上课打瞌睡。于是学生不断向学校抱怨。很遗憾，他没有坚持下去就离职了。也许当时我们讨论了他的犯困问题，他也会离开，但我可以和他一起解决问题，成为他的盟友。当他尝试不同的解决办法时，我可以向他提供反馈。

我认识到，如果我要提出一个私人问题，并且以开放式的问题开头，只会让问题更难解决。现在我会采取以下步骤：

1. "说起来有点尴尬……"
2. 表明我的良好意图。
3. 表述我观察到的内容。
4. 陈述对其工作或声誉可能产生的影响。
5. "你有什么想法？"

此时，我想起了罗杰斯先生的话："任何关于人的话题都可以提及，而任何可以提及的东西都可以控制。"[15]

说回朱迪和她的体味问题。一旦找到了你们都能接受的解决方案——也许她会在每天早上跑步后洗澡，即使这意味着要晚点上班；也许她会尝试服用消化酶，因为她的饮食中菜花的数量增加了一倍——就一定要对她表示感谢，对她说："我知道这并不容易，但谢谢你和我进行这次谈话。"这对恢复和建立你们的关系很有帮助。

// 小结 //

- 有人犯错时，指导过程让人感受到的威胁可能令人难以置信。

- 当一个人感到压力和威胁时，他连昨天发生的事情的细节都会忘记。

- 当感觉受到限制时，可能仅仅是认知灵活性降低了。压力削弱了认知灵活性，从而使人们很难突破他们想出的第一种解决方案。

- 学会运用 SCARF 模型。你可以通过提高对方的地位感、确定感、自主性、关系和公平感来减少他人的胁迫感。

- 如果你认识犯错的人，你应该尽量一对一地进行指导，而不是在小组会上进行指导。

- 当你发现问题时，请给行为贴标签，而不是给人贴标签。

- 传递一种成长型心态，也就是说，相信人们可以改变和进步，这将使得到的反馈不那么具有威胁性。

- 当个人具有成长型心态时，人们会更加注意正确的解决方案和你提供的建议，从而更有可能进行学习。

· 尝试使用"参照自我行为"技巧。你以某个人以前取得的成功为标准，并询问他如何才能取得像以前一样的成功。

· 当需要进行敏感的个人谈话时，你要先承认这的确令人难堪，然后表达你的善愿，陈述你所观察到的结果，转而表明这将如何影响他们的工作，并询问他们的想法。

第八章 //

实践做法 4：
承认你的偏见并保持警惕

> 就你的职业生涯而言，最重要的决定往往是你不在场的情况下做出的。[1]
>
> ——达维亚·特明

凯瑟琳·尼科尔斯坐在电脑前犹豫是否要按下发送键。她已经做了几个月的充分准备，现在她想检验一下劳动成果。

出版界对凯瑟琳不太友好。她写过一本小说，内心还是很自豪的。虽然她知道出版小说很难，但是她的作家朋友说："你会因为作品公开出版而感到振奋。"于是她便开始雄心勃勃地联系经纪人。她写了一封邮件，描述了她书中的情节和主要人物的故事，并迫不及待地将其发给了 50 名经纪人。

这是一年前的事了。只有两个经纪人回了信,他们都表示对她的小说不感兴趣,更令人沮丧的是,没有人提供任何有用的反馈。他们俩都说她的文笔很优美,但从七年级起她就听别人这么对她说了。他们没有给出任何能使她的作品公开出版的建议。

凯瑟琳对这本书失去了信心,在很大程度上,对自己也失去了信心。

在没有弄清楚上一本小说的问题之前,她觉得自己不应该开始写新书,甚至觉得很郁闷、很困顿,有点进退两难。因为她的作品太糟糕了,就连训练有素的专业人士都不知道从何处下手进行修改。她的写作似乎毫无意义。

但是后来她有了一个想法。如果她发出同样的询问信,但这次以一个男性的名义,会怎么样呢?她不再是凯瑟琳·尼科尔斯,而是乔治·雷耶。[2] 她读过一些研究,在这些研究中,负责招聘的管理者发现,当简历上写着男性的名字而不是女性的名字时,给人留下的印象要深刻得多。[3] 凯瑟琳为伪造一个假的电子邮件账户而感到内疚,但她也很好奇,这样的话会发生什么呢?

在一个周六的早晨,她把原来写的询问信复制粘贴,改了名字,试探性地发给了6位经纪人。在这一天晚上,她收到5条回复,其中三位经纪人想看她的书。那天不是工作日,她居然都收到了这么多回复。现在她想要知道,如果她只是改了发件人的性别,其他什么都不变,收到的回复数量会有什么不同?她又发了一些邮件,以乔治的名义联系了50位经纪人。最终,"乔治"总共收到了17条回复,这比凯瑟琳仅有的2条回复要好得多。就像凯瑟琳所说的那样:"很显然,他写的书比我的书要好得多。"[4]

如果故事就这样结束了,证实同样的作品男性作者的更有价值,已经足够令人沮丧了,但更有意思的是,"乔治"不仅收到了反馈,而且得到了如何改进的指导。当经纪人认为他们是在给一个男性提供反馈时,他们会花时间就人物、情节和节奏,以及如何开始和结束这本书,提供具体的建议和指导。这些经纪人对凯瑟琳的评价停留在"文笔优美"上,而对"乔治"的评价则远远超出了这种含糊的赞美(事实上,没有人说"乔治"的文字很"优美")。现在凯瑟琳可以重新修改她的作品了,她已经知道了明确的修改意见。

并非只有在出版行业男性能得到更多的有用指导和反馈,经验数据显示,这种情况也发生在法律、医学、技术和军事领域,而且这种情况还在不断增加。[5]无论你的行业或性别如何,对于那些缺少代表性和边缘化的群体,你都有必要仔细研究偏见是如何影响对他们的反馈的。如果你想公平公正,想要帮助团队中的每一个成员提升并展现他们的全部潜力,那么你需要知道如何以及何时你可能倾向于某些人而疏远其他人。本章主要讨论反馈中的性别偏见,因为它是有据可查的,并且在这一章的结尾,我还将展示反馈中的种族偏见。如果你想让反馈成为你的超能力,让每个人都受益,而非只有你团队中的白人男性受益,那就接着看下去吧。

没人想听到别人说他们带有偏见。我明白这一点，但我们生活在一个带有偏见的社会里，正如你看到的，即使是最优秀的人也会产生偏见，即使我们发誓永远不会产生偏见也没用。前面的章节帮助你走出有意识的困境，本章将帮助你赢得无意识的斗争。

无意识的偏见

让我们从性别偏见谈起。你可能会想："哦，我相信女性和男性一样有技术和能力，所以我是一个没有偏见的好人。"不论你的性别是什么，在我看来毫无疑问你是个好人。① 但如果你已经读到本章的末尾，你就会对性别偏见感到好奇，并决心加以遏制。

第一次参加无意识偏见测试时，我被告知，和大多数人一样，我把男性和事业联系在一起，把女性和家庭联系在一起。我想，"好吧，这明显有问题"，然后立刻重新进行了测试，结果还是一样。我感到既尴尬又惊讶，还很羞愧。在全国各地，我都做过关于无意识的性别偏见的演讲，显然，我对此也深感愧疚。根据一项针对超过 38 万人的研究，72% 的成年人无意识地认为男性更擅长数学和科学，女性在人文学科上表现得更出色；76% 的成年人无意识地将男性与职业联系在一起，将女性与家庭联系在一起。[6]

---

① 我意识到性别并不是二元对立的，它存在于一个范围内。但我在本章引用的几乎所有研究都将性别视为二元的，将人分为男性和女性。这不是最全面的调查研究，我怀疑那些忽略性别二元论的人也会把偏见带入工作中。

这项研究有助于区分无意识和有意识的偏见。当一个人持有有意识的偏见时，他/她就会有明确、一致、有意识的态度，认为一个群体比另一个群体更好，并认为有这些想法是合理的。那些有意识地认为女性不能成为优秀的科学家或领导者的人，往往意识到自己的观点并不具有普遍性，所以他们在工作中都会小心翼翼地表达自己的观点，但当周围有意见相合的同龄人或家人时，他们就会轻松地说出自己的观点。在他们看来，他们是在实话实说。[7]

另一方面，无意识的偏见可能与我们有意识的观念大不相同。这些偏见是习得的刻板印象，是无意识情况下自动形成的，根深蒂固且普遍存在，而且会对我们的行为产生影响。[8]它通常是在我们不知情的情况下产生的自我判断。举例来说，如果一个副总裁打断了你的讲话并接手了你的会议，你的同事会怎么想？这可能取决于副总裁的性别。如果是女性副总，人们可能就会抱怨她的举止粗鲁，"她怎么能这样对你？"但如果是男性副总，可能就没那么大困扰了。虽然他们依旧不爱听他的发言，但不得不承认"他确实提出了一个重要的观点"。一些数据也显示出人们对领导者的偏见反应——大家喜欢、尊重和鼓励健谈的男性，但不鼓励健谈的女性，即使他们有意识的观念是男女应该平等对待。[9]

如果无意识的偏见是后天习得的，那么你是从哪里学会接受男性都是健谈且负责的观点的呢？可能有很多地方，但电视广告是罪魁祸首之一。根据吉娜·戴维斯媒体性别研究所的数据，在商业广告中，有发言权的男性可能性是女性的7倍。[10]你要留意一下了。在广告中，当一个困惑不已的女人正在决定买哪种排水管清洗剂时，就会有一个男人推着他的小车走过来，不厌其烦地向她解释为什么要买某一种。其中的元信息是明确的："他"的角色是了解和交谈，"她"的角色是点头和倾听。

重点不是说我们不要看电视，而是我们被这些关于如何判断不同群体的信息笼罩着。正如贝弗利·丹尼尔·塔图姆在她那本令人大开眼界的书《为什么餐厅里的黑人孩子都坐在一起》(*Why Are All the Back Kids Sitting Together in the Cafeteriu?*)中所写，这些信息就像空气中的烟雾。有时这些信息（烟雾）是如此浓重，以至它们是可见的，而其他时候我们根本没有注意到它们的存在，"但日复一日，我们都在吸入它们"。[11] 你无法避免社会上带有偏见的信息，但可以阻止它们影响你在工作中的表现。换句话说，无意识的偏见不是你的错，但却是你要承担的责任。

当意识到自己的无意识偏见时，人们常常会感到羞愧。他们的潜意识观念可能与他们所珍视的有意识观念相矛盾。这是否意味着我们都是伪君子？不，这意味着我们都是普通人。作为社会性生物，我们很容易受到社会暗示的影响。在一项实验中，接触5分钟的刻板认识就足以塑造一个人的短期观念。[12]

顺便说一句，如果想发现自己无意识的偏见，你可以参加所谓的隐性关联测试。如果你从未做过这样的测试，那这可能是你近期最开眼界的15分钟。请进入访问网址：https://implicit.harvard.edu/implicit/，这是哈佛大学一个团队运营的网站。从可能的主题列表中进行选择，然后就可以免费参加测试。它囊括了关于体重、种族、民族、宗教和性取向的无意识偏见测试，以及两项性别偏见测试。

我们常常没有意识到，在职场中我们对男性和女性的期望完全不同；我们只是发现自己对女性更容易恼火或失望。分配办公室杂务就是一个很好的例子。[13] 试想如果有人需要为老板的50岁生日订购生日蛋糕，你也许会不假思索地求助于你团队中的一位女性。如果她说："你能问别人吗？"你可能会想，"哇，我还以为她不计较为团队做事呢"，失望的情绪便悄然而至。但是如果你问团队中的一位男性，他说，"你能问别人吗？"你可能会有不同的反应，认为"没错，他有很多事情要做"，或者"他可能不知道哪家蛋糕店好"。你压根儿不会感到失望。这就是相同的行为引起了不同的感受。如果我们不谨慎对待，这些不同的感受就会出现在我们的反馈和绩效评价中。研究人员发现，当男性做办公室里的杂务时，我们会奖励和认可他们，但对女性却不会。[14] 如果"他"答应了，他也做了，我们对他的评价就会越来越高；但是如果"她"答应了，她也做了，我们就会认为她只是在做我们期望的事情而已。

给男性和女性的反馈有什么不同？

那么，无意识的性别偏见是如何在我们给男性和女性的反馈中表现出来的呢？在本书中，我们一直在用具体事例证明男性比女性获得了更多的有益反馈，在本章的其余部分，我们将介绍更多的方面。为了让关键问题一目了然，我在实践做法1的表格基础上制作了下表。[15] 如果想让反馈在性别上公平，我们需要在给出反馈时注意三件事：反馈的专一性、反馈的重点以及反馈的一致性。

女性和男性的反馈模式

核心潜在差异	积极性反馈		批评性反馈	
	女性	男性	女性	男性
专一性	含糊其词，比如，"你这一年表现得很棒"	列出更多的具体能力，并与具体的成果联系起来，比如，"你的跨平台协调能力保证了我们能够在7月出货"	含糊其词，比如，"你需要表现出更多的主动性和好奇心"	更多背景信息和具体行为指导，比如，"当潜在客户无法与你联系时，你需要表现出更多的主动性和好奇心"
重点	她被形容为"乐于助人""富有同情心""热情""精力充沛""有条理"	他被形容为"富有创新""远见卓识""游戏规则改变者""机敏""善于分析"	重点关注语气和沟通方式，比如，"你太咄咄逼人，需要为他人留出更多的空间"	很少提及语气或沟通方式，即便被提及，通常也是被告知要更积极，比如，"当你提出一个新想法的时候，不要害怕，要积极一点"
一致性	即使被评价为"优秀"，得分也很低	被评价为"优秀"时一定会得到高分	同一个人的各项评价中有待改进的方面不一致	同一个人的各项评价中有待改进的方面是一致的

利用此表可以提高反馈的公平性。当你给出书面或口头反馈时，制作一个性别词语清单，以便留意这些词语的使用，比如"创新""有远见""有帮助"。如果你确实使用了这些词语，请努力将它们平均分配给男性和女性员工。如果你真的想要发现并遏制偏见，那就要主动与他人交换绩效评价表。首先，找到一个志同道合的朋友或同事；接下来，把这个表格抄下来，让你们每个人都能留意到带有偏见的语言；然后去掉绩效评价表和交换的评价表中的名字和代称。当你阅读你的朋友或同事的绩效评价表时，你能猜出收到反馈的人的性别吗？如果能猜到，是什么给你提供了信息？

粉饰问题

接下来，我们将讨论反馈的一致性。研究人员发现，与男性相比，女性得到的反馈不那么一致，她们在绩效评价中被告知某些方面表现出色，但随后得到的排名却很低。[16]这些矛盾之处会让人感到沮丧和困惑，也让领导者在审查她们的绩效评价表时，对女性员工是否应当得到晋升这个问题很难抉择。

管理者在不知不觉中倾向于粉饰他们对员工的反馈，曲解员工的进步，对女性员工更是如此。[17]研究人员统计了诸如"非常好""棒极了"等带有很强积极性的词语在绩效评价中出现的次数。你会以为只有表现出色的员工才能收到这样的评价，对男性员工来说确实如此。研究人员发现，如果你是一位男性，而你的主管夸你"工作出色"或"给客户留下深刻印象",那么你就等着在公司评级量表中得到最高的 5 分吧。但是,如果你是位女性,也收获了这种赞美,那你也别指望得高分。[18] 因为女性评价中强烈的正面反馈与她们最后得到的分数没什么关系。像"好极了""非常棒"这类词语有时只是客套话。如果你是女性,你的主管仍然会在评价你"工作做得非常出色"的同时,绩效评价只给你打 3 分。

谁还没有说过这样的话:"妈妈,今晚的饭很不错。"即使嘴里的鸡肉柴得咬不动,西兰花也又软又糊。我们大多数人因为不愿伤害对方的感情而在反馈中说了谎话,而对他人的同情心越多,我们说的谎话也就越多。[19] 但是,这种夸大对女性的赞美所付出的代价是微妙而有害的。ReadySet 研究所的人类科学家莉莉·扬波尔一直在研究人们是否会因同情而说谎的可能性。扬波尔还在康奈尔大学时,她让实验参与者阅读别人的工作反馈,这都是一些完成得不太好的反馈。如果人们觉得他们正在阅读的反馈太过夸张,就会认为收到这个反馈的人一定是位女性。[20] 我们不会觉得当人们看到男性犯了错,会昧着良心告诉他们做得还不错。当然,有时候人们也会无意识地这样做。但我们通常希望男性"像个男人一样接受一切"。因此,如果某个男性应聘者或职员受到好评,我们会相信他本人确实和别人说的一样好。无论如何,我们都不会怀疑他的反馈是为了不伤害他的感情而经过粉饰的。但是,如果女性也得到这般好评,往往会招来人们的质疑。她真的有这么出色吗？人们的这种疑虑与她本人没有关系，很大程度上是与我们无意识的设想有关，即人们更倾向于夸大女性的工作表现，目的是不伤害她们的感情。现实中，这种情况确实很常见。

人们常常想通过额外的事情来证明一位女性是否像评价表里写的那样好，而他们对男性则不会这样。[21]

如果你忽略了对女性有意义的信息，她们就得不到你给出的最好的建议。如果你足够勇敢诚实，请快速浏览一下你提供给团队成员的最新书面反馈。你给男性员工的建议是否更加详细？你是否更有可能告诉女性员工她们表现不错，即使对方并没有那么令你印象深刻？尽管不想看到自己也陷入了这种模式，但现在认清现实也是一件好事，解决问题之后你会做得更好。在下一节中，我们将讨论一些具体的方法，让你更好地告诉女性员工她们真正想听到的评价。

反馈中常见的四个难题

我采访了不同行业的专业人士，了解了他们的反馈经历，当管理者向女性提供反馈时，一些问题总是重复出现。让我们看看反馈中四种最常见的棘手情况。

1. "我不知道怎么告诉她有话直说。"

2."我不知道如何告诉她,她太争强好胜了。"

3."我担心她会产生误解。"

4."但是,如果她哭了怎么办?"

你会注意到前两项与沟通方式有关。这并非巧合,因为女性比男性更有可能被告知她们的沟通方式需要改进。[22]

我不知道怎么告诉她有话直说

你注意到布里安娜在团队会议上一直沉默不语。从个人角度而言,她为公司做出了巨大贡献,影响深远,但要是将她放到团队里比较,情况就完全不同了。好吧,也不能完全这么说。举行团队会议时,大多数情况下都是男性主导,组里的另一位女性洛里偶尔插几句话,但是布里安娜却始终只是点点头,一直沉默不语,这样就很难看出她的领导才能。

你也尝试过在网上搜索,看看有什么好办法,但每种方法用一两次就不起作用了。例如,你制定了一个"讨论不间断法则"(no-interruption rule),希望布里安娜可以多发言。但是这样做让团队中的其他成员觉得很幼稚,认为这影响了讨论效率。于是你只能勉强接受意见。

面对这种情况,大多数管理者只会对布里安娜说:"我想在会议上多听到你的意见。"而许多女性都会觉得收到反馈是一件十分令人沮丧的事儿。布里安娜可能认为,如果她积极发言,别人就会给她贴上争强好胜或爱出风头的标签,至少她自己也会这么认为。

对于这种情况,你可以采取两种方法。首先是关于你应该对布里安娜说些什么;其次,你应该在会议中做一些改变。让我们先看看你要对布里安娜说些什么。

> 你:我注意到当我们像这样一对一见面时,你常常能给出很好的提议,但是为什么在团队会议上你却常常保持沉默呢?我很想知道你为什么会这样,团队中的其他人应该听到你的好想法。所以,跟我说说吧!如果可以,最好能告诉我你在开会时都在想些什么。
>
> 布里安娜:哇。很高兴你注意到我的这个问题,但是让我说出我当时在想什么有点难为情。好吧,当时我也不能打断大家发言,而且大家一直都在说,我想等大家说完之后再发言,但好像从来都没有这个机会。所以我就只能一直坐着听。
>
> 你:如果我当时说"还有人有别的想法吗"之类的话,你会怎么办?这是不是就有机会了呢?
>
> 布里安娜:这确实是个机会,但我还要再想想当时准备要说的话。也许我会说很担心我们现在在做的项目,而乔恩

或兰迪会把我的提议当成是他们的个人想法。我很抱歉说得有点直白，但这就是事实。洛里也一直是这样。

你：不错，我会找他们谈谈。但是我可能不会每次都注意到这个情况，如果我当时没注意到，你愿意直接说出来吗？比如，"嘿，我刚刚说过这一点了"，或者"谢谢乔恩，我也那么想"。

布里安娜：这样火药味就太浓了。我不能直接跟你提出自己的想法吗？这也算是出力了。只要你知道我有好主意就行了，这样不可以吗？

你：我知道你有好主意当然很不错，但我希望其他人也可以知道。你之前说过要进入管理领域，而我想帮你发展各种所需的能力。领导者最需要做的事情之一就是寻找方法来影响整个团队。你现在做的，只是影响了我，并不是整个团队。我还能做些什么让你在团队会议上更自如地表达自己吗？

由于提出了一些经过深思熟虑的问题，你会发现这些问题不只是出现在布里安娜身上，你还给团队注入了一些动力，但只是对一部分人有利，而洛里可能有同样的想法，就会觉得很失望。在团队会议上，你可以尝试两种方法。

第一种方法，请尝试牛津大学研究人员提出的方法：先询问团队中女性成员的意见。社会科学家做过一个研究，观察不同国家男性和女性一同开会时的情况，结果发现，如果提出第一个问题的人是男性，那么这场会议就会由男性主导，大部分女性都会沉默不语；但如果提出第一个问题的人是女性，那么在场的女性和男性发言概率会差不多（或者更准确地说，发言的男性和女性所占比例差不多）。其实，主持会议的是男性还是女性都没太大关系，重要的是老板说完后谁先发言。[23] 这是一项很前沿的研究，科学家仍在努力探寻为什么谁先提问会有如此大的影响。但这其实是一个非常简单的方法，你可以不受任何限制地使用它。对于你遇到的问题，你可以在提问男性员工之前，先询问洛里或是布里安娜有没有什么看法（你可以事先让布里安娜知道你的打算，以便她能做好准备）。你应该创造足够的条件，让洛里和布里安娜能够充分发表意见。

第二种方法是我从《什么最有效：可设计的性别平等》(*What Works: Gender Equality by Design*)一书的作者艾瑞斯·波纳特那里学到的。[24] 她有一天正好在一家律师事务所咨询法律方面的问题，她发现这家律所的会议几乎都是由男性主导的。波纳特提出的是两步法。第一步，她要求所有律师一起制定一份程度较轻的被冒犯情境列表，无论是语言上还是行为上的。虽然他们可能并不是故意的，但这确实会妨碍团队的工作效率。完成这份列表需要花费很长时间，但它会促使律师发现自己的行为是如何影响他人的。

仅仅完成这份列表是远远不够的，正如他们所说，江山易改，本性难移。下一步要做的是问责。一位合伙人在他们最常使用的会议桌中间放了一堆小红旗。会议开始时，每个人都在他们的座位前面放一面小红旗。当某人做了某项冒犯情境列表里提到的事情时，其他人可以举起面前的红旗。结果发现，大多数人把红旗给了自己，这也让整个会议和这个原本就让人有些尴尬的行为变得有趣起来。在几次会议之后，人们做出轻微冒犯行为的频率急剧下降，在某些情况下，人们只需要伸手拿红旗，就会有人出来道歉。这一举动让女性有了展示的舞台。而这个办法之所以奏效，是因为团队成员间实行自我监察，而不是把监察权交给律所管理者或是合伙人。

我不知道如何告诉她，她太争强好胜了

询问任何一位女性领导，她收到的最令人恼火的反馈是什么？如果不是外表方面，那很可能就是"你太争强好胜了"。正如我们在本书前面几个章节所讨论的那样，女性听到这类反馈的频率是男性的三倍。[25] 人们会用其他词来形容男性强势和好斗行为吗？事实上并不会。软件公司 Textio 的首席执行官基兰·斯奈德分析了 248 份绩效评估报告，发现当女性担任领导角色时，人们常常用"专横""刻薄""争强好胜""粗鲁"等字眼来形容她们，而当女性对管理层的决策提出反对意见时，人们常常会说她们很"情绪化""不理性"。如果你只看女性的绩效评价报告，你会认为这种沟通方式在职场很流行。虽然批评女性的表述方式十分普遍，但管理者却很少这样批评男性。斯奈德发现，在上述6个词中，只有"争强好胜"一词出现在了男性的评估报告中，其中2/3的男性都被告知要更争强好胜一些。[26]

因此，我们现在面对的问题是，女性过于争强好胜的参照对象是谁？可能是男性。也许男性在工作中表现出更强的软实力，或者掌握了正确的语气。但是数据表明，与女性管理者相比，男性管理者在人际交往能力方面往往存在更多的问题。一个研究小组分析了12503名管理人员的人际交往能力。他们要求员工对每位管理者的10种不太妥当的行为进行评分，例如"喜欢发号施令而不是与周围的人一起工作，协助他人完成任务"。平均而言，在糟糕的社交技巧方面，男性得分明显高于女性。[27]

因此，很有可能不是与男性相比，而是与人们认为的"女性应该如何表现"这个观念相比，女性表现得过于激进了。正如我们先前所了解的那样，当女性在工作中表现出更多的同情心，表现得更加乐于助人和热情洋溢时，她们往往更容易得到称赞，因为她们更多时候扮演着取悦别人的角色，而不是鼓励别人的角色。当女性敦促别人的时候，即使她是为了促成了一个极佳的想法，也常常会惹怒别人。

女性同他人的谈话常常被打断这一点尤其能说明问题。斯坦福大学语言学博士候选人凯瑟琳·希尔顿让5000名以英语为母语的美国人听录音，并对主讲人进行评分。她还邀请了专业演员制作音频片段,这样当有人打断他们的谈话时,男性和女性主讲人的语言和语调都会保持一致。但是,人们的反应却大不相同。一般来说,男性听众倾向于认为,打断对方说话的女性会比做出同样行为的男性更加粗鲁、更不友好,也更不聪明。[28] 我们可以把这种现象称为双重标准或简单地称其为不公平现象。即使男性和女性说出同样的话,人们也会将女性区别对待,容易给女性负面评价,对男性却不然。

如果你担心团队中的女性,比如费利西亚喜欢争强好胜,你该怎么办? 考虑到我们对直言不讳的女性有着强烈的文化偏见,你不要一开始就说:"费利西亚,你说话太咄咄逼人了。"相反,请先确认你的消息来源。如果你的团队中有人这样抱怨过,那你就直接去问对方。"我听说你担心费利西亚有些咄咄逼人,她做了什么给你留下这样的印象呢?"你要确定此人是否真的经历过费利西亚咄咄逼人的场景。也许他们只是在评价费利西亚的整体风格,认为她太固执己见了。在这种情况下,你可以说你很重视他人的意见,或者指出费利西亚曾经阻止过团队做出错误的决定。如果他们指出了具体行为,例如,"我还没说完自己的想法,她就打断我了",那么你就要问:"这会给你带来什么影响呢?"回答也许只是"这件事让我很烦"或是"它让我有点生气"。那么你可以帮助对方改变理解方式。"事实上,我注意到人们在开会时经常相互打断。我认为这是节省时间的一种方式,也能看出来大家是在认真思考这个问题。要是每打断一次就记录一次,乔恩和兰迪可能是被记录次数最多的人。我们希望看到不同的工作方式，只要大家都能积极参与就行，我不希望有人一直沉默不语。"

　　如果投诉是匿名的，可能会收到关于费利西亚的全面评价，如果只有一个人这么说，你就可以把它当成无意识的偏见，将其忽视，但是如果有很多人这么说，你就需要在开会时仔细观察一下费利西亚。你需要找到可以被量化的行为以便参考。10分钟内，费利西亚花了多少时间与会议室的其他人交谈？每个人有多少次不同意她的观点或是打断她？与团队中的其他人相比，她多久提出一次新建议？如果你发现确实有问题，就可以直接跟费利西亚提出来，但是如果她的所作所为和团队里的其他男性员工没什么差别，你就不用特别强调此事。当下次还有人抱怨费利西亚"有点咄咄逼人"时，你要坚决站在费利西亚这边。

　　首先来看第一种情况，假设你确实需要和费利西亚好好谈谈。你认为她常常打断别人，让对方没法充分表达自己的观点，或者你担心员工不愿与她共事。你要先肯定她的好意，指出这种沟通方式的一些优点，然后再将重点转到你担心的事情上，并说明这件事造成的影响。"我希望你尽可能地做好，何况你思维敏捷，比他人更善于掌握数据。我很看好你的优点。但是，你需要思考下自己和他人的沟通方式。要知道，你有时候表现得太过咄咄逼人了，我担心这样会让其他人不愿意与你合作。"然后，你可以解释为什么你一直说社会上存在着无意识的性别偏见（因为你读过一本很棒的书叫《不累心：让自己和别人都舒服的说话之道》），你知道，社会上存在双重标准，当男性以某种方式和他人沟通时，人们就会觉得他很有领导力，而当女性采用这样的沟通方式时，人们就会觉得她咄咄逼人。"因此，我不确定这么说是否公平，但我想让你知道，你也给一些人留下了这样的印象。"接着，你从莎伦·巴尔·戴维的剧本中可以得到启发："我想帮你改变这种负面印象。"

让费利西亚有权选择要不要接受你的建议，因为有可能费利西亚更倾向于自己解决问题，也可能会和你一起探讨。如果她想和你一起探讨，在本书的后面有一些建议供你进一步阅读，还有一些短文，你们也可以一起阅读和讨论，这样她就可以选择自己想要尝试的方法，你也可以更好地给她支持。最后，有一个非常简单的办法。研究人员发现，女性在做出独立的评论之前先说一些精心考量的话，就会把对方觉得自己咄咄逼人的概率降低27%。那么，你要说些什么呢？《关键对话》一书的作者约瑟夫·格雷尼发现，有两句话对女性特别有效。为了强调自己的观点，费利西亚可以说："首先我认为这是一个诚实正直的看法，因此对我来说，明确表达立场非常重要"。[29] 或者她可以指出一个自己致力于打破的常规，例如，"我知道这样大胆地说出来是有风险的，但我想非常直接地表达自己的意见"。费利西亚并不需要每次发表观点前都这么说，如果不是要说什么特别荒谬的观点，这样会让人厌烦。但是，在表达非常强烈的观点之前，她的确可以这么说。

你可能想知道：女性必须这么说吗？也许并不是。其目标在于传达出"我这么强烈的表达自己的观点是出于慎重的选择，并不是因为一时的情绪化才这么说的"。研究人员发现，当女性发表很强烈的评论时，就是生气了，会让对方认为她在情绪上有些失控，[30] 而她想表明的是自己并非如此。她实际上想得很清楚，她认为自己的观点非常重要，所以选择了恰当的时机来阐明这一点。

我担心她会产生误解

尤其对男性管理者而言，他们不太愿意给女性批评意见，因为担心她们产生误解。"如果我指出她的工作做得不够好，她会不会认为我是在性别歧视？她会不会认为我对女性不公平？"

正如得州大学奥斯汀分校的心理学家戴维·斯科特·耶格尔所言，作为管理者，你如果能一直保持清醒，那就是在试图打破一个"不信任的循环"。[31] 你希望女性员工认真对待你给她们的反馈，认为你是真的想帮她们提升表现，而不是认为你又是一个对女性持有负面刻板印象的人，如此一来，你就找到了正确的方向。但是，还有个问题，那就是当你试图证明自己支持女性的时候，就像对待男性员工那样，你还是难免会给出一些批评意见。社会科学家把这种情况称为"保护性犹豫"（protective hesitation），意思是你会避免向其他种族或其他性别的人提出潜在的敏感问题。[32] 给任何人负面的反馈都可能让对方反感，对其他性别或种族的人给予负面反馈尤甚。

当我们感到不适，就会想办法解决。回顾一下引言中提到的埃瑞克的故事。他管理着一个软件开发团队，团队中唯一的女性员工梅兰妮的工作效率比其他男性员工低很多。埃瑞克没有直接告诉梅兰妮他的担心（像对任何一位男性员工一样），而是观察了一段时间。埃瑞克去梅兰妮的前任经理那里了解了她的工作风格，在这段时间里，梅兰妮的表现还是很差。我担心的是，在与女性直接沟通方面存在困难而不愿进行交流的男性管理者会越来越多。"我也是"（#MeToo）运动改变了男性与女性互动的方式，从整体上改善了女性的工作环境，但同时也使许多男性管理者对女性员工更加谨慎。在性别问题上更加小心谨慎是明智的做法，但并不意味着你要完全避免对女性员工坦率地说出她们表现不佳的事实。

那么，如何才能不让女性断定你对她们持有偏见呢？如何让她们知道自己表现不佳呢？若是处理不好，岌岌可危的可不仅仅是你的声誉了。当有人认为他们收到的负面反馈是因为评价者有偏见时，他们更有可能忽视这个不想接受的消息。[33] 如果梅兰妮认为埃瑞克对她有偏见，她可能会无视他的反馈。

值得庆幸的是，研究人员已经找到了给出负面反馈的方法，这样反馈接收者就不容易把你的反馈视为偏见；相反，他们会更有动力。你要做到两件事：提高反馈标准，向对方表明你相信她能够达到这些标准。让我们回顾一下埃瑞克与梅兰妮的交流。事情也许是这样的,埃瑞克说:"我能看出你工作非常认真,我也想给你一些直截了当、实话实说的反馈。从某些标准来看,你的表现还算不错——在团队会议上提出了非常有见解的想法,当别人陷入困境时,你会帮助他们检查代码,还愿意承担更加困难的工作。同时,当我以更高的标准来评判你的工作时,我的意见确实会有所保留,当然这个标准是什么也很重要(比如你每周检查代码的工作量)。现在已经过去四个星期了,据我所知,你还没有检查过任何代码,但是团队中的大多数人每周至少检查两次代码。如果我这样说对你有帮助的话,我们可以讨论你现在遇到的难题,以及你还需要些什么才能把工作做好。要知道,如果我认为你没有能力做到这么高的标准,那我不会来打扰你,给你这样的反馈。我相信你可以做得很好。所以,你能告诉我,你现在有什么困难吗?"[34]

斯坦福大学的心理学家杰弗里·科恩、克劳德·斯蒂尔和李·罗斯对黑人大学生使用了这套话术,尤其是当他们接受白人评价者的反馈时。当反馈者简单地说"这是你工作中出现的问题",甚至是"虽然你在某两个方面很擅长,但你的工作中还有很多其他问题",黑人学生听到后会觉得对方对他们持有偏见。但是,只要再多说一两句话,比如,"我的标准定得有些高,但我相信你完全可以做到",情况就会有所不同。这样会充分显示出反馈者的好意。这也是我们在第三章中学到的一点。现在,学生们不再无视反馈者和他们给出的评价,而是会认真对待;他们也会很有动力去改进自己的工作。

但是如果她哭了怎么办？

因为担心她会哭，所以你可能不愿意给团队中的女性提供指导，教她们如何改进，甚至不愿意对她们给出负面评价。无论你是否接受，人们的确会在工作中情绪崩溃，而女性则更容易哭泣。[35]据调查，41%的女性在办公室里哭过，而男性只有9%。所以，为了避免这种情况的发生，你可以用平和的语言对员工表达批评意见，就像我们在扬波尔关于善意谎言的研究中看到的那样，运用含蓄的表达方式，以免她们感到不安，这样可以避免许多尴尬的局面。但这样一来，女性就得不到像男性得到的那种明确信息，更严重的是，她们可能也不会成功。

在她流泪时，她会感到沮丧吗？可能不会。因为流泪可以表达许多强烈的情感。我采访过许多女性，她们说工作时哭泣是感到生气或无能为力，不会夹带悲伤的情绪。我咨询过吉纳维芙，她在男性居多的销售部门担任副总裁，管理了这个部门四年，却没有得到任何晋升的机会。有两名女性和一名男性申请了总裁岗位，猜一下谁得到了这份工作？当她的老板告诉她结果时，吉纳维芙觉得很不公平，她觉得难以置信："你是说我没有被提拔？艾伦才入职六个月就得到了这个机会？"她在那次会议上哭了，但她原本不想哭的，她说："这比大喊大叫强一百倍，男人可以逃避，但是我绝对不会！"

那如果你要通知某人，她没有得到晋升，或者她的工作没达到预期，得知消息后她忍不住开始哭，你该怎么办呢？首先，千万不要装作什么也没有发生过。如果管理者一直劝说却无济于事，装作没发生过也是没用的（正如我们在第四章所见，有效性至关重要）。或许你可以拿一盒纸巾放在你俩中间的桌子上。她可能会怀疑自己不称职，所以这种情况下我通常会说诸如"我有时也会情绪崩溃""慢慢来，别着急，如果情绪不能释放出来，我就不会在这里工作了"之类的安慰话。等她平静下来，再问她为什么哭。心情低落可能是因为你给她的反馈，也可能因为生活中遇到不顺心的事情，压力一直积攒着，放声大哭才能全部释放出来。你也可以问一些问题，比如：

"我能看出你情绪激动。如果你不介意，我想知道是什么让你产生这种情绪的？"

"这是怎么造成的呢？"

"你有什么要跟我说的吗？"

"可以说说你的想法吗？"

最后这个问题稍微有点奇怪，你更应该关注她的感受而不是想法。[36] 戴夫·斯塔科维亚克主持的一档节目《领导者》深受观众喜爱，他从中分享了多年来他在戴尔·卡内基公司工作的经验。他发现，可以尝试让员工把注意力集中在想法上而不是陷入情绪中，这样他就能快速冷静下来。

不要直接问她："你怎么哭了？"我们在"多说少问"那一章

也了解到，说"为什么"时的语气很容易让人误解，而且会让员工出现防备心理。你是好奇，并不是想要批评。我可能不会这样问，但也不会说"没关系，我上一个女朋友也很爱哭""是不是每个月那几天心情都不好"。就算她刚才没有那么生气，听完这话也会更生气。一旦你发现是什么在困扰她，就可以把话题转到工作上来。往往员工带有强烈的情绪时可以表明他们投入了很多也付出了很多，但对得不到认可很沮丧。所以我可能会说："你是不是觉得自己的努力没有得到认可？"她点了点头。接下来要说一些安慰的话，让她能够消化自己刚刚收到的负面评价。"我知道你一定能做到，但并不是说这很容易做到，而是我知道你之前完成过许多难以胜任的工作。"

最后，继续鼓励她要努力进步，明确下一步的目标。没有人想得到负面评价，你这样做是想减少这种不确定性。你可以说："我们能做些什么来帮助你改进这项工作呢？大家现在集思广益商量一下，还是过两天再聊这件事呢？"有些员工很快就能恢复好情绪，而有些员工不想在这种尴尬处境下解决问题，想恢复好情绪、头脑清醒时再解决。

反馈中的种族偏见

女性在反馈过程中会受到各种欺骗，那其他群体呢？与白人员工相比，黑人员工收到的有效反馈会更少吗？那性取向少数群体（LGBTQ+）³⁷收到的反馈如何呢？每次在我发表有关反馈中性别偏见的演讲时，都会有人提出这类问题，而且理由充分。黑人、原住民和有色人种在工作中常常是弱势群体，经常受到歧视。比如有一次，有人在办公楼前递给一位黑人企业家一把车钥匙，结果这位黑人企业家被误认为是负责停车的员工。还有一次，有人在酒店走廊递给一位拉丁裔律师一个冰桶，他就被误认为是酒店管家。³⁸ 不难发现，这些都是过路人随意的判断。

你会认为这样的判断是不对的，但只有了解他们以及他们的工作后，大家才能公平地对待他们，但我们还是没能做到这一点。这种无意识的偏见将影响到我们对周围事物的看法，也会让我们对同事产生偏见。与性别偏见相比，关于反馈中的种族偏见的研究要少得多，但我们有必要关注团队中是否存在这种情况，如果有，要及时遏制。①

最惊人的发现是，在美国，那些少数群体（原住民、黑人、亚裔和拉丁裔）员工得到了更多关于个人信息的反馈，对他们能

---

① 在反馈中，我并不认为缺乏关于种族偏见的数据就意味着种族偏见本身很罕见，尽管我希望事实如此。相反，我认为反馈中的种族偏见可能相当普遍，但各种研究存在两个问题：（1）大多数研究反馈的人员历来对跟踪种族偏见并不感兴趣，因此他们不会询问员工的种族或民族；（2）即使研究人员感兴趣，他们所调查的组织中通常也只有很少的有色人种员工，他们也无法得出任何结论。这些研究大多集中在很少有黑人或拉丁裔专家的行业，比如医疗保健、技术、法律和银行业。如果对150名员工的反馈进行研究，而其中只有15名员工是黑人和（或）拉丁裔，那么在这一小撮人中出现任何明确问题的可能性都很小。因此我们要向社会科学家公开呼吁：社会需要更多地研究反馈中的种族偏见！

力的反馈却很少。亚历珊德拉·罗杰克是加州大学旧金山分校的一名老师,她带领一个研究小组,对87922名三年级医科学生在实习期间收到的反馈和评估进行了研究。助理工作就像一个短期的实习,虽然还不是正式医生,但助理通常也会在诊所和医院接诊。医学院学生在职业生涯的这一阶段得到的反馈和评估,不仅影响他们的成绩和在某一专业领域的收获,还会影响他们是否能成为一名受人尊敬的医生。换句话说,书面评价的内容非常重要,而且令人印象深刻。令人欣慰的是,比如"有活力的"和"可靠的"或其他10个常用词,不论种族或民族,意义对所有员工来说都是相同的。

当我们评价应聘者时,通常想找一些独特的词语,能将他们与其他人区别开。然而这很难做到。与少数族裔相比,白人和亚裔员工会受到更多有关能力方面的反馈,在其书面评价中,"知识渊博""计划周密""老练"等词语会经常出现。有哪些经常用于少数族裔的积极词汇呢?确实有一些,不过都是一些普通的词,比如"友好""开放""亲切"等。[39]还有一项研究是对英国一家银行中667名职员进行的调查,也得出了相同的结论。并且在这种情况下,亚裔员工与黑人员工都属于少数群体,在年度绩效评估中,他们会收到更多关于人际交往和社交技能的评价。[40]很明显,在工作场合中,占多数的种族人群会收到更多称赞他们技能和能力的反馈,但给某个长相出众的员工反馈时,我们总是会含糊其词地说"与你相处得很愉快"。

社会科学家还研究了对弱势群体的刻板印象如何影响我们对他们的评价。研究人员认为，经常迟到的员工很有研究价值。他们调查了2789名员工，发现白人员工上班迟到的次数与黑人和拉丁裔员工一样多。早晨去上班时，大家都可能会堵在路上。员工平均每三个月会迟到2.5次。[41]尽管种族问题与是否迟到没有关系，但这会影响管理者对你的看法。如果你是一名白人或拉丁裔员工，尽管在过去的三个月里迟到了6次，但你仍然会得到晋升机会；但如果你是一个有"前科"的黑人员工，那你的前途可能就有些渺茫了。研究人员发现，经常迟到的黑人员工绩效评分很低，晋升机会也很少。

为什么迟到会影响黑人员工，却不会对他们的白人或拉丁裔同事造成影响呢？还是可恶的刻板印象。在美国，黑人通常代表那些懒惰、缺乏自律的人，这种刻板印象严重影响了管理者对员工的看法，并会对他们产生歧视。还有一项研究发现，如果黑人员工的绩效评价排名比白人或亚裔美国同事靠后，主管认为他们不守时是很大的问题，尽管他们的同事也会迟到。[42]（研究人员原本预计拉丁裔员工也会因迟到而受惩罚。因为在美国有一种刻板印象，即小组成员更看重彼此的关系，而不太在乎是否守时。因此在这个案例中管理者没有因迟到而惩罚员工。有可能的一种解释是，肤色较浅的员工比肤色较深的员工待遇更好，报酬也更高。）

还有另一种方式可以理解，为什么管理者会对黑人员工的错误行为进行惩罚，对白人的错误却视若无睹，就是我们在第二章中学到的"组内"和"组外"的概念。与美国大多数办公环境一样，这项研究中的大多数管理者也都是白人。假设你是白人，作为管理者，如果同为白人的员工迟到了10分钟，你会把它归咎于外界环境因素，就像你自己迟到也会这样想一样。今天早上根本没有地方停车对不对？但如果是少数族裔的员工迟到了10分钟，你会不由自主地将原因归咎于他们自身。他的工作动力呢？他之前做出的承诺呢？

种种情况都在提醒你，需要认真考虑如何给不同种族的员工提供反馈。要及时质疑你的第一反应，不然一不留神就会陷入刻板印象中。花一分钟比较一下上次你对非白人员工和白人员工的绩效评价，诚实地圈出你对他们使用的形容词。如果有必要，关上门，粉碎这些文件。但说实话，当你评价少数族裔员工时，你是不是会用更多的形容词来描述其个人品质和社交技能，但当你评价白人员工时，是不是用了更多的形容词来描述他的能力呢？你是否更有可能注意到和提到作为BIPOC（黑人、原住民和有色人种）的直系下属的迟到情况呢？你可能不愿意面对自己的问题，但你可以做得更好。你要付出更多的努力，比如对每个员工提出几点建议来提高他们的能力，对迟到这件事情制定标准，并要求每个人都遵守。

毫无疑问，除了女性和少数族裔，还有其他群体在工作中也会收到带有偏见的反馈，这一点毋庸置疑。人们发现，指导与自己相似的人很容易，但由于大多数的管理者都是40多岁的白种人、男性、异性恋等，所以我们推测少数族裔、同性恋和20多岁乃至60多岁的员工会收到带有偏见的指导和反馈，这是社会对这些群体的刻板印象导致的。[43] 然而，在我写作本书的时候，几乎没有数据说明这类群体在工作中收到的反馈。我希望你在更加关注对不同群体的不同期望时，也能发现并遏制对团队其他成员的偏见。

　　这可能是本书中最难理解的章节之一，但读完这一章，你会成为一个更好、更公平的管理者。你不仅可以改变员工的生活，还可以改变职场氛围。如果你一直想改善妇女和弱势群体的生活水平，那这是一种很好的方法。我们都想受到关注，原因是我们在工作中表现出色，而与我们的种族、性别、性取向等无关。所以给自己设定一个更高的标准吧，无意识的偏见可能不全是你的错，但你却需要为此负责。

// 小结 //

- 大约 3/4 的成年人在工作中有无意识地偏向男性的偏见,所以大多数人需要采取额外的措施,以确保这种偏见不会影响我们的评价。请你参加一项哈佛大学的隐性关联测试,看看你是否属于这些成年人中的一员。

- 当人们得知自己存在无意识偏见时,往往会感到羞愧,因为这与他们有意识的观念相矛盾。

- 有意识的偏见就是我们常说的性别歧视或种族主义,即人们会对某个群体的成员做出负面评价。无意识偏见反映的是我们在较长时间内从周围环境中获取信息所形成的刻板印象,这种刻板印象在不知不觉中影响了我们的判断。

- 与男性相比,管理者更倾向于粉饰女性的反馈,这意味着女性得到的信息是混杂的,她们往往得不到需要改进的明确反馈。

- 女性比男性更容易收到对其沟通方式的负面反馈,比如"她需要大声点说话""她说话太咄咄逼人了"。

- 如果你发现男性在会议上占主导地位,可以呼吁女士优先或者举小红旗。

- 人们认为，与男性相比，女性打断别人讲话会更粗鲁、更不友善，也更不明智。

- 如果有人说一个女性太咄咄逼人，那你要先询问她的何种行为给他留下了这种印象，或者尝试改变他人对其行为的描述。

- 白人男性管理者有时会避免对女性和弱势群体进行批评性评价，因为他们担心自己会被误解，这种现象被称为保护性犹豫。

- 用两个步骤来避免人们认为你对某个群体有偏见：引用一个更高的标准，并表示你相信对方能达到这个标准。

- 如果一个女性碰巧哭了，这并不意味着她失去控制或是崩溃了。

- 如果员工真的哭了，要问是什么让他们不高兴，确认他们的感受。如果对方对自己的负面评价感到难过，要提议共同找出可以改进的方法。

- 边缘化群体的成员更容易得到关于其个人特质和社交技能的反馈，而白人员工更容易得到关于其能力的反馈。

- 黑人和白人员工往往都会迟到，但管理者更有可能追究黑人员工的责任。

第四部分

实践做法：评价

因此，你应该准备好欣赏和指导的策略，让员工知道他们的立场，以及他们未来可以期待些什么。在评价对话中，你可能会回答许多问题：有人在团队中发挥了重要的独特作用吗？他们达到目标了吗？他们是否有望在今年或明年升职呢？

可能你要分享的消息都是好消息。"莉亚，你是我们团队中成果最多的人""迈克尔，我给你争取到了你想要的晋升机会""泰勒，公司重组了，我们想让你负责非常重要的新项目"。当消息是好消息时，评价对话就很容易进行。

但有时也有不好的消息。尽管你做了那么多出色的指导，但莉亚并没有完全达到预期目标，或者迈克尔错过了一个关键的截止日期，这影响了他晋升的机会。

也许你发现自己在拖延时间，告诉自己正等待"合适的时机"来打破僵局。你准备在星期五去告诉他们，但是当星期五来临时，你并不想破坏任何人的周末。比正确的时机更重要的是正确的策略。在下面两章中，我会给你一些建议，这样莉亚和迈克尔就能理解你要说的话，并和你一起解决问题。虽然他们仍会产生失望的情绪，但也不至于情绪崩溃。

第九章 //

实践做法 5：
把"没有意外"当作座右铭

> 沟通中最大的问题是，我们以为已经沟通好了，实际并没有。[1]
>
> ——萧伯纳

艾琳打开自己的年度绩效评价表，期待能够看到晋升的消息。因为多亏了她和团队成员的上佳表现，才让一个濒临倒闭的车间重回正轨。艾琳是一名化学工程师，毕业没几年，她就被分配到公司历史最悠久的一个车间负责研发工作。公司高层考虑过要关停这个车间，因为应用于该车间的技术已经过时，而且车间里的设备也需要不断修理。然而，艾琳对工作充满热情，她花了很长时间，创新方法，改进了应用于该车间的落后技术，推出了新的产品。以前，根本没有人想过还可以这样。新产品推出后，很快满足了关键性需求，拥有先进技术的其他新车间都没有做到这一点。艾琳确实保住了一大批就业岗位，对此，她感到自豪，因此在绩效评价那天，她充满期待。

然而，她的老板根本没有考虑提拔她。闲聊了几句，老板对艾琳说："艾琳，我收到了很多反馈，都说你很难合作，也不好相处。大家都希望你能改掉这一点，学会与人和睦相处。我不知道还能怎么表达，但是你需要与时俱进。"

艾琳愣住了。这是她的性格特征吗？她问自己。不，根本不是。是她对团队成员要求太多了吗？也不是，这些投诉来自其他车间的主任和公司的高层，并非来自她的下属。艾琳苦思冥想了很久，最后终于明白了。她的出色表现让公司老板面子上挂不住，更不用说整个领导层了，虽然大家都指望这项新技术。她的老板坚定地认为对这个新车间的投资很划算，他表示："我们都非常激动，能有最新、最先进的技术。"他们对所有的新气象感到欣喜，但是对艾琳却喜欢不起来。那么公司是想功亏一篑吗？当然不是，但是他们确实希望公司里的每个人都认为，公司从此走上了快车道，而不是老牛拉破车的状态。他们需要所有人齐心协力。

那么，在这件事中，到底是谁有问题呢？我确定老板觉得问题出在艾琳身上。但是他怎么才能处理好这件事呢？他本可以更经常地去巡视，以便查看大家的首要任务是否与公司发展方向一致。老板无疑一直忙于推广新的制造车间，但他还是可以抽时间问问艾琳她每个季度和全年的三大目标是什么。成功的 CEO（首席执行官）都认为，领导力不仅仅指让人们把目标定得更高，更是要让大家朝着同一个方向前进。如果你认为成功是一件不必向员工解释的事情，那么请再仔细想想。

如果团队中有人的工作表现让你困惑和为难，那么本章的内容恰恰能帮你排忧解难。艾琳遇到的事情是大家都不想遇到的。在这简短的一章中，我们将探讨，作为主管，怎样确保员工清楚你的期望是什么，以及多久做一次一对一的评价谈话比较合适。在最后一章中，我们再来研究如何构建评价谈话，并解析管理人员在评价谈话时最容易犯的错误。

多久进行一次评价谈话

在实践做法 1 中，我们了解到，有 74% 的员工在收到负面反馈之前就意识到自己有问题。但是，当人们被问及在工作中经历过的最糟糕的反馈时，也就是那些让人深感沮丧和泄气的时刻时，他们的描述一般都会显得很无辜。他们会告诉我，根本没想到会收到这样的反馈意见。通常的情况是：自己认为对某个项目贡献很大，忽然有一天，从老板那里听说他们哪儿好像做得不对，不是昨天的事儿，甚至不是上周的事儿，而是好久之前的事儿。人力资源专家路易斯曾跟我分享了他刚刚上班时的一段经历。那年 1 月，他接受年度绩效评价，结果看见老板从书架上拿出一个他之前从没见过的活页夹。老板翻到第一页，对他说："去年 2 月，你做过……又因为……出了个问题。3月，你说了很多次……"老板继续往后翻，盘点了这一整年他犯过的错。路易斯可不想第二年再经历一次"错误盘点"，随即辞职了。

意外之事会给人造成很大的伤害。你也许觉得："哦，我可从来没有一下子反馈一整年的事情。"但是我采访过的许多管理者，实际上给员工反馈的周期都比他们以为的时间要长。他们虽然一直都想提供反馈，但似乎总是找不到合适的时机。要知道，如果你一直记着员工犯的错，而不是发现错误就反馈给对方，等你找到机会反馈的时候，员工会倍觉难受。人家会想："你为什么不早点告诉我？我自认为和你的关系还不错，结果发现你有啥也不直说。你还有什么没有告诉我？你是怕我承受不了才不告诉我，还是根本对我毫不在意，觉得不值得花时间和我谈谈？我是不是工作做得很糟却不自知？除了你还有谁注意到我的错误？"

管理者问我应该多久进行一次评价谈话。我想，首先要清楚指导谈话和评价谈话是不一样的。我们在第一章中就提过，指导谈话应该经常而及时。因为指导谈话针对的是问题和错误，能让对方及时改正自己做得不好的地方。假设路易斯在3月的一次会上说了些什么让老板觉得不合适，老板当时就应该指出来。同样地，如果艾琳的老板早一点找到艾琳，和她讨论怎么更好地带团队，那后面的事情也就不会发生了。所以，在问题出现时，应该立即安排指导谈话。这种谈话不能拖太久。

另一方面，评价谈话却不需要那么频繁。人的工作状态不会每周都有变化，但也不是说你得等整整一年才给员工反馈。如果像艾琳的老板那样，等到人家的年度绩效评价报告出来之后才跟人家说"咱俩的名誉都会因此受损"，会让员工本就不易的生活难上加难。已经到了绩效评价阶段，就不应该有任何意外发生。

话虽如此，但是具体多久给员工反馈一次并没有什么硬性规定，你可以根据员工的个性以及公司的政策制度加以调整。下面是一些一般性原则。

每三个月与下列员工进行一次评价谈话：

- **提出想要晋升、加薪、换岗的员工，或是刚刚得到晋升或换岗的员工。**这时候，事关声誉。这些员工很想弄清楚自己的工作方向是否正确，而且他们中的大多数人希望有人在他们做得不好的地方指点一下。这种情况下，最好每季度反馈一次。对于那些想要换岗，或是刚刚被派驻到新的岗位的人，如果他们的所作所为严重威胁到他们的地位和声誉，那么千万不要等上一年才给他们反馈，请立即给他们反馈。

对于下列人员，可以每月或每两个月进行一次评价谈话。如果人力资源部门有特殊要求，也可以更频繁些：

- **刚入职的新员工。** 在这些员工刚刚入职的 3~6 个月里，你需要多花点儿时间，鼓励和指导他们，与他们搞好关系。慢慢了解他们有些什么长处；面对挑战，他们是怎么应对的；犯错的时候，他们是怎样补救的。不过，要记得，在他们入职一两个月的时候，就要让他们了解自己的工作状态。让新员工知道他们有多长时间可用于学习并适应岗位要求，以及什么时候就得开始为公司创造价值。定期的反馈谈话应该围绕核心问题展开，即我对你这个级别的员工有所期望；和我的期望相比，以你的技能，你目前的表现是怎样的。
- **处于试用期的员工，或是正在接受继续培训的员工。** 如果某人因持续表现不佳而受到关注，那么你最好每周都和他谈谈，多多指导他，帮助他尽快找回状态。每月一次或每两个月一次给他反馈，让对方了解自己是否有所改进，或者是否需要进一步提高。请记住，对员工来说，工作最大的动力就是知道自己在进步——我们都希望知道自己正朝着正确的方向前进。[2]

对于其他员工，大部分情况下，每六个月进行一次评价反馈就可以了。实际上，反馈通常不会那么频繁。经常反馈不仅可以帮助员工，还可以为你提供宝贵的实践机会，让你未来的反馈越来越得心应手。

要确认是否理解，不要觉得这样做是多余的

管理者在进行评价谈话时，经常会犯的一个错误是，不去确认员工是否正确理解了自己所说的话。如果某人的表现已经达到或超过预期，那说明你们两个人非常默契；但如果有人表现得不好，那很可能你们两个人之前的沟通就有问题。研究人员将管理者要传达的信息与员工理解的信息进行比对，总会发现有偏差。[3] 通常员工表现得越差，误解就越大。在评价结束后，员工会认为自己不需要做什么改变。打个比方，管理者想表达的意思是"如果不上船划桨，就不会成功"，而员工理解的却是"你是在说划桨的事儿吗？"

如果你想问员工："我刚刚表达的意思你听明白了吗？"其实可以有很多种问法，比如：

- "我想确保咱们互相理解，所以再啰唆一句，你听明白我的意思了吗？"
- "一定要做好成功的准备，我认为这很重要。就我们刚才讨论的来说，未来三个月你的首要任务是什么？"
- "我们刚才谈了很多问题，我给你点儿时间消化。为了防止遗漏，让我们再来回顾一下吧。你觉得通过谈话，你的三大收获是什么？"

如果你的意思是"你需要划得更快"，而员工的理解是"我

应该学习划桨",那么这时候,你应该再次强调一下你的意思。要明确指出你的观点,并告诉他们:"我希望看到的是……"然后提出一个量化的指标。设想一下,维杰从客户那里了解到的反馈是,他讲得太多,听得太少。就他的情况而言,要明确告诉他:"当有两个客户在你的反馈表中勾选'认真倾听'时,你就成功了。"这样,维杰就知道了具体做什么,而你则有了明确的观察点。

不要沉浸在负面评价中

许多心怀善意的管理者还会经常犯一个错误:在谈话接近尾声时才给出一些负面评价。理由似乎也很合理,他们想先建立良好的关系,又有点紧张,需要鼓足勇气,或者他们希望员工能说点儿什么反省的话,这样他们就不需要传达坏消息了。

无论你有什么样的理由,都不可以把负面评价放到最后。因为这样做弊大于利。例如,你先给员工一些指导,再给出一些批评性意见,员工就会非常讨厌你。试想一下,你花了约 40 分钟的时间帮助玛丽亚清楚表达出她的困扰,最后,她终于承认:"我只是想知道客户生气的时候我该怎么做。每个人都觉得这不是个问题。虽然有点不好意思承认,但我的确不知道该怎么办才好。"这时候,你已经赢得了充分的信任,玛丽亚完全相信你,向你坦陈了她遇到的核心问题。你可以表示也遇到过同样的问题,然后你俩可以一起想办法。她记了好些笔记,这堪称一次很棒的指导。然而，谈话进行到最后5分钟时，你说："还有一件事，玛丽亚，我可能明年才会考虑提拔你。"尽管你周一就做了这个决定，整整一周都在寻思怎么跟她说，但这时候跟她说这个实在有点不太合适。因为她刚刚在你面前坦陈了她的弱点，你这么做有点欺负老实人的意思。据我研究发现，这种在谈话快结束时才给出负面消息的做法，常常是人们能想起来的最糟糕的经历。

有没有更好的办法呢？曾有人建议："既不要在开始三分钟传达坏消息，也不要在最后三分钟传达坏消息。"一般流程是这样的，首先要对员工表达感谢，告诉玛丽亚，她的认真付出你都看在眼里，比如加班陪客户等（引言中的表格显示，53%的员工认为如果自己的努力得到了认可，即使管理者有一些负面的反馈或评价，也能轻易接受）。接着说一些她的缺点。你可以说："我知道你工作非常认真努力，但想要晋升还得再锻炼一年，因为你还没有完全掌握一些必要的技能。"最后，如果玛丽亚还能听进意见，你就可以指点一下她，你们两个人可以一起想想怎样才能让她更进一步。

谈话前半段就跟别人说些坏消息，是有点不太好说。的确，这些事儿跟你没啥关系，但对玛丽亚是有影响的。这样的指导能够帮助她未来更快、更好地进步。你希望她能看到这一点，而不会觉得你有什么不公正之处。如果你能早些开诚布公地把坏消息摊开，玛丽亚可能会，也可能不会跟你说她在哪些方面感觉很吃力，但不会感觉你给她设了个套。

评价时遇到意外怎么办？

在评价谈话中，比如在年度绩效评价中，什么时候提以前在指导对话中没有提到的绩效问题比较合适呢？站在员工的角度，什么时候都不合适。问题甫一出现，你就应该关注，这样的话当玛丽亚听到她还需要掌握一些技能时，她就不会觉得意外了。

不过，你的上级可能会等到绩效评价的时候才向你传达对你团队成员的意见。第二章中的软件工程师卡西迪就遇到了这样的事情。老板的老板跟他说，因为错误建议他被扣了工资。要知道，你经常性地给员工反馈并不意味着你的上级也会这么做。但如果发生了上述情况，你还是要站在员工一边给予支持。认真反思一下，弄清楚问题是什么时候发生的，以及都涉及谁。尽可能为员工开解，如果不行，再把反馈意见告知员工，坦承你第一次听说这件事，然后明确表示你愿意指导他们怎样行事。

这个例子揭示了一个常见的问题，即：作为在评价的时候感到意外的那个人，你该怎么办？假设你提议给金姆涨工资。你认为她表现出色，并为她说了不少好话，但是几个月后，你发现金姆的工资并没有增加。你对她很坦诚，所以她知道你确实为她争取了。尽管这个意外跟你无关，但是，她仍然会感到失望。

我们来听听亚历山德拉的建议，她是一位从事旅游和休闲产业的副总，管理着一个拥有 450 名员工的部门，也遇到过未能如愿提拔员工或为其加薪的事情。

她的建议是：先说结果，不要酝酿半天才说。先花30分钟进行绩效评价，然后才告知坏消息，这是错误的做法，尽量不要犯。如果金姆知道她被提名加薪，你就进一步误导了她，而且还浪费了本可以用来讨论怎么才能让她明年更进一步的时间。你可以略过赞赏，简短地说："你知道我很看重你。我提议给你加薪，结果没有被批准。"或者直接说："情况是这样的：你的生活补贴涨了2.4%，但我提议给你涨10%的工资，被否决了。"

必须承认，这个消息很让人失望。你希望自己能带来好消息，但不要让自己陷入对体制的失望中。你可能很想告诉她你为她做的努力，或者这项奖励制度有多么离谱，或者她是今年第三个由你提议但是被否决加薪的员工。我知道你想证明你是个甘愿为员工据理力争的团队领导。但是据我的经验，这样是不行的。我曾经在两位优秀的员工身上犯过这样的错误，在最后迫不得已传达了坏信息，让人沮丧却又无能为力。一年以后，这两位员工都离职了。

与其让人沮丧，不如给他鼓励。亚历山德拉认为，这时候最好把注意力放在将来。在带来坏消息的同时，你补充说："我确实没想到是这个结果。"然后话锋一转，说："但是，我也要接受教训，如果我们想下次做成这件事，就需要让你的工作更加尽善尽美。"或者可以说："下次我们需要就这些问题做出回应。"你有必要让你的老板或者人力资源部门的人给你解释清楚金姆怎么做才能获得加薪。是不是只有那些带来巨额新业务的人才能获得加薪？或者是那些给公司带来巨大荣誉的人？当然，每年的加薪和晋升标准可能会有所不同，但你要尽可能了解一下，给金姆指一条路，这样她也好决定是否要朝着这个方向发展。

谈话进行到这儿，就进入了指导模式。这时候你就要和金姆一起琢磨一下，该怎么做才能让她更有竞争力。很可能你得等上一两周，让金姆消化一下坏消息，再开始制定下一步的策略。不过，对于当下的谈话，你得先表明你对她的支持，还有就是，你还在寻找机会。

假设你的上司告诉你，不给金姆涨工资是因为公司财务紧张，那该怎么办呢？第一，确定你的上级也认可，依照金姆的表现，理应给人家加薪。第二，尽量搞清楚这次怎么会没人加薪。也许只是你们部门的人没被批准加薪。然后你可以跟金姆说："加薪取决于两个因素——业绩和预算。好消息是我们都认为你的表现很好。你做事没问题，六个月后，我会再次为你申请加薪。"或者一年后，或者单位再次启动加薪程序的任何时候。你还可以说："坏消息是没有这笔加薪预算。这次咱们部门的人都只拿到了一点生活补贴而已。现在提议给你加薪也是件好事，因为现在提出来，等资金到位的时候，就可以直接涨了。"这虽然不是你想要传达的消息，但是可以缓解一下这个让人不快的意外情况。

接下来，让我们想象一下，你刚刚安排了和一位员工在本周五进行评价谈话。这个员工几个星期以来的表现一直欠佳，那么你该怎么办呢？下一章将总结一下如何构建这场对话，从而使其富有成效。

// 小结 //

· 最糟糕的评价经历是那些让员工感到意外的评价。比如，员工认为自己的表现即使不是很出色，也还过得去，可是他们的主管却告诉他们，他们早就已经偏离正常轨道了。

· 根据员工的情况，决定多久进行一次评价谈话。不过，要记得确保每六个月就要跟每位员工进行一次评价谈话。

· 遇到员工表现不佳的情况，就要在结束评价谈话时，确认他们理解了你的意思。可以要求他们重述一下你们谈话的三个要点。

· 如果打算提一些令人失望或沮丧的意见，不要把这些意见留到谈话的最后再说。这样做，会影响到你和他人的关系。早点告诉他们坏消息，然后给予指导或一起想办法，这样才能让他们有提升、有进步。

第十章 //

实践做法 6：
把你的观察与你的构想区分开来

我们对一个人越失望，就越有可能把人往坏处想。[1]

——希拉·汉

管理者很少对关于负面评价的对话有所准备。但是，如果你一直在练习本书里提到的其他技能，你会比你想象的准备得更充分。把这些技能整合在一起，再增加一两个技能，你就可以帮助表现不佳的人取得真正的进步。并且，如果谈话方式得当，你非但不会失去良好的工作关系，反而会增强。

在反馈谈话中，一个最具破坏性的错误就是，无意识地将你所观察到的东西带入你的构想中。比如，迈克尔已经连续两次没有按时完成任务，你让他做完计算后把数据发给你，并且给你解释数据。以下几点是你的观察：（1）你们事先讨论过任务截止日期；（2）每次截止日期到来时，迈克尔都会发一封电子邮件解释他正在做，而不是提交完成的文件；（3）第一次时，你什么也没说，期望他很快就会把数据给你。

当迈克尔第二次没能按时完成任务时，你把他叫来，讨论这是怎么回事儿，并跟他说不能再这样了。你先提醒他回忆一下你的期望是什么，告知他你在这两次截止日期当日都在等着他的数据，然后对他没能按时完成任务表示关切。你猜想迈克尔拖延是因为他不擅长数据处理，所以你提出："如果你需要有人帮你分析，我们可以在团队中找人指导你使用 Excel。"你觉得自己仁至义尽，却没想到迈克尔很抵触。你很纳闷这段对话为何会变得如此糟糕，你不过是想帮帮他而已。

问题在于，你把你所观察到的事实带入了你构想的故事。你观察到的事实是他两次没能按时完成任务，你的构想是他没能按时完成任务的原因是什么。你可能不认为这是什么构想，但只要是你对原因做了猜测，你就是在编织你的构想。

我们都喜欢好听的故事

由科里·帕特森、约瑟夫·格雷尼、罗恩·麦克米兰和艾尔·史威茨勒合著的《关键对话》是一本非常实用的著作，书中提出了一个观点：我们总是一下就从观察跳到构想。[2] 帕特森和他的同事描述了人的本性如何倾向于将我们的所见所闻扩展成构想，帮助我们理解这一切。你的构想讲述的是某人行为背后的"为什么"——为什么他们做了或没有做某件事。假如脑海里的构想看似合理，你就会把它作为故事的原点，用事例加以说明，突然之间，茅塞顿开，你富有洞察力的构想完美解释了其他令人费解的地方。上周，当你物色人来做一个很重要的项目时，迈克尔没有主动请缨。你当时还有点惊讶，因为一个月前，他还想负责项目来着，但现在你知道为什么了。他在处理数据方面很吃力。

如果你发现自己为别人令人不快的行为编织故事或理由，这并不表示你是一个糟糕的管理者。还是那句话，这不过是人的本能而已。按照神经科学家提出的理论，讲故事是人的天性，也是左脑的基本功能之一。[3] 当我描述迈克尔的行为时，你可能也参与了某种推测性的故事叙述。也许迈克尔家里负担较重，也许截止日期设定得不太合理。所有人都在为解释这个世界的动机和理由添油加醋。还记得第三章中大三角形"追逐"小三角形的图解吗？我们真正看到的是一堆顺时针运动的形状，从中我们居然也看到了动机。如果我们会为无生命的形状假想动机，无疑也会为人的行为假想动机。我们看到，又想知道，在某一瞬间，我们认为自己发现了真相。

你的构想对你的评价谈话造成了严重影响

不管你的构想有多精彩，在告知别人表现不佳时，你都需要克服讲故事的冲动。人们总是会反驳你的构想，一向如此。事实上，他们会坚持认为，无论你的构想多么细致入微又面面俱到，其实都不完整。如果你的构想有失偏颇，那么你的评价也好不到哪儿去。

一旦他们认为你的评价不公正，那问题就大了。在关于负面评价的谈话中，公平至关重要。研究发现，当人们认为反馈是公平公正的时候，对负面评价的反应更加积极，也更容易接受。[4] 但员工常常不把评价当回事儿，有调查显示，51% 的员工认为他们的年度绩效评价不准确或不公平。[5]

反驳你的构想很容易，但要反驳你的观察就难多了。你要是说你担心是因为迈克尔连续两次没有按时完成任务，他就无法反驳你的担心，很可能会向你道歉并给出解释。他也许会说他没有意识到截止日期这么快就到了，但至少你俩已经发现了问题是因为沟通不到位，那么你们将来就可以尽量避免这个问题。抑或是因为迈克尔认为数字必须精确到小数点后两位，而你认为不需要那么精确。

关键在于：如果你只坚持自己观察到的，那么在别人看来会更公平公正，也更容易让双方都能建设性地关注你们共同关心的问题。你们两个人可以共同判断哪里出了岔子，并找到解决问题的方法。但如果你只是讲你的故事，迈克尔会执拗地说明你的构想是错误的。他会说他上大学时线性代数考试的得分很高，而你会想"那很好啊，可是我需要数据"。

你也许不同意我的说法，认为如果人的天性是讲故事，你怎么能期望我不这样做呢？没错，你摆脱不了天性，但你可以收敛一下自己，少一点随心所欲，多一点达观开明。如图8所示，与其在心里编织故事，不如选择在心里开明地重构。

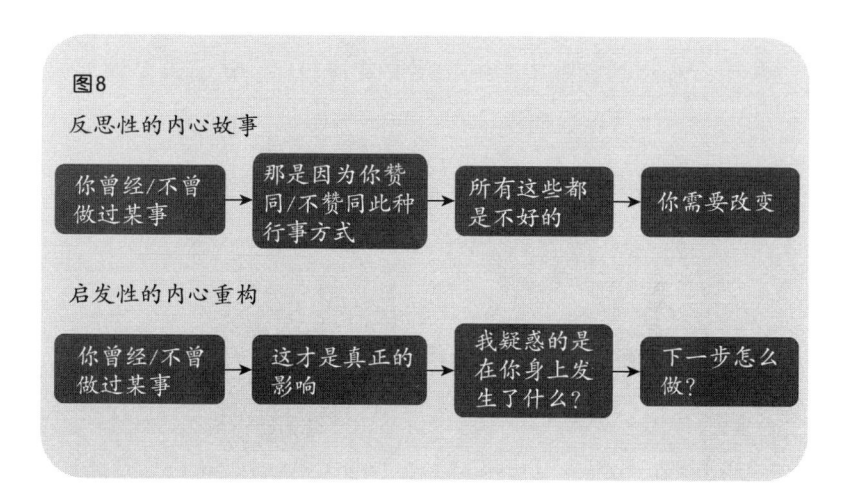

图8

反思性的内心故事

| 你曾经/不曾做过某事 | 那是因为你赞同/不赞同此种行事方式 | 所有这些都是不好的 | 你需要改变 |

启发性的内心重构

| 你曾经/不曾做过某事 | 这才是真正的影响 | 我疑惑的是在你身上发生了什么？ | 下一步怎么做？ |

开明地重构在现实生活中是如何发挥作用的呢？我用最近遇到的一件事来解释一下。不久前，办公室旁边的休息室里，一位同事打开冰箱时用力过猛，结果一瓶奶油洒在了地板上。

之前我开冰箱门的时候就没事，所以肯定不是因为这瓶奶油放得不合适。我的第一个念头是"你怎么这么粗心大意"，但忍住没有说出口，而是选择了更开明的方式，问："怎么回事儿啊？你还好吧？"这样，我的同事才能有机会告诉我，他刚刚收到的一封电子邮件让他感到很沮丧。

开明地重构需要费点心思（特别是因为在心里编织故事是如此的吸引人），所以在还没有让他人如坐针毡的时候就开始练习吧，在不会惹来麻烦的时候先试试，比如和家人在一起的时候。但是如果家庭内部的压力很大，不妨在上班的时候，挑些低风险的场景试试，比如在咖啡厅或复印室。如果想要在心里编故事的念头还会在你的脑海中闪过，不要责怪自己，这不过是瞬间的想法而已。但是在习惯性地想说"因为你……才会发生这种事"之前，赶快打住，问一句："你怎么了？"要保持好奇，而不要过于自信。

紫色领带和我最糟糕的反馈经历

接下来，我给大家讲讲发生在我身上的一次最糟糕的反馈经历。以此为例，给大家展示一下在心里编故事是怎样毁掉本该富有成效的反馈的。作为一名大学教学顾问，经常有教授请我旁听他们的课程，观察他们的教学情况。一位商学院教授，我叫他罗恩，问我是否可以旁听他的一门行政领导课。他以一个退休CEO的身份给未来的CEO们讲这门课。我只和他聊过一次，那天他邀请我去他的班级旁听。第二次见到他的时候，我就已经坐在他教室的后面了。这是他的第一次课，他的课上得还不错，但有一件事出了严重的问题：他公开讲了一个歧视同性恋的故事。故事是这样的：20世纪70年代，当他还是CEO的时候，他走过位于纽约的一间办公室，看到一名男性员工打着紫色领带。那天晚些时候，当罗恩坐上去机场的豪华轿车时，他转身对同车的两位副总说："如果再让我看到那个打着紫色领带的基佬，我就把他派到国内其他地方去。"（我知道这样说很无礼，但他就是这么说的。请记住，这是他第一天上课。）学生们目瞪口呆，罗恩沾沾自喜地对他们说："三天后，我出差回来，再也没见过打紫色领带的员工，连紫色的领带都没再见过。这就是 CEO 拥有的权力。"我坐在那里，羞愧难当，环顾四周，心里想着他对学生造成了多大的伤害。

罗恩大声讲了一个可怕的故事，而我立即在脑海中编织出了属于我的可怕故事。在我的故事里，罗恩是个坏透了的人。要是我不在现场，还不知道他会发表怎样糟糕的言论呢？（大家可能会奇怪，为什么我没有向人力资源部举报他，或者至少没有向他的上司举报他。这是因为，我们办公室有严格的保密规定——除非我们亲眼目睹或听说过性骚扰，否则我们不会举报任何人。）

几天后，我在办公室见到罗恩，我们的反馈对话简直就是大型车祸现场。我对他之前上课说的话十分反感，见都不想见他。这当然不是好兆头。我记得当时的情况是这样的：

> 罗恩："我知道你要说什么，你不喜欢我讲的那个紫色领带的小故事。"

我："是的，我很高兴你提出这一点。我希望我们可以讨论一下。"

罗恩："嗯，我本可以不那么说，但重要的是，学生们必须知道CEO享有怎样的权威。那个故事里，我只需要跟两个人随便一说，消息就传开了，这可比发邮件效果好多了。当然，放到现在我绝不会那样说话，但那个时代跟现在还是不太一样的。"

我一边想着："你说现在再也不会那么说了，可是你为什么还要在课堂上那么说呢？"一边说："不管你的个人观点是什么，你该知道不能在课堂上说那样的话，对吧？"

罗恩把椅子往后挪了挪，说："我这么说是为了证明我的观点。他们需要知道CEO有多大的权力。"

我："但是你可能会疏远很多学生。你需要表达出开放的心态。我特别担心，因为那是你第一天上课，我们不知道有多少学生可能是同性恋或正在考虑出柜。"

罗恩往后退得更远了，脸都红了，说："你说得可能没错，但还是不能改变我。我就是我，我以为我应该帮助他们看到真实的工作场景是什么样的，做CEO是什么样的。"

我："我不是想改变你。"（虽然我曾经这么想过。）

罗恩："你是想改变我，你不懂我所见，而且你从未担

> 任过 CEO，不知道 20 世纪 70 年代是怎样的状况。那时你可能还没有出生吧。"
>
> 这时候，我变得非常焦虑，于是使出了撒手锏，说："没错，我不知道当 CEO 是什么感觉。但是请注意，如果班里有学生去向院长投诉，你可能会被解雇。我知道你想要这份工作。我需要你向我保证，再也不会在课堂上讲这个故事了。"
>
> 罗恩把椅子都顶到了墙上，说："好吧，你要我保证，那我就保证不讲了。但我不会改变的，我有权忠于自己的信仰。咱们说完了吧？"

他冲出了我的办公室。乍一看，你可能会因为我坚持让他永远不要再讲那个故事而对我表示赞赏。但是，如果我能仔细听他说，对他的故事表示好奇，而不是只沉浸在自己的故事里，就不会只是像这样取得一点点成功而已。那么，我犯了什么错呢？最大的一个错误是，我以为他分享紫色领带故事是因为他憎恨同性恋。我的评价表明，无论他的"个人观点"是什么，他都需要"更加开放"。他本可以通过这个故事让学生明白，CEO 必须注意自己的一言一行，但他后来也没再来和我交流，而我也没能帮到他。我既没能帮他想想下一步该怎么做，也没有帮他想想怎样才能恢复课堂上的心理安全。我没有对他的观点表现出任何好奇，当然，他也没有对我的观点表现出任何兴趣。如果你想让他人改变，首先需要停止思考其行事的动机或原因。我稍后会再去找罗恩，把我本想说的话说出来。重要的是，我们要从中看到，头脑中虚构的故事不会促使一场关键的谈话顺利进行，只会让谈话越发艰难。

更有成果的沟通

有一种更好的方法可以让别人知道他们的工作状态怎么样。请记住，如果你带来的是坏消息，那么对方会因此对你反感，所以，你务必明确表达自己的善意。你需要从以下六个关键步骤入手。不必按照顺序进行，但务必保证这六个方面都要涉及。

1. 说出你所观察到的。
2. 阐述造成的影响和导致的结果。
3. 了解更多信息。
4. 确定下一步做什么。
5. 给予承诺，让对方安心。
6. 感谢对方。

说出你所观察到的

可以从你所观察到的开始讲。这个人做了什么或没有做什么，是否会成其为一个问题？描述与工作相关的观察是最容易的。比如，迈克尔两次没能按时完成任务，塔尼亚照顾病人花的时间是其他护士的两倍，罗恩讲了紫色领带的故事，等等。

尽量描述具体的行为。如果你在想，"泽奥认为她比团队中的其他成员更聪明"，但是也不要说："你似乎认为自己比团队中的其他人聪明得多。"你可以说："泽奥，你有没有注意到自己常常在别人问问题的时候翻白眼？"或是"我注意到今天你在德里克发言的时候叹了口气"。［如果你认为这类失礼行为很严重，那么我强烈推荐莎朗·巴尔-戴维的书《信任你的金丝雀》(*Trust Your Canary*)。这本书可以帮你答疑解惑，并提供了多种解决方案，包括什么时候公开提出问题、如何应对总是大大咧咧的同事等。[6]］

阐述造成的影响和导致的结果

有两种类型的影响值得关注：一种是对你或团队的工作产生的影响，另一种是对行为人自己的工作产生的影响。以迈克尔为例，你可以告诉他，因为他没有及时准备好数据，导致你没法做幻灯片，从而耽搁了下周三向管理层展示。你的上司要求提前查看你的演示文稿，缺少这些数据，会让人觉得你准备得不充分，也会让你的上司产生焦虑。迈克尔也许根本不知道按时提交数据有多重要。

再来看看泽奥，她的行为也可能会对团队产生许多影响。因为她爱翻白眼，人们不想与她共事，或当她向别人询问信息时，人家会爱搭不理。当泽奥唉声叹气时，不仅会让德里克不舒服，更会让整个办公室的同事对她印象不好。这些行为对她来说是无意识的，但其他人会非常在意。

如果这只是一场指导性谈话，提一提第一类影响，即某人的行为对你或团队造成了一定影响就可以了，然后直接进入第三步"了解更多信息"。但是，如果这是一次评价性谈话，那么你需要更进一步，让对方知道其行为将会如何影响他的工作。对我们许多人来说，这是谈话中最困难的部分。这时就需要诚实、清楚地表达自己的观点。就迈克尔而言，造成的结果可能只是会让你感到失望，希望他确保这种情况不会再发生。也可能是，你本来对他寄予厚望，但是这件事情让你不再相信他，准备在团队中物色其他人选作为升职对象。当然，也可能造成更大的影响，也许他刚刚提了升职的申请，但这件事会影响他今年一整年的机会。你应该简单直接地告诉他："说实话，这会影响你晋升的机会。我知道你希望成为一名经理，但作为经理，工作中很重要的一部分就是要表现出出色的沟通能力。如果有些事情没有及时落实，那就需要尽早沟通，以便制订新的计划。"

了解更多信息

这时候需要找人谈话。你要问问："能否告诉我发生了什么吗？""让你没有按时完成工作的原因是什么？""你遇到了什么困难？"我采访过的一位人力资源专家说："当你称赞某人的工作表现时，可能只需要你一个人说，但是，当你批评某人的表现时，必须要两个人一起探讨。"除非你知道他们怎么看问题产生的原因，否则你提出的任何计划都很可能不奏效。以迈克尔为例，也许他天生对数字敏感，所以他会认为有几条数据有问题，从而一直纠结于寻找更准确的统计数据。也有可能,他的配偶扭伤了背，上周他一直在忙着四下求医，以至忘记了这项工作的截止日期。面对这种情况，你只需要简单地问问"能告诉我发生了什么吗"，就可以弄清楚对方的处境，以及为什么他们会这样做。如果你还不能解决这个问题，也可以参照第四章提到的关于个人的问题或者关于换位思考的问题来提问。这种情况，重述也是个好办法。你可以说:"是不是我想的这样：你认为数据应该是完美的，但看起来有两三个数字不太对。因此，你给几位相关人员发了邮件，想得到更新、更准确的数据。我说得对吗？还有别的问题吗？"

确定下一步做什么

一旦你理解了对方的想法，你们双方就能制订一个计划来解决当前的问题，避免将来出现同样的问题。如果这只是一次指导性谈话，你就要先问问对方，看看他有没有什么建议。但是，由于这是一次评价性谈话，你认为他们没有达到要求，所以现在要给他们更多指导。你可以说："我对你的要求是……""我需要你提供的东西是……"还是以迈克尔为例，你可以说今天中午之前需要他把数据弄好交给你，一式两份，一份没有任何标记，另一份在有问题的数据旁边打上星号。同样，也要询问对方还有什么困难需要你帮忙解决。

即使可能有些尴尬，也请务必向对方指出，要避免此类问题再次发生。可以像这样问：

- "你建议我们下次采取什么不同的做法？"
- "我们今后可以做些什么来防止这种情况再次发生？"
- "你觉得哪些做法可以继续，哪些做法需要改变？"

人们愿意讨论下一次怎么做，因为这样会让他们认为你相信他们有能力再次做好。并且，使用"我们"这个词表示你认为自己也对这项工作做出了贡献。你的反馈越是集中在未来而不是过去，对方就越有可能为一切变化负责。[7]

给予承诺，让对方安心

贯穿本书的理念是，你要始终保持成长型心态，尤其是当员工听到自己的表现不佳时。他们需要听到你相信他们可以改变，否则，他们为什么要尝试呢？你要传达的信息是"我知道你可以超越这一点"。你可能想说点实在话，但下面这些话听上去更合适。

- "我知道你可以做到这一点。你将来一定会做得更好。"
- "我们都遭遇过挫折（有低落的时候，或者做的决定带来适得其反的效果），我知道你一定能战胜这些，我始终全力支持你。"

- "我以前也见过有人遇到这样的问题。优秀的人会吸取教训，把工作做得越来越好。这些问题不会跟你一辈子。你选择未来怎么做，体现了你到底是个什么样的人。"

感谢对方

一定要记住感谢对方。别人刚刚和你进行了一场艰难的对话，没有人愿意和自己的老板进行这样一场谈话，所以一定要向他们表示感谢。你可以简单地说："我知道这并不容易，但谢谢你制订了计划，让我们都知道下一步该做什么。"

何时分享你的故事

听到"这是你的行为给人留下的印象"这句话，会让人很吃惊。这倒也不是说你不能分享自己头脑中虚构的故事，只是你需要明确地将其与你观察到的结果区别对待。有一种简单的方法能够将二者分开来看，那就是在谈话的不同时间点分别提出。我发现，在别人解释了自己的看法之后，分享我对他们行为的理解往往会有帮助。一旦迈克尔从他的角度告诉我发生了什么事，我就可以说："这我就放心了。我刚开始还以为，你是因为数学不好才没能及时提供数据。"你们俩可以一笑置之。因为他不必为自己强行辩解了。但是，如果一开始你就把你的构想与观察到的混为一谈，那就笑不出来了。不过，迈克尔这时候也意识到，如果他没能按时完成任务，别人会怀疑他的工作能力。

需要注意，关于另一个人的故事不必太长，甚至可以只用一个词解释就行。专注培养女性领导者的公司 Pathbuilders 的总裁兼首席执行官海伦·洛利斯说，她发现只用一个或两个单词形容别人非常有用。当你不在场的时候，人们会用一个词或短语来总结你，你希望是什么？如果有人谋求升职，问问他/她："你希望人们用什么词或短语来形容你？"然后再解释："但实际上，人们会说你……让我们想想，怎样改变别人对你的看法。"

性别与故事重构

如果一个女性下属表现不佳，她可能会对自己说"我是个失败者"。过度批评自己，并从中构建出一个新的故事，这对缓解情绪很有帮助。研究人员曾调查过为什么有些女性会从工作的挫折中迅速恢复过来，有些女性则不会。当一个项目不尽如人意、资金链断裂、整个部门的员工都要被辞退时，面对种种困境，有些女性很难从失败中走出来，而有些女性很快就投入更棘手的挑战中，这是为什么呢？研究发现，这和导师或主管有直接关系。那些在困境中挣扎、不敢面对新挑战的女性，往往得到的反馈都是消极、负面的。

没有人告诉这些女性，这是你的错，你应为此感到愧疚。大多数情况下，女性根本没有收到过任何关于自己哪里做错的反馈。她们的主管和同事要么回避这个话题，要么说些"你不可能比所有人都厉害"之类的陈词滥调。没有得到解释或安慰的情况下，女性通常自己消化挫折与失败，并将其归咎于自己能力不足。如果周围人都回避、避免谈及错误，即使身处高位或管理层的女性，比如那位非营利组织的领导，一样要责怪自己。相反，如果女性领导有他们尊敬的同事、主管或者导师，及时指出她们的问题所在，告诉她们："总体来说，你已经做得很好了。下面来看一下这次为什么失败，下次一定要避免这些问题。"这样一来，女性会有截然不同的改变。她们能从这些错误中快速地走出来，鼓起勇气接受新的挑战，并有信心取得成功。[8]

这些对话对同样处于失败处境的男性有用吗？科学家只采访了女性，所以我们还不知道。但从实证研究中我们了解到，男性在各种任务面前和整个职业生涯中往往更自信。比如，在一项针对英国管理者的研究中发现，50%的女性管理者承认曾经怀疑过自己的能力和表现，相比之下，只有31%的男性管理者怀疑过自己。[9]所以男性可能不像女性那样，在失败后需要抚慰性的对话。

给罗恩的第二次反馈

如果抱着了解的心理与罗恩交流，而不是一味地指出他的问题，会怎么样？不好说会怎样，但是事情可能会这样发展：

罗恩：我知道你要说什么。你不喜欢紫色领带的小故事。

我：是的，很高兴你能提到这一点。老实说，我没想到你会讲这样一个故事。可以跟我说说你想通过这个故事说明什么吗？

罗恩：我认为让学生们知道 CEO 有多大权力是必要的。我只对两个人随便一说，消息就传开了，比发邮件快得多。或许我可以用另一种方式讲述这个故事……

我：所以你不确定在课堂上讲这个故事是否合适，也没把握措辞合不合适，你不过是想让大家知道 CEO 有多大影响力而已，但是你要知道必须注意自己说的每一句话。

罗恩：确实如此。

我：你想给学生表达的意思是"权力越大，责任越大"？

罗恩：这是温斯顿·丘吉尔说的吗？还是蜘蛛侠说过？不管谁说的，这就是要点。

我：可不可以用另一种方式来传达这个信息呢？CEO 的责任很大，同样，你对这些学生也负有很大的责任。在我看来，你有敏锐的洞察力，你觉得你的话对学生产生了什么影响呢？或者到目前为止，你看到了什么影响？

罗恩：我不太清楚。当时没人说什么，我也不指望他们说什么。

我：你愿不愿意听我说一下我观察到的呢？

罗恩：当然愿意。就是因为这个，我才邀请你来旁听我的课啊。

我：好的，我希望帮助你利用担任CEO的那些经历，尽可能地为学生创造出有价值、有意思的学习体验。来说说我观察到的吧，在你讲那个故事之前，每隔5分钟，至少有3名学生举手提问或回答问题。他们似乎非常积极地想要表达自己的想法，给你留下好印象。你讲完那个故事后，大家都沉默了，近4分钟没有人举过手。后来你与同学们再互动时，好像只有班里的白人男性同学参与。女同学和亚裔学生近10分钟没有任何反应，再后来的课堂时间，只有两个同学说了点什么。

罗恩：确实有点意思，我完全没注意到这些。不过班上白人男生占多数。

我说：是的，但在你讲那个故事之前，女同学和亚裔学生一直都在积极发言，有四五个女同学都举过手。但在你讲完之后，只有两个女同学举过手。

罗恩：你觉得是因为我讲的那个故事，致使女生都不愿意举手吗？

我：很可能是这样。你的故事带来的一个不经意的副作用是，女同学和班级其他同学会因此觉得不太安全。

罗恩：不太安全？有点荒谬。为什么他们会这样觉得呢？我绝没有这个意思。而且如果他们将来想成为 CEO，必须足够坚强。

我：行，咱们一会儿再讨论这个问题。听起来你认为坚强很重要。不过，我们先来说一下为什么学生会感觉不太安全。我知道你本意不是这样。但作为 CEO，你肯定知道一个人产生的影响可能与他本人的意图大相径庭。

这同样是一场艰难的对话。但如果我尽可能更加详细、具体地描述我的观察，罗恩没准儿会对此更感兴趣，也会接受并认同我的观点，不会产生抵触心理。这些年做评价工作，我慢慢地越来越得心应手。从我的经历中，我认识到的最重要的一点是：当你发现某人做的事情开始出现问题时，要立即开始观察这件事带来的负面影响。一朝失足会怎样呢？用量化的指标描述影响，对方就不会那么抵触，会更好奇到底怎么回事儿。量化的指标是什么呢？以罗恩为例，是在一定的时间内有多少同学举手发言。以泽奥为例，是当她叹气时有多少人装作没看到并转过身去。如果这样，这个问题就成了一个现实存在的问题，而不是针对罗恩或泽奥个人的问题了。

你可能也注意到了，和罗恩的第二次反馈，我直接跳到第三步，先问他观察到的影响，再说我的观察。如果对方有很强的自我保护意识，或者你想降低他们的抵触意识，可以一开始先了解他们的所看所想。他没意识到的，我注意到了。在稍后的对话中，我们讨论了一下学生可能退学的原因。我也会谈及学生可能会去院长办公室投诉。必须要让他知道，这样做可能会让他丢了这份工作。我也想让他明白，我不仅仅是个传达坏消息的人，更是一个希望能帮他解决问题的人。

对方会做何反应呢？

负面评价可能会引发强烈的情绪波动，比如愤怒、焦虑、恐惧、防御、尴尬、受伤、悲伤、绝望，甚至会出现矛盾心理。[10]有人会扪心自问："我应该继续还是放弃？"我说的不仅是接受负面评价的人，作为给予评价的人，你可能也会有这种感觉。

如果你跟员工相处融洽，员工不会因负面评价而感到不安，[11]但并不是说你要和员工喝酒或一起上陶艺课来融洽关系，重要的是你们的工作关系。在过去20年中，社会学家一直致力于衡量员工与上级之间的关系，并颇有收获。[12]他们提出的问题有：管理者是否了解你的工作需求以及出现的问题？管理者是否挖掘出你的潜力？如果员工对以上两个问题都是肯定的、积极的，那说明员工和上级之间有良好的工作关系，即使上级给员工的反馈是负面的，员工也会给予尊重和重视（关于如何发掘员工的潜力，请参考实践做法 1）。

空杯心态

在开始谈话前，你也要缓和自己的情绪，可以提前花点时间调整一下自己的情绪。如果你的情绪坏到极点，糟糕的事儿也会随之而来。几年前，我第一次和罗恩谈完之后，学着做了一件事：写日记。这可以让我时刻记得跟员工站在一起，而不是只关注问题。它可以帮助我把强烈的情绪转化成解决问题的紧迫感，也提升了我解决问题的能力。就罗恩的情况而言，我还有哪些不了解的地方？我把头脑中建构的那个负面故事在纸的一侧写了下来。这样做有助于我理清思路；然后画上一条分割线，在另一侧写出至少四五个我还没有想出答案的问题。你可能会回想起，这些问题就是我们之前探讨过的那类开诚布公的问题。下表中有一些在罗恩案例中没发现的问题，但我其实应该注意到。

在脑海中构思一个故事	开诚布公地向罗恩提问
·一个心思奸诈的坏人，想告诉大家他曾拥有多大的权力	·你在课堂上讲完那个故事后感觉如何？ ·你会为在 20 世纪 70 年代说过这样的话而感到后悔吗？ ·作为一名 CEO，你学到了什么？ ·如果再给你一次机会，你会对学生说些什么呢？ ·CEO 说些什么会传遍整个公司？

如何应对强烈反应

如果员工情绪突然崩溃该怎么办？员工有时在谈话中会突然生气或流泪。我们在实践做法4中介绍了如何应对员工哭泣的办法。但要是有人愤怒或发怒，首先要体会他们的感受。莉兹·福斯琳和莫莉·韦斯特·达菲写了一本非常有益的书——《别放在心上》，她们在书中提出，尽量不要说"别生气""这不是针对你自己""没关系"这样的话。[13]虽然这些话也是安慰，但完全没有效果。而且据我们发现，这些没用的话会让人更失望。我们可以这样说："可以聊聊你为什么这么沮丧吗？""我想这一定是你最不想听到的话吧。"给他一点时间，冷静一下，你再表达关心与安慰。也可以说："我希望你准备好下次成功。我这样想，我觉得你一定也是一样的想法，对不对？"

如果他有很强烈的情绪，你就不要引火上身。不要说："其实我也很为难。"相反，你可以问问是不是还能聊点儿什么具体的事儿，你可以说："你觉得咱们今天还能聊吗？不然咱们下次再约。"

如果员工情绪崩溃到大喊大叫，那么首先你要让他冷静下来，不然，你是无法与他正常沟通的。马克·古尔斯顿是前联邦调查局人质谈判培训师，在他的著作《与疯子交谈》中提到，有两个措辞谨慎的问题能够帮助对方把情绪发泄出来。[14]第一个问题是："什么事情会让你特别沮丧？"然后要认真倾听他的哭诉，这比问"你为什么生气"强得多。以我的经验，对方会勃然大怒，脸涨得通红，反驳说"我没有生气！"他们发泄完沮丧情绪，也消耗了一些精力，可能就会平静下来。接下来要问的问题是："你最担心的是什么？"人们通常都需要别人主动询问，才会说出自己最担心的事情。也许他们担心自己要达到的标准比别人高，或者担心自己永远没有那么多时间投入这份工作，抑或还有其他担心。再一次强调，要认真倾听对方怎么回答。你可以说"关于……还有别的吗？"等对方说完，再站在对方的角度评论一下。

这时候，古尔斯顿建议的说辞是"现在我明白你为什么沮丧、为什么担心了。但是毕竟世上没有后悔药，既然不能回到过去，那就让我们集思广益，想想以后要怎么做才能对我们都好。你觉得怎么样？"然后回到这个问题。本章开始的那个例子，如果是迈克尔生气了，那就说："我还是需要你尽快把数据给我。"然后直接进入第四步（确定下一步做什么），接着是第六步（感谢对方）。但有一点要明确，不要因为他们提高了嗓门而感谢他们。要感谢他们恢复冷静（这很不容易），并感谢他们能够找到有效的解决方案。

当有人大喊大叫时，你也难免会提高音量回应，但这样是无济于事的。正如威廉·尤里在他的一本关于谈判的著作《让过去成为过去》（*Getting Past No*）中指出的那样，如果你以愤怒来回应愤怒，只会让对方觉得这是你的一贯作风。

其实，在你给某人负面评价之后，有些人是不想立即跟你谈清楚的。这也没关系。我采访过一位管理者，他手下刚来了一个新员工，每当他指出她工作上的问题时，对方总是保持沉默。这位管理者一般都会问问她的想法，但总会陷入尴尬的沉默，直到他开口打破沉默。其实，对刚刚收到坏消息的人来说，他们总会努力保持镇定。这时，你应该告诉对方自己一直想听听他们的想法，表示自己很愿意帮助他们击败挫折，如果他们愿意，可以专门安排一次面谈。如果又过了几天，对方还是没有答复你，你就可以走到他们的办公桌旁说："耽误你20分钟，我们需要谈谈，你什么时候方便？"和员工当面沟通比发消息或者邮件更好。

无论对方的反应如何，如果你坚持分享了自己观察到的，而不是自己构想的，那都算是一种鼓励。虽然可能会很困难，但如果不这么做情况可能会更糟。如果你任由自己的构想天马行空，那么你将面临更激动、更难处理的情绪。我知道这只是一个小小的安慰，但是，如果你厘清了自己的期望，阐明可能会产生的后果，并制订了一个双方都同意的计划，你就给了对方第二次证明自己的机会。你正逐渐成为自己理想中的那个管理者。

// 小结 //

- 在给予负面反馈时,最糟糕的是我们将自己的构想和观察到的结果混为一谈。

- 观察就是你所看到或听到的。构想是你单方面认为某人这样做的原因。

- 你的构想,无论多么细致周到,都是不全面的,因此会让人觉得不公平。

- 如果你坚持只分享自己所观察到的,那么对双方来说,就比较容易更有效地聚焦于你们都关心的问题,而不是双方的分歧。

- 有效的负面反馈包含六个步骤:说出你所观察到的;阐述造成的影响和导致的结果;了解更多信息;确定下一步做什么;给予承诺,让对方安心;感谢对方。

- "你能告诉我发生了什么吗?"和"你遇到了什么困难?"都是很好的提问方式,可以帮助你了解尚未发现的问题,以及对方的想法。

- 在你了解他人的看法之后,再分享你的想法可能会让人更有启发。

- 经历了失败之后,重构一下事件的过程尤其会让女性受益,这可以帮助她们认识自己的失误,并确定下次如何处理这类问题。

- 如果有人发火了,不要说"别生气",要表示出对他们情绪的理解,然后说:"我明白你为什么会感到沮丧。"

结　语 //

你已整装待发，那就出发吧

你已配备好工具，做好了万全准备，就差进行实践了。

现在是你放下书本，召集你的下属，进行反馈对话的时候了。如果你一直在拖延做这件事，那就先从简单的步骤做起。试着站在对方的立场上，或者大声说出你的善意。你注意到这个成员有哪些优点，或者他为团队做出了什么贡献，但是你有段时间没有表扬他了，那么现在有必要表扬一下。从你标注过或者折过角的页面中选出本书里你最喜欢的做法，将其付诸实践。我希望我的魔法棒一挥，就可以神奇地把你变成单位中最好的反馈者。不过你要知道，提高反馈技能的唯一方法是多加练习。

如果大多数管理者知道自己擅长提供反馈，他们就会给出更多的反馈。我将与你分享两个秘诀。秘诀1：几乎没有人认为他们擅长提供反馈。即使那些被员工赞誉有加的管理者也会耸耸肩说:"我不知道我是否擅长提供反馈。"我并不觉得这是他们自谦的说法。因为你很少看到别人怎么提供反馈,所以也很难知道自己做得怎么样。这不像做一个演讲,你可以把你的演讲技巧与你同级的其他管理者进行比较。很有可能,你只会在别人给你反馈的时候才会看到他们的反馈,而你在那种情况下并不是一个客观的观察者。所以试着接受这一点,因为与你在公开场合展示的其他技能相比,你对自己在这方面的表现没有太大感觉。

很少有人擅长提供反馈还有一个更深层次的含义。如果你觉得自己必须要擅长做这件事才能给别人反馈,那么说实话,反馈对话是不会发生的;而且,如果不去进行对话,你就会被困在那儿,别人也会被困在那儿。因此,不要等到你觉得自己很擅长了才去提供反馈。使用本书中的原则和做法,你将从研究人员和反馈专家所提供的信息中得到启发。

这就引出了秘诀2:当你善于提供反馈时,人们会说你是他们遇到过的最好的管理者。这让人感觉很好。团队中最优秀的人会愿意追随你去寻找新的机会,你会成为团队中吸引人才的磁石。你这样做不是为了获得荣誉,但被人欣赏肯定不会有什么损失。另外,帮助别人变得越来越好是会让人上瘾的。

曾经有一位我非常尊敬的领导问我,她是否可以跟着我做一段时间无薪实习。当我说"但是我应该向你学习才对啊",她说:"你在反馈方面表现得很好,发掘出了员工最好的一面。我想向你学习,消化吸收,然后充分利用起来。"

我们都希望身边有个人能让我们安心地与之谈论我们的困难，让我们觉得自己可以做到最好。我们都希望有人说："你正在进步，现在让我来帮助你变得更好。"现在，你已经做好准备，成为那种领导者了。

我喜欢问自己三个问题来记录我的反馈过程。你在下一次反馈对话后，试着在以下问题上给自己打分，分数为1~10分，其中10分是"问题完全解决了"，1分是"问题丝毫没有改善"。

1.对方的话我理解到了什么程度？
2.我学到了多少我不了解的东西？
3.我想要说的话表达出了几分？

一定要对自己诚实。你会有很多的练习机会，所以如果你这次在表达你想说的内容上只得了1分，那么下次你会做得更好。

给自己打这三个分数很重要。对一些人来说，倾听或了解信息是最难的。因为我们的大脑专注于困扰着我们的事情，以至在整个反馈对话中，我们都在心里重复着要说的内容。对方离开我们办公室15分钟后，我们就一句话都想不起来了。对其他管理者来说，尤其是对完全避免了消极反馈对话的21%的经理人来说，第三个问题可能让人不快。是的，倾听至关重要，但是有些人会选择躲避，永远不去触及谈话中那些困难的部分。

现在，你已经诚实地给自己打了三个分数，接下来，让我们来做一件我称为"加一分"的事情。对那个最低分项，想想你下次怎么做才能将其改善？一次关注一点。回头在书中的那些建议上贴上便利贴，并记得下次再进行尝试。每次反馈对话都这样做，一年下来，你将获得 9 分或 10 分的高分。

你可能会发现自己需要更多的指点、更多的建议来细化你的语言，表示你在倾听；也许你正在寻找一些关于如何处理一个棘手的反馈对话的技巧。如果面对一个反馈困境，或者你想看到更多的人在你的团队中应用这些做法，请访问网站 theresehuston.com，我很乐意和你继续交流。

记住，提供反馈是一种技能，如果我能学会怎么做，那你也可以；如果我能学会倾听，不再向别人提出不合时宜的建议，那你也可以。

可以这样想：难道你不想学会如何帮助人们热爱自己的工作，如何充分发挥自己的潜力吗？你刚刚学会了方法，现在该进行实践了。

注 释 //

引言

1. 金·斯科特在接受《福布斯》杂志记者凯文·克鲁斯采访时谈到了这本书，当时他们讨论了她的书《绝对坦率》。金·斯科特引用了克鲁斯的文章："Silicon Valley Executive Coach Kim Scott Gives Managers a 90-Day Plan for Getting Good at Feedback." *Forbes*, April 3, 2018. www.forbes.com/sites/kevinkruse2018/04/03kim-scott-gives-managers-a-90-day-plan-for-getting-good-at-feedback/#4e4626325a52。

2. Soloman, Lou. "Two-thirds of Managers Are Uncomfortable Communicating with Employees." *Harvard Business Review*, March 9, 2016. https://hbr.org/2016/03/two-thirds-of-managers-are-uncomfortable-communication-with-employees.

3. Kohut, Gary F., Charles Burnap 和 Maria G. Yon. "Peer Observation of Teaching: Perceptions of the Observer and the Observed." *College Teaching* 55, no. 1 (2007): 19–25.

4. Zenger and Folkman. "Why Do So Many Managers Avoid Giving Praise? *Harvard Business Review*, May 2, 2017. https://hbr.org/2017/05/why-do-so-many-managers-avoid-giving-praise.

5 各种医疗网站，包括 healthgrades.com 和 ratemds.com，可让患者对医院的工作人员、医疗程序和等待时间进行评分。信不信由你，你也可以在 Yelp 上给一些监狱评分。纽约的 Rikers Island 惩教所和加利福尼亚州的 San Quentin State 监狱都有 Yelp 页面: www.yelp.com/biz/rikers-island-correctional-facility-east-elmhurst 和 www.yelp.com/biz/san-quentin-state-prison-san-quentin。Yelp 上的大多数对监狱的评价都是由家人和朋友在探监完之后写的，但其中一些言辞激烈的评论似乎是由囚犯自己编写的。

6 Cappelli, Peter, and Anna Tavis. "The Performance Management Revolution." *Harvard Business Review*, October 2016.https://hbr.org/2016/10/the-performance-management-revolution.

7 David Creelman, Anna Tavis, and Michael Bungay Stanier, *The Truth and Lies of Performance Management* (Toronto: Box of Crayons, 2018), 3.

8 Willyerd, Karie. "Millennials Want to Be Coached at Work." *Harvard Business Review*, February 27, 2015. https://hbr.org/2015/02/millennials-want-to-be-coached-at-work.

9 有关当下劳动力中的千禧一代数量，请参阅 Fry, Richards. "Millennials Are the Largest Generation in the U.S. Labor Force." *Fact Tank*, Pew Research Center, April 11, 2018. www.pewresearch.org/fact-tank/ 2018/04/11/millennials-largest-generation-us-labor-force/。有关 2021 年劳动力中千禧一代的预计数量，请参阅 Emmons, Mark. "Key Statistics About Millennials in the Workplace."Dynamic Signal, October 9, 2018. https://dynamicsignal.com/2018/10/09/key-statistics-millennials-in-the-workplace/。

10 Beckman, Kate. "A Running List of Studies and Reports on the Generation Z Workforce." RippleMatch https://ripplematch.com/

journal/article/a-list-of-studies-and-reports-on-the-generation-z-workforce-593f551c/.

11 要想了解看到他人工作中取得进步的重要性，请参考 Teresa Amabile and Steven Kramer, *The Progress Principle: Using Small Wins to Ignite Joy, Engagement, and Creativity at Work*（Boston: Harvard Business Review Press, 2011）。一篇文章总结了他们在工作中取得的小的胜利以及欣赏性反馈的重要性，请参考 Amabile, Teresa M., and Steven J. Kramer. "The Power of Small Wins." *Harvard Business Review*, August 15, 2011。https://hbr.org/2011/08/the-power-of-small-wins-in-tim.

12 对于"工作绩效高的员工通常与管理者会面次数更多，接受管理者反馈也更频繁"的研究，请参考 Willyerd, Karie. "What High Performers Want at Work."*Harvard Business Review*, November 18, 2014. https://hbr.org/2014/11/what-high-performers-want-at-work。关于团队成员厌恶高绩效员工的研究，请参考 Campbell, Elizabeth M., Aichia Chuang, Hui Liao, Jing Zhou, and Yuntao Dong. "Hot Shots and Cool Reception? An Expanded View of Social Consequences for High Performers." *Journal of Applied Psychology* 102, no. 5 (2017): 845–66。

13 意大利喜力公司的人才和领导力主管西蒙·皮诺对人力资源部门在激励经理层中的作用做出了这样的观察。Personal communication, April 4, 2020.

14 Kluger, Avraham N., and Angelo DeNisi. "The Effects of Feedback Interventions on Performance: A Historical Review, a Meta-analysis, and a Preliminary Feedback Intervention Theory." *Psychological Bulletin* 119, no. 2 (1996): 254.

15 要进一步了解达利欧的根本透明性观点，请参阅他的书：*Ray Dalio, Principles: Life and Work*（New York: Simon & Schuster,

2017）。要了解有关金·斯科特在坦诚相待方面的更多信息，请参阅她的书：*Radical Candor:Be a Kick-Ass Boss Without Losing Your Humanity*（New York: St.Martin's Press, 2017）。如果你想快速了解斯科特的书，还可以看她的《福布斯》采访：Schawbel, Dan. "Kim Scott: Effective Leaders Should Say What They Think and Don't Hold Back." *Forbes*, August 19, 2017. www.forbes.com/sites/danschawbel/2017/08/19/kim-scott-effective-leaders-should-say-what-they-think-and-dont-hold-back/#213b66fa2f8a。

16 Marcus Buckingham and Ashley Goodall, *Nine Lies About Work: A Freethinking Leader's Guide to the Real World* (Boston: Harvard Business Review Press, 2019) 105–32. 为了快速阅读、总结他们对反馈的看法，请参阅：Buckingham, Marcus, and Ashley Goodall. "The Feedback Fallacy." *Harvard Business Review*, March–April 2019: 92–101。他们观察到，管理者把纠正错误的工具当作构建卓越表现的工具来使用，如果失败了，也没有人会对此感到惊讶。

17 不同采访日期，瑞·达利欧引用的桥水基金的员工流失率数据也有所不同。2016年，达利欧说桥水25%的员工在入职后18个月内离职。请参阅：Feloni, Richard. "Ray Dalio Explains Why 25% of Bridgewater Employees Don't Last More Than 18 Months at the Hedge Fund Giant." *Business Insider*, March 23,2016. www.businessinsider.com/biggest-challenges-new-bridgewater-employees-face-2016-3。但是，在最近的一次采访中，达利欧说，有30%的员工会在入职后18个月内离职。请参阅：Akhtar, Allana. "What It's Like to Work at the Most Successful Hedge New Employees Don't Make It and Those Who Do Are Considered 'IntellectualNavy SEALs.' " *Business Insider*, April 16, 2019. www.businessinsider.com/what-its-like-to-work-at-ray-dalio-

bridgewater-associates-2019-4。有关金融业员工平均流失率的统计信息，请参阅：Petrone, Paul. "See the Industries with the Highest Turnover（and Why It's So High）." *LinkedIn*, March 19, 2018. https://learning.linkedin.com/blog/engaging-your-workforce/see-the-industries-with-the-highest-turnover—and-why-it-s-so-hi。

18 Bradberry, Travis. "Why Your Boss Lacks Emotional Intelligence." Ladders, October 8, 2018. www.theladders.com/career-advice/why-boss-lacks-emotional-intelligence.

19 Tasha Eurich, *Insight: Why We're Not as Self-Aware as We Think, and How Seeing Ourselves Clearly Helps Us Succeed at Work and in Life* (New York: Crown Business, 2017) 7.

20 Brower, Cheyna, and Nat Dvorak. "Why Employees Are Fed Up with Feedback." Gallup, October 11, 2019. www.gallup.com/workplace/267251/why-employees-fed-feedback.aspx.

21 Business Dictionary, s.v. "feedback," www.businessdictionary.com/definition/feedback.html.

22 这些统计数据反映了417人的样本，他们的年龄在18~70岁之间（69%的受访者年龄在25~44岁之间），从事兼职或全职工作。该数据是在同一调查中的2019年3月和2020年4月两个时间段收集的。

23 Zenger, Jack, and Joseph Folkman. "The Assumptions That Make Giving Tough Feedback Even Tougher." *Harvard Business Review*, April 30, 2015. https://hbr.org/2015/04/the-assumptions-that-make-giving-tough-feedback-even-tougher. 诚然，调查只是发现人们想要什么和不想要什么的一种工具，作为人类，我们并不总是知道什么会帮助我们。心理学家始终清楚一件事，那就是我们都被无法察觉的因素所困扰和安抚。因此，我将在本书中提供来自实验和现场测试的很多其他数据，这些数据证明

了在工作中双向反馈比单向反馈更有效。

24 Zhou, Jing. "When the Presence of Creative Coworkers Is Related to Creativity: Role of Supervisor Close Monitoring, Developmental Feedback, and Creative Personality." *Journal of Applied Psychology* 88,no .3(2003): 413–22.

25 请参考：Joo, Baek-Kyoo, and Sunyoung Park. "Career Satisfaction, Organizational Commitment, and Turnover Intention: The Effects of Goal Orientation, Organizational Learning Culture and Developmental Feedback." *Leadership & Organization Development Journal* 31, no. 6 (2010):482-500。有关他们如何看待自己的工作更复杂，也更吸引人的研究，请参考：Joo, Baek-Kyoo, Huh-Jung Hahn, and Shari L. Peterson. "Turnover Intention: The Effects of Core Self-evaluations, Proactive Personality, PerceivedOrganizational Support, Developmental Feedback, and Job Complexity."*Human Resource Development International* 18, no. 2 (2015): 116–30。有关员工在接受良好的指导时如何对他们的管理者和公司保持忠诚的研究，请参考：Guo, Yun, Guobao Xiong, Zeyu Zhang, Jianrong Tao, and Chuanjun Deng. "Effects of Supervisor's Developmental Feedback on Employee Loyalty: A Moderated Mediation Model." *Social Behavior and Personality* 48, no. 1 (2020)。

26 Correll, Shelley J., and Caroline Simard. "Research: Vague Feedback Is Holding Women Back."*Harvard Business Review*, April 29, 2016. https://hbr.org/2016/04/research-vague-feedback-is-holding-women-back.

第一章

1 Anne Morrow Lindbergh.*Gifts from the Sea*（New York:Pantheon,

2011），94.

2　如果你今年只买一本有关反馈的书，那就买道格拉斯·斯通和希拉·汉的《高难度谈话Ⅱ：感恩反馈》（New York: Viking, 2014）。它是为反馈接收者而不是反馈提供者编写的，它提供了明智、巧妙的建议，帮助大家即使面对糟糕的反馈，也能以开明和优雅的态度接受它。他们将"欣赏、指导和评价"这一概念归功于约翰·理查森，后者在与罗杰·菲舍尔和艾伦·夏普合著的书 Getting It Done: How to Lead When You're Not in Charge（New York: HarperPerennial, 1999）中阐述了这个概念。

3　Stone and Heen, Thanks for the Feedback, 31.

4　Kruse, Kevin. "Silicon Valley Executive Coach Kim Scott Gives Managers a 90-Day Plan for Getting Good at Feedback." Forbes, April 3, 2018.www.forbes.com/sites/kevinkruse/2018/04/03/kim-scott-gives-managers-a-90-day-plan-for-getting-good-at-feedback/#71adef185a52.

5　Finkelstein, Stacey R., and Ayelet Fishbach. "Tell Me What I Did Wrong: Experts Seek and Respond to Negative Feedback."Journal of Consumer Research 39,no.1 (2012): 22–38.

6　有关新手及其独特需求的更多信息，请参阅我的第一本书 Teaching What You Don't Know（Cambridge, MA: Harvard University Press, 2009）的平装本第29–30页。

7　布琳·布朗把"我不知道"和"我搞砸了"列为人们可以在工作场所自由说出的两件事。在职场上，员工会觉得自己处于弱势地位，因而承认自己搞砸了不会产生负面影响。参见布琳·布朗的《无所畏惧》（New York: Gotham Books, 2012），210–11。她在她的书 Dare to Lead（New York: Random House, 2018）中提到了"装甲领导"一词。

8　这篇文章的大部分内容直接取自研究报告《绩效管理的真相

与谎言》的第 3 页，但我已经将这份报告美国化了，将伐木工人的名字从加布里埃尔改为加布，并将打招呼的那句以"Bonjour"开头的法语删除了。David Creelman, Anna Tavis, and Michael Bungay Stanier, *The Truth and Lies of Performance Management* (Toronto: Box of Crayons, 2018), 3.

9　有关在工作中拥有多个指导者的好处的概述，请参阅：Higgins, Monica C. "The More, the Merrier? Multiple Developmental Relationships and Work Satisfaction." *Journal of Management Development* 19, no. 4 (2000): 277–96。有关多位导师带来更高收入、更快职业晋升和更高职业满意度的数据，请参阅：Kay, Fiona M., and Jean E. Wallace. "Is More Truly Merrier? Mentoring and the Practice of Law." *Canadian Review of Sociology* [*Revue canadienne de sociologie*] 47, no. 1 (2010): 1–26。

第二章

1　大众认为这句话出自西奥多·罗斯福，但是根据迪金森大学西奥多·罗斯福中心的说法，没有人能够找到罗斯福在何时何地说过这句话。专家们不会说"天哪，这不可能是罗斯福说的"，他们只是澄清没有记录能证实这件事。即使这句话不是来自美国第二十六任总统，也是一个很好的参照。

2　有关压力如何削弱工作记忆的研究，请参阅：Schoofs, Daniela, Diana Preuss, and Oliver T. Wolf. "Psychosocial Stress Induces Working Memory Impairments in an N-back Paradigm." *Psychoneuro- endocrinology* 33, no. 5 (2008): 643–53。

3　基本归因错误是五十多年前由内德·琼斯和维克多·哈里斯在他们进行的一项实验中首次发现的。请参阅：Jones, Edward E., and Victor A. Harris. "The Attribution of Attitudes." *Journal of Experimental Social Psychology* 3, no. 1 (1967): 1–24。此后，

世界各地的社会心理学家对它进行了研究、梳理和解释。但是，并不是每个研究人员都能复制它。在一项元分析中，贝特拉姆·马勒分析了 173 项研究，发现基本归因错误并不总是发生。例如，当另一个人的行为看起来异常时，人们更有可能犯基本归因错误。也许最值得注意的是，我们只有在解释一个负面事件时才会犯这个错误，比如为什么有人在会议上敷衍了事。当我们解释一个积极的事件时，我们容易犯相反的错误：当一个积极的事件发生在别人身上时，我们倾向于用客观环境来解释它，但是当一个积极的事件发生在自己身上时，我们倾向于把它归结于自己的一些积极向上的品质。请参阅：Malle, Bertram F. "The Actor-Observer Asymmetry in Attribution: A (Surprising) Meta-Analysis." *Psychological Bulletin* 132, no. 6 (2006): 895–919。

4　卡罗尔·德韦克关于心态的经典著作值得你收藏。这是一本能够快速阅读的书，能够帮助你在评价技能和天赋时是采取成长型心态还是固定型心态。如果你想让周围的人尝试新事物——即使他们的第一次做得并不完美——那么这本书正是你所需要的。请参阅：Carol S. Dweck, *Mindset: The New Psychology of Success*（New York: Ballantine, 2016）。

5　Isaac Green, Paul, and Francesca Gino. "The Social Facilitation of Effective Feedback: Feedback Giver Mindset Influences Feedback Delivery." 该论文在 2018 年 8 月 10 日至 14 日在伊利诺伊州芝加哥管理学院年会上发表。

6　在这项研究中，两组反馈接收者之间的感知差异在统计上并不显著，但格林和吉诺发现了这一趋势，并正在收集更多数据，以观察这一趋势是否会继续。

7　这种同时处理行为和环境的概念借鉴了创造性领导中心（the Center for Creative Leadership）开发的一种广受欢迎的反馈模

型，即情境—行为—影响模型，通常简称为 SBI 模型。要了解有关 SBI 模型的更多信息，请访问创造性领导中心的网站：www.ccl.org/articles/leading-effectively-articles/closing-the-gap-between-intent-and-impact/。

8 Hewstone, Miles. "The 'Ultimate Attribution Error'? A Review of the Literature on Intergroup Causal Attribution." *European Journal of Social Psychology* 20, no. 4 (1990): 311–35.

第三章

1 人们经常认为这句话是玛雅·安吉罗所说，但她其实并不是第一个提出这个说法的人。据《卡罗来纳晨报》报道，玛雅·安吉罗将这句话看作是她 70 岁时领悟到的一个真理（Bremer, Carolyn. "Beautiful Bluffton by the Sea, Spring Has Sprung Around Town." Bluffton Bulletin, March 25, 2003, page 3）。但是根据引文调查员的说法，第一个引用这段话的是卡尔·布埃纳，来自 1971 年出版的一本书：*Richard Evans' Quote Book*（Salt Lake City, Utah: Publishers Press），244。

2 如果你想知道，是的，玛琳和我已经再次反思这次谈话了。如你所料，这对她来说也不容易。她不确定自己是否有勇气对我说这些话，在这之后，她仍然不确定自己对我说的话是否正确。但是我很高兴她做到了。如果你正在纠结是否要对你的员工说些他们可能不那么愿意听到的话，可以参考玛琳的故事。要确保你有良好的意图，向对方展现你对他们的同情和同理心，表达出你一直希望他们有好的发展。

3 Fedor, Donald B., Robert W. Eder, and M. Ronald Buckley. "The Contributory Effects of Supervisor Intentions on Subordinate Feedback Responses." *Organizational Behavior and Human Decision Processes* 44, no. 3 (1989): 396–414.

4　John, Leslie K., Hayley Blunden, and Heidi Liu."Shooting the Messenger."*Journal of Experimental Psychology:General* 148,no.4（2019):644-66. 要快速阅读约翰的作品，请参阅：John, Leslie K., Hayley Blunden, and Heidi Liu. "Research Confirms: When Receiving Bad News, We Shoot the Messenger." *Harvard Business Review*, April 16, 2019. https://hbr Harvard Business Review, April 16, 2019. https://hbr.org/2019/04/research-confirms-when-receiving-bad-news-we-shoot-the-messenger。

5　这就是所谓的海德-西梅尔错觉（Heider-Simmel illusion），以20世纪40年代发现它的研究人员的名字命名。要观看动画视频并亲自体验幻觉，请访问 https://www.youtube.com/watch?v=8FIEZXMUM2I，真的值得一看。不管你是否知道将要发生什么，你的第一反应可能是构建一个故事，其中大三角形有一个目标，小三角形和圆有另一个目标。对于参考原版的这个经典研究（表现人们将这个现象解释为一个大三角形追逐两个小图形），请参阅：Heider, Fritz, and Marianne Simmel. "An Experimental Study of Apparent Behavior." *American Journal of Psychology* 57, no. 2 (1944): 243–59。要想重温人们何时以及如何快速看到动画中因果关系的研究，请参阅：Scholl, Brian J., and Patrice D. Tremoulet. "Perceptual Causality and Animacy." *Trends in Cognitive Sciences* 4, no. 8 (2000): 299–309。

6　这是约翰的11项研究中的实验6A：John, Blunden, and Liu. "Shooting the Messenger."

第四章

1　Nilofer Merchant. "To Change Someone's Mind, Stop Talking and Listen," in *Mindful Listening*, ed. Harvard Business Review Press (Boston: Harvard Business Review Press, 2019), 73.

2 要了解倾听在工作中的诸多好处，请参阅：Pery, S., G. Doytch, and A. N. Kluger. "Listening in Work Organizations," in *Handbook of Listening*, ed. D. L. Worthington and G. D. Bodiee (Hoboken, NJ: Wiley, 2020)。有关倾听如何提高盈利的研究，请参阅：Itani, Omar S., Emily A. Goad, and Fernando Jaramillo. "Building Customer Relationships While Achieving Sales Performance Results:Is Listening the Holy Grail of Sales?" *Journal of Business Research* 102 (2019):120–30。有关"更会倾听的主治医生会收到更少的投诉意见"的研究，请参阅：Levinson, W., D. L. Roter, J. P. Mullooly, V. T. Dull, and R. M. Frankel."Physician-Patient Communication: The Relationship with Malpractice Claims Among Primary Care Physicians and Surgeons." *JAMA* 277, no. 7 (1997): 553–59。有关倾听是如何减少快餐店事故的研究，请参阅：Tucker, Sean, and Nick Turner. "Sometimes It Hurts When Supervisors Don't Listen: The Antecedents and Consequences of Safety Voice Among Young Workers."*Journal of Occupational Health Psychology* 20, no. 1 (2015): 72-81。有关校长倾听老师的意见可使学生取得更好考试成绩的研究，请参阅：Töremen, Fatih, Abdurrahman Ekinci, and Mehmet Karakuş. "Influence of Managers' Empathic Skills on School Success." *International Journal of Educational Management* 20, no. 6 (2006): 490–99。

3 有关语速的研究，请参阅：Yuan, Jiahong, Mark Liberman, and Christopher Cieri. "Towards an Integrated Understanding of Speaking Rate in Conversation." *INTERSPEECH* (2006)。至于思维的速度，很难找到一篇科学论文来精确确定，但研究人员一般估计是每分钟 700 字。这个估计来自 BBC 对海伦·梅尔德鲁姆的采访。Meldrum, Helen. "Listening," *The Why Factor*, podcast audio, March 3, 2017. www.bbc.co.uk/sounds/play/p04tv665。

有关更聪明的人如何更快思考的研究，你可以在 NPR 网站上查阅这篇通俗易懂的文章：Hamilton, Jon. "Smart People Really Do Think Faster." NPR.com, March 20, 2009. www.npr.org/templates/story/story.php?storyId=102169531。或者，如果你想深入研究，可以在《神经科学杂志》中查找原始报告：Chiang, Ming-Chang, Marina Barysheva, David W. Shattuck, et al. "Genetics of Brain Fiber Architecture and Intellectual Performance." *Journal of Neuroscience* 29, no. 7 (2009): 2212–24。

4　Meldrum, Helen. "Listening," *The Why Factor*, podcast audio, March 3, 2017. www.bbc.co.uk/sounds/play/p04tv665.

5　"批判型倾听"的定义来自：Umphrey, Laura R., and John C. Sherblom. "The Constitutive Relationship of Listening to Hope, Emotional Intelligence, Stress, and Life Satisfaction." page.26. *International Journal of Listening* 32, no. 1 (2018): 24–48。不同倾听类型的最初分类来自：Bodie, Graham D., Debra L. Worthington, and Christopher C. Gearhart. "The Listening Styles Profile Revised (LSP-R): A Scale Revision and Evidence for Validity." *Communication Quarterly* 61, no. 1 (2013): 72–90。

6　Ferrari-Bridgers, Franca, Kostas Stroumbakis, Merlinda Drini, Barbara Lynch, and Rosanne Vogel. "Assessing Critical-Analytical Listening Skills in Math and Engineering Students: An Exploratory Inquiry of How Analytical Listening Skills Can Positively Impact Learning." *International Journal of Listening* 31, no. 3 (2017): 121–41.

7　Raz, Guy. "How Can Listening Transform an Entire Community?" *TED Radio Hour*, June 5, 2015. www.npr.org/templates/transcript/transcript.php?storyId=411731987.

8　Umphrey and Sherbloom. "The Constitutive Relationship of

Listening to Hope, Emotional Intelligence, Stress, and Life Satisfaction."

9 Zenger, Jack, and Joseph Folkman. "The Assumptions That Make Giving Tough Feedback Even Tougher." *Harvard Business Review*, April30, 2015.https://hbr.org/2015/04/the-assumptions-that-make-giving-tough-feedback-even-tougher. 关于管理者的倾听如何引导员工寻求更多反馈的额外研究，请参阅：Qian, Jing, Bin Wang, Baihe Song, Xiaoyan Li, Lanjun Wu, and Yiyun Fang. "It Takes Two to Tango: The Impact of Leaders' Listening Behavior on Employees' Feedback Seeking." *Current Psychology* 38, no. 3 (2019): 803–10.

10 研究表明，当人们有一个好的倾听者时，他们对自己和自己的缺点持更加平衡的心态，请参阅：Itzchakov, Guy, Avraham N. Kluger, and Dotan R. Castro. "I Am Aware of My Inconsistencies but Can Tolerate Them: The Effect of High Quality Listening on Speakers' Attitude Ambivalence." *Personality and Social Psychology Bulletin* 43, no. 1 (2017): 105–20。

11 Itzchakov, Guy, Kenneth G. DeMarree, Avraham N. Kluger, and Yaara Turjeman-Levi."The Listener Sets the Tone: High-Quality Listening Increases Attitude Clarity and Behavior-Intention Consequences." *Personality and Social Psychology Bulletin* 44, no. 5 (2018): 762–78.

12 Deepak Malhotra in an interview, "Listening," *The Why Factor*, podcast audio, March 3, 2017. www.bbc.co.uk/sounds/play/p04tv665.

13 有关以人为本的领导和以问题为本的领导的定义，以及通过元分析来揭示以人为本的领导能够更好地监督团队并了解更多团队信息的研究，请参阅：Burke, C. Shawn, Kevin C. Stagl,

Cameron Klein, Gerald F. Goodwin, Eduardo Salas, and Stanley M. Halpin. "What Type of Leadership Behaviors Are Functional in Teams? A Meta-analysis."*Leadership Quarterly* 17, no. 3 (2006): 288–307。

14 Shenk, Chad E., and Alan E. Fruzzetti. "The Impact of Validating and Invalidating Responses on Emotional Reactivity." *Journal of Social and Clinical Psychology* 30, no. 2 (2011): 163–83.

第二部分

1 对于第一个数据，杰克·曾格和约瑟夫·福克曼调查了7808名经理，发现37%的人不会进行正面激励。要了解全文内容，请参阅：Zenger, Jack, and Joseph Folkman. "Why Do So Many Managers Avoid Giving Praise?" *Harvard Business Review*, May 2, 2017. https://hbr.org/2017/05/why-do-so-many-managers-avoid-giving-praise。对于第二个数据，哈里斯调查公司调查了616名经理，发现16%的人很难称赞别人的好想法：*Many Leaders Shrink from Straight Talk with Employees* (February 2016). To download Interact's report, go to http://interactauthentically.com/articles/research/many-leaders-shrink-straight-talk-employees/。

第五章

1 Mark Goulston, in an interview with Sarah Green Carmichael, "Become a Better Listener," in *Mindful Listening*, ed. Harvard Business Review Press (Boston: Harvard Business Review Press, 2019), 61.

2 有关避免称赞和认可的原因见于一本员工敬业度的书，该书基于纽约州立大学石溪分校的社会学家爱德华·莫恩和曼努埃尔·伦敦的研究得出了这一结论，请参阅：Edward M. Mone

and Manuel London, *Employee Engagement Through Effective Performance Management: A Practical Guide for Managers* (New York: Routledge, 2018), 111。

3 新的调查定期公布员工对于被低估的感受。你可以在网上搜索"员工想要更多的表扬"以找到最新的统计数据。这项对美国工人的研究发现,在 630 份问卷回复中,只有 24% 的人对自己在 2011 年获得的认可感到满意。"Globoforce Reveals 2011 Workforce Mood Tracker Survey Results." Press release, September 28, 2011. www.globoforce.com/press-releases-archive/globoforce-reveals-2011-workforce-mood-tracker-survey-results/. Carolyn Wiley's research is titled "What Motivates Employees According to Over 40 Years of Motivation Surveys." *International Journal of Manpower* 18, no. 3 (1997): 263–80.

4 "员工敬业度"的定义是由《纽约时报》畅销书作家凯文·克鲁斯给出的,参见他的文章"What Is Employee Engagement."*Forbes*, June 22, 2012, www.forbes.com/ sites/ kevinkruse/2012/06/22/ employee- engagement-what-and-why/#56e1d1567f37。

5 11% 的人说,他们最有价值的反馈体验是积极反馈和负面反馈的平衡。

6 Marcus Buckingham and Ashley Goodall, *Nine Lies About Work: A Freethinking Leader's Guide to the Real World* (Boston: Harvard Business Review Press, 2019) 124. 他们的研究方法和预测高绩效团队的调查问题已在前文做了相关介绍。其他研究发现,企业盈利与员工是否感到得到充分认可之间存在直接关系。当员工强烈同意他们的公司认可卓越的表现时,这些公司的股权回报率是那些员工持相反意见的公司的 3 倍,毛利是后者的 6 倍。Adrian Gostick and Chester Elton, *The Carrot Principle* (New York: Free Press, 2007), 16–18.

7 参见最初的研究: Losada, Marcial, and Emily Heaphy. "The Role of Positivity and Connectivity in the Performance of Business Teams: A Nonlinear Dynamics Model." *American Behavioral Scientist* 47, no. 6 (2004): 740-65。要快速了解其调查结果，请参阅: Zenger, Jack, and Joseph Folkman. "The Ideal Praise-to-Criticism Ratio." *Harvard Business Review*, March 15, 2013. https://hbr.org/2013/03/ the-ideal-praise-to-criticism。虽然看起来跨度很大，但洛萨达和希菲指出，浪漫关系的研究与团队管理有相似之处。约翰·戈特曼和他的团队发现，当夫妻积极沟通与消极沟通（语言沟通和非语言沟通）的比例较高时，他们的婚姻比沟通比例较低的夫妻持续的时间要长。John Mordechai Gottman, *What Predicts Divorce? The Relationship Between Marital Processes and Marital Outcomes* (New York: Psychology Press, 2014), Kindle.

8 比如有一篇文章认为员工需要的批评性反馈是正面反馈的两倍，请参阅: Zenger, Jack, and Joseph Folkman. "Your Employees Want the Negative Feedback You Hate to Give." *Harvard Business Review*, January 15, 2014. https://hbr.org/2014/01/your-employees-want-the-negative-feedback-you-hate-to-give。《福布斯》杂志列举的一个例子中，员工只想要更多的反馈，不管是正面的还是负面的，请参阅: Sturt, David and Todd Nordstrom. "How Employees Really Feel About Performance Reviews: The Answer Is Ironic." *Forbes*, March 20, 2019. www.forbes.com/sites/davidsturt/2019/03/20/how-employees-really-feel-about-performance-reviews-the-answer-is-ironic/#578241707a8a。

9 Teresa Amabile and Steven Kramer, *The Progress Principle: Using Small Wins to Ignite Joy, Engagement, and Creativity at Work* (Boston: Harvard Business Review Press, 2011) 67–100.

10 Dolly Chugh, *The Person You Mean to Be: How Good People Fight Bias* (New York: HarperCollins, 2018), 5. 下面的研究发现，相比恋爱和美食，人们更看重自尊。Bushman, Brad J., Scott J. Moeller, and Jennifer Crocker. "Sweets, Sex, or Self-Esteem? Comparing the Value of Self-Esteem Boosts with Other Pleasant Rewards." *Journal of Personality* 79, no. 5 (2011): 993–1012.

11 由西密歇根大学的崔恩珠领导的另一个研究小组研究了正面反馈和负面反馈的顺序如何影响实际任务绩效。她和她的同事发现，持续的反馈，无论是正面的还是负面的，都能带来最大的绩效提升，比单纯的正面或负面反馈高得多。他们的解释是，当某些反馈是正面的而某些反馈是负面的时，人们会选择无视负面反馈。负面反馈确实让参与者不喜欢实验者。尽管负面反馈接收者的表现提高了，但是如果你和对方存在工作关系，作者不推荐你这样做。正如我们从实际研究中看到的那样，当你收到的都是负面反馈时，你的团队最终将成为表现不佳的团队。Choi, Eunju, Douglas A. Johnson, Kwangsu Moon, and Shezeen Oah. "Effects of Positive and Negative Feedback Sequence on Work Performance and Emotional Responses." *Journal of Organizational Behavior Management* 38, nos. 2-3(2018): 97–115.

12 Mihaly Csikszentmihalyi, *Flow: The Psychology of Optimal Experience* (New York: HarperPerennial Modern Classics, 2008).

13 这些问题改编自不同来源的资料，有些是克里斯蒂·赫奇斯文章中提出的精彩问题的变体："5 Questions to Help Your Employees Find Their Inner Purpose." *Harvard Business Review*, August 17, 2017. https://hbr.org/2017/08/5-questions-to-help-your-employees-find-their-inner-purpose。其他问题改编自盖洛普提出的问题：Davenport, Angela, and Bryant Ott. "Why Managers Must

Ask 5 Questions to Empower Employees." Gallup, April 12, 2018. www.gallup.com/workplace/235952/why-managers-ask-questions-empower-employees. aspx。The question "On your very best workday..." comes from Facebook and is described in more detail in an article by Richard Feloni: "Facebook's Most Asked Interview Question Is Tough to Answer but a Brilliant Way to Find the Perfect Fit." *Business Insider*, February 23, 2016. www.businessinsider.com/ facebooks- favorite-job-interview-question-2016-2.

14 你可以在盖洛普的网站上找到克利夫顿优势评估。接受评估需要一定的费用，但就我个人而言，我认为这是一项合理的投资，可以让我看清楚自己最擅长什么，应该寻找什么样的机会。在我写本书的时候，已经有了一个简短的、预算定价在克利夫顿优势评估排名前 5 的评估，以及一个更广泛的（也更昂贵的）预算定价在克利夫顿优势评估排名前 34 的评估，网址：https://www.gallup.com/ cliftonstrengths/en/252137/home.aspx。

15 Zenger, Jack, and Joseph Folkman. "The Assumptions That Make Giving Tough Feedback Even Tougher." *Harvard Business Review*, April 30, 2015. https://hbr.org/2015/04/the-assumptions-that-make-giving- tough- feedback-even-tougher.

16 This list is taken from research described in Edward M. Mone and Manuel London, *Employee Engagement Through Effective Performance Management: A Practical Guide for Managers* (New York: Routledge Press, 2018), 109.

17 Researchers Caroline Simard and Shelley Correll analyzed a random sample of two hundred performance reviews from three large technology companies and one professional services firm. Correll, Shelley J., and Caroline Simard. "Research: Vague Feedback Is Holding Women Back." *Harvard Business Review*, April 29, 2016.

https:// hbr.org/ 2016/ 04/ research-vague-feedback-is-holding-women-back.
18 The classic paper on men's and women's social roles is Eagly, Alice H., and Steven J. Karau. "Role Congruity Theory of Prejudice Toward Female Leaders." *Psychological Review* 109, no. 3 (2002): 573–98.Women are expected to be communal or concerned with the welfare of others, whereas men are expected to be agentic or self-driven and action-oriented.
19 Prentice, Deborah A., and Erica Carranza. "What Women and Men Should Be, Shouldn't Be, Are Allowed to Be, and Don't Have to Be: The Contents of Prescriptive Gender Stereotypes." *Psychology of Women Quarterly* 26, no. 4 (2002): 269–81.
20 Prime, Jeanine L., Nancy M. Carter, and Theresa M. Welbourne. "Women 'Take Care,' Men 'Take Charge': Managers' Stereotypic Perceptions of Women and Men Leaders." *Psychologist-Manager Journal* 12, no. 1 (2009): 25–49.
21 资料来自与卡罗琳·赛马德的私人交流，2018年4月24日。用来形容男女的形容词也是从在军队中进行的对81000多条绩效评估中得出的。Smith, David G., Judith E. Rosenstein, Margaret C. Nikolov, and Darby A. Chaney. "The Power of Language: Gender, Status, and Agency in Performance Evaluations." *Sex Roles* 80 (2019): 159–71.See also: Snyder, Kieran. "The Abrasiveness Trap: High-Achieving Men and Women Are Described Differently in Reviews." *Fortune*, August 26, 2014. http:// fortune.com/2014/08/26/performance- review-gender-bias/. Smith, David G., Judith E. Rosenstein, and Margaret C. Nikolov. "The Different Words We Use to Describe Male and Female Leaders." *Harvard Business Review*, May 25, 2018. https://hbr.org/2018/05/the-

different-words-we-use-to-describe-male-and-female-leaders.
22 有关最初的研究请参阅: Babcock, Linda, Maria P. Recalde, Lise Vesterlund, and Laurie Weingart. "Gender Differences in Accepting and Receiving Requests for Tasks with Low Promotability." *American Economic Review* 107, no. 3 (2017): 714–47。为了简短而甜蜜地展示他们的研究，请参阅: Babcock, Linda, Maria P. Recalde, and Lise Vesterlund. "Why Women Volunteer for Tasks That Don't Lead to Promotions." *Harvard Business Review*, July 16, 2018. https://hbr. org/2018/07/why-women-volunteer-for-tasks-that-dont-lead-to-promotions。还可参阅: Thompson, Phillip S., and Diane Bergeron. "The Norm of Reciprocity—Men Need It, Women Don't: Gender Differences in Citizenship Behavior." *Academy of Management Annual Meeting Proceedings* 2017, no. 1(2017)。
23 "Globoforce Reveals 2011 Workforce Mood Tracker Survey Results." Press release, September 28, 2011. www.globoforce.com/press-re leases-archive/globoforce-reveals-2011-workforce-mood-tracker-survey-results/.

第三部分

1 丹尼尔·伊尔根及其同事发现，当负面反馈与员工在未来如何以不同方式处理问题的建议结合起来时，员工会更愿意接爱。Ilgen, Daniel R., Cynthia D. Fisher, and M. Susan Taylor. "Consequences of Individual Feedback on Behavior in Organizations." *Journal of Applied Psychology* 64, no. 4 (1979): 349–371.

第六章

1 Michael Bungay Stanier, *The Coaching Habit: Say Less, Ask More,*

and Change the Way You Lead Forever (Toronto: Box of Crayons Press, 2016), 61.

2　This approach to giving feedback by asking questions is nicely captured by Joe Hirsh in his article "Good Feedback Is a Two-Way Conversation." *Harvard Business Review*, June 1, 2020. https://hbr.org/2020/06/good- feedback-is-a-two-way-conversation.

3　Huang, Karen, Michael Yeomans, Alison Wood Brooks, Julia Minson, and Francesca Gino. "It Doesn't Hurt to Ask: Question-Asking Increases Liking." *Journal of Personality and Social Psychology* 113, no. 3 (2017): 430–52.

4　Brooks, Alison Wood, and Leslie K. John. "The Surprising Power of Questions." *Harvard Business Review* 96, no. 3 (2018): 60–67.

5　Chip Heath and Dan Heath, *The Power of Moments* (New York: Simon & Schuster, 2017). They discuss this formula for mentoring on pages 123–27.

6　Stanier, *The Coaching Habit*.

7　这里介绍的实验，包括字母 E 实验、难以阅读别人面部表情，以及想当然地认为他人知道自己在嘲讽什么，都是由亚当·加林斯基及其同事完成的。这些案例源自以下科学论文：Galinsky, Adam D., Joe C. Magee, M. Ena Inesi, and Deborah H. Gruenfeld. "Power and Perspectives Not Taken." *Psychological Science* 17, no. 12 (2006): 1068–74. For a general overview of his research and its implications, see: Useem, Jerry. "Power Causes Brain Damage." *The Atlantic* (July/ August 2017): 24–26。

8　Hogeveen, Jeremy, Michael Inzlicht, and Sukhvinder S. Obhi. "Power Changes How the Brain Responds to Others." *Journal of Experimental Psychology*: *General* 143, no. 2 (2014): 755–62.

9　其中有些问题也适用于以下论文中提出的有见地的建议：Rudolph,

Jenny W., Robert Simon, Peter Rivard, Ronald L. Dufresne, and Daniel B. Raemer. "Debriefing with Good Judgment: Combining Rigorous Feedback with Genuine Inquiry." *Anesthesiology Clinics* 25, no. 2 (2007): 361−76。

10 Porath, Christine. "Half of Employees Don't Feel Respected by Their Bosses." *Harvard Business Review*, November 14, 2014. https:// hbr.org/ 2014/ 11/ half-of-employees-dont-feel-respected-by-their-bosses.

11 Clark, Timothy. "The 4 Stages of Psychological Safety." *Horizons Tracker*, November 17, 2019. http:// adigaskell.org/ 2019/11/17/ the-4-stages-of-psychological-safety/.

12 Johnson, Christina E., Jennifer L. Keating, and Elizabeth K. Molloy. "Psychological safety in feedback: What Does It Look Like and How Can Educators Work with Learners to Foster It?" *Medical Education* 54, no. 6 (2020): 559–70.

13 艾米·埃德蒙森是心理安全方面的主要研究人员之一，她为这个主题的领导人撰写了一本内容翔实的书：*The Fearless Organization*（Hoboken, NJ: John Wiley & Sons, 2019）。关于心理安全的简短讨论，你可以阅读或聆听这次对艾米·埃德蒙森的采访："Creating Psychological Safety in the Workplace." Interview by Curt Nickisch. HBR IdeaCast, podcast, January 22, 2019. https:// hbr.org/ ideacast/ 2019/ 01/ creating- psychological-safety-in-the-workplace。

14 Stanier, *The Coaching Habit*, 101.

15 为了清楚起见，我已经大大简化了这个回路。实际上，除了我在正文中提到的两个区域之外，还有很多大脑区域。这种奖励回路涉及边缘系统中激发行为的其他区域，如腹尾和腹门，参与更多的大脑前部组成部分，包括背纹状体和背侧前额叶皮层。要详细了解这个回路中涉及的大脑区域，请参阅：Tricomi, Elizabeth, and Samantha DePasque. "The Role of Feedback in Learning and Motivation," in *Recent Developments in Neuroscience Research on Human Motivation*, vol. 19 (Melbourne: Emerald Group Publishing Limited, 2016), 175–202。

16 Some of these questions were taken from the helpful book by Andrew Sobel and Jerold Panas, *Power Questions: Build Relationships, Win New Business, and Influence Others* (Hoboken, NJ: John Wiley & Sons, 2013) 186–95.

17 This question is proposed by Guy Itzchakov and Avi Kluger in their wonderful article "The Power of Listening in Helping People Change," in *Mindful Listening*, ed. Harvard Business Review Press (Boston: Harvard Business Review Press, 2019), 87–106.

18 Merchant, Nilofer. "To Change Someone's Mind, Stop Talking and Listen," in *Mindful Listening*, ed. Harvard Business Review Press (Boston: Harvard Business Review Press, 2019), 73.

19 Palmer outlines his notion of honest, open questions in his book *A Hidden Wholeness: The Journey Toward an Undivided Life* (San Francisco: Jossey-Bass, 2009) 52.

20 The "What matters now?" question comes from Charlie Gilkey of Productive Flourishing: "My One Best Question, Ep. 2," video, Box of Crayons Movies, June 10, 2014. www.youtube.com/watch? v=Vdi_ e0PRpzs& list=PLRZrdExqJzbdxcDnPFXuBaIkNfoRccZtU& index= 2&t=0s.

21 Credited to Malcolm Forbes on the *Forbes* website: www.forbes.com/ quotes/6377/.

第七章

1 这句话是艾米·埃德蒙森接受库特·尼克什的采访时说的。"Creating Psychological Safety in the Workplace." *Harvard Business Review*, January 22, 2019. https://hbr.org/ideacast/2019/01/creating-psychological-safety-in-the-workplace.

2 有关压力如何增强视觉细节记忆的研究,请参阅:Henckens, Marloes J.A.G., Erno J. Hermans, Zhenwei Pu, Marian Joëls, and Guillén Fernández. "Stressed Memories: How Acute Stress Affects Memory Formation in Humans." *Journal of Neuroscience* 29, no. 32 (2009): 10111–19。

3 十几年的研究支持一个明确的结论:压力会损害记忆力。有关案例请参阅:Kuhlmann, Sabrina, Marcel Piel, and Oliver T. Wolf. "Impaired Memory Retrieval After Psychosocial Stress in Healthy Young Men." *Journal of Neuroscience* 25, no. 11 (2005): 2977–82。有关皮质醇如何抑制记忆搜索作用的解释,请参阅:Gagnon, Stephanie A., and Anthony D. Wagner. "Acute Stress and Episodic Memory Retrieval: Neurobiological Mechanisms and Behavioral Consequences." *Annals of the New York Academy of Sciences* 1369, no. 1 (2016): 55–75。

4 Merz, Christian J., Oliver T. Wolf, and Jürgen Hennig. "Stress Impairs Retrieval of Socially Relevant Information." *Behavioral Neuroscience* 124, no. 2 (2010): 288–93. 默兹和他的同事发现,压力对他们所说的"重启记忆"最有害。在这种情况下,参与者必须从头到尾尽可能地依靠自己的回忆进行重建。在重启记忆时,有压力的人比没有压力的人多忘记大约13%。重启记忆与现实生活中的情况很类似。现实中我们会说:"告诉我发生了什么。"

5 The term "cognitive flexibility" was coined by William A. Scott in his paper "Cognitive Complexity and Cognitive Flexibility."

Sociometry 25, no. 4 (1962): 405–14.
6 有关皮质醇会影响男性认知灵活性的研究，请参阅：Shields, Grant S., Brian C. Trainor, Jovian C. W. Lam, and Andrew P. Yonelinas. "Acute Stress Impairs Cognitive Flexibility in Men, Not Women." *Stress* 19, no. 5 (2016): 542–46。这种压力下认知灵活性的差异已在其他实验室中得到了证实。请参阅：Kalia, Vrinda, Karthik Vishwanath, Katherine Knauft, Bryan Von Der Vellen, Aaron Luebbe, and Amber Williams. "Acute Stress Attenuates Cognitive Flexibility in Males Only: An fNIRS Examination." *Frontiers in Psychology* 9 (2018): 2084。
7 Rock, David. "SCARF: A Brain-Based Model for Collaborating with and Influencing Others." *NeuroLeadership Journal* 1, no. 1 (2008): 44–52. For an update on the SCARF model with more recent neuroscientific findings, see: Rock, David, and Christine Cox. "SCARF in 2012: Updating the Social Neuroscience of Collaborating with Others." *NeuroLeadership Journal* 4, no. 4 (2012): 1–16.
8 Cannon, Mark D., and Robert Witherspoon. "Actionable Feedback: Unlocking the Power of Learning and Performance Improvement." *Academy of Management Perspectives* 19, no. 2 (2005): 120–34. The quote is taken from page 123, as are the examples of managers' criticisms of Leon and Cory.
9 有关固定型心态的人被劝说采用成长型心态的案例，请参阅：Blackwell, L. S., C. H. Trzesniewski, C. S. Dweck. "Implicit Theories of Intelligence Predict Intelligence Across an Adolescent Transition: A Longitudinal Study and an Intervention." *Child Development* 78, no. 1 (2007): 246–63。有关研究人员改变成年人在计算能力心态方面的研究，请参阅：Cutts, Quintin, Emily

Cutts, Stephen Draper, Patrick O'Donnell, and Peter Saffrey. "Manipulating Mindset to Positively Influence Introductory Programming Performance," in *Proceedings of the 41st ACM Technical Symposium on Computer Science Education* (New York: Association for Computing Machinery, 2010), 431–35。

10 这里的棘手问题是，大多数关于诱导成长型心态的研究都是针对儿童和青少年进行的。研究人员正在热情地寻找帮助成绩不佳的儿童和青少年赶上同龄人的方法。一些研究表明，成年人可以诱导成长型心态，据我所知，没有任何已发表的研究表明，很难诱导成年人的成长型心态。有关诱导成长型心态的好处的分析，请参阅：Sarrasin, Jérémie Blanchette, Lucian Nenciovici, Lorie-Marlène Brault Foisy, Geneviève Allaire-Duquette, Martin Riopel, and Steve Masson. "Effects of Teaching the Concept of Neuroplasticity to Induce a Growth Mindset on Motivation, Achievement, and Brain Activity: A Meta-Analysis." *Trends in Neuroscience and Education* 12 (2018):22–31。有关展示如何诱导成长型心态，而且其影响持续数月的更一般的文章，请参阅：Yeager, David S., and Gregory M. Walton. "Social-Psychological Interventions in Education: They're Not Magic." *Review of Educational Research* 81, no. 2 (2011): 267–301。

11 Zingoni, Matt, and Kris Byron. "How Beliefs About the Self Influence Perceptions of Negative Feedback and Subsequent Effort and Learning." *Organizational Behavior and Human Decision Processes* 139 (2017): 50–62.

12 As quoted in Brian Tracy, *How the Best Leaders Lead: Proven Secrets to Getting the Most Out of Yourself and Others* (New York: AMACOM, 2010), 35.

13 McColskey, Wendy, and Mark R. Leary. "Differential Effects of

Norm-Referenced and Self-Referenced Feedback on Performance Expectancies, Attributions, and Motivation." *Contemporary Educational Psychology* 10, no. 3 (1985): 275–84.

14 我已经从沟通专家莎丽·哈莉提供的一些很棒的资源中学会了这门语言。她在她的书《上班路上的沟通进修课》第122–124页中提到了一个员工气味的困难话题。她还制作了一个有用的视频，在视频中她演示了这个反馈对话的一个版本："How to Tell Someone They Smell—Give the Feedback in Less Than Two Minutes," July 2, 2014. www.youtube.com/ watch? v= tGs4WOMuP_ Q。

15 Fred Rogers, *You Are Special: Neighborly Words for Wisdom from Mr. Rogers* (New York: Penguin Books, 1995), 115.

第八章

1 Temin, Davia. "What They're Saying About You When You're Not in the Room—and What You Can Do to Influence It." *Forbes*, April 4, 2016. www.forbes.com/sites/daviatemin/2016/04/04/what-theyre-saying-about-you-when-youre-not-in-the-room-and-what-you-can-do-to-influence-it/#2a4cedae71ac.

2 凯瑟琳实际上用的名字不是乔治·雷耶，为了避免引起他人的尴尬，她让我们换了一个名字。

3 在真实生活中，雇主认为带有男性名字的申请材料比带有女性名字的申请材料更令人印象深刻，这是柯琳·莫斯–拉库辛和她的同事经常引用的研究成果。请参阅：Moss-Racusin, Corinne A., John F. Dovidio, Victoria L. Brescoll, Mark J.Graham, and Jo Handelsman. "Science Faculty's Subtle Gender Biases Favor Male Students." *Proceedings of the National Academy of Sciences* 109, no. 41 (2012): 16474–79。有关雇主不喜欢简历上有男性名字的研究，请参阅：Cole, Michael S., Hubert S.

Feild, and William F. Giles. "Interaction of Recruiter and Applicant Gender in Resume Evaluation: A Field Study." *Sex Roles* 51 (2004): 597–608。

4 This quote is taken from Catherine's retelling of her experience in Nichols, Catherine. "Homme de Plume: What I Learned Sending Out My Novel Under a Male Name." *Jezebel*, August 4, 2015. https://jezebel.com/homme-de-plume-what-i-learned-sending-my-novel-out-und-1720637627.

5 有关医生绩效考核的性别差异的研究，请参阅：Mueller, Anna S., et al. "Gender Differences in Attending Physicians' Feedback to Residents: A Qualitative Analysis." *Journal of Graduate Medical Education* 9, no. 5 (2017): 577–85。有关律师行业绩效评估的性别差异的研究，请参阅：Biernat, Monica, M. J. Tocci, and Joan C. Williams. "The Language of Performance Evaluations: Gender-Based Shifts in Content and Consistency of Judgment." *Social Psychological and Personality Science* 3, no. 2 (2012): 186–92。有关军队绩效评估的性别差异的研究，请参阅：Smith, David G., Judith E. Rosenstein, Margaret C. Nikolov, and Darby A. Chaney. "The Power of Language: Gender, Status, and Agency in Performance Evaluations." *Sex Roles* 80 (2019): 159–71。有关科技行业绩效评估的性别差异的研究，请参阅：Correll, Shelley J., and Caroline Simard. "Research: Vague Feedback Is Holding Women Back." *Harvard Business Review*, April 29, 2016. https://hbr.org/ 2016/04/re search-vague-feedback-is-holding-women-back。

6 Nosek, Brian A., Frederick L. Smyth, Jeffrey J. Hansen, et al. "Pervasiveness and Correlates of Implicit Attitudes and Stereotypes." *European Review of Social Psychology* 18, no. 1 (2007): 36–88.

7 Georgetown University National Center for Cultural Competence. *Two Types of Bias*. Washington, D.C., n.d. https:// nccc.georgetown.edu/bias/module-3/1.php.

8 我通常不会引用维基百科的定义，但它对无意识偏见的定义是我最喜欢的定义之一，因为它强调了这些偏见的学习性和无意识的本质，并避开了学术文本中使用的一些古怪的语言。Wikipedia, s.v. "Unconscious bias training," last modified June 1, 2020, 03:44, https://en.wikipedia.org/wiki/Unconscious_bias_training.

9 For quantitative research on how we like and reward talkative male leaders but dislike and penalize talkative female leaders, see: Brescoll, Victoria L. "Who Takes the Floor and Why: Gender, Power, and Volubility in Organizations." *Administrative Science Quarterly* 56, no. 4 (2011): 622–41.

10 Geena Davis Institute on Gender in Media. *Gender Bias in Advertising: Research, Trends and New Visual Language*. Los Angeles, February 25, 2017. https://seejane.org/ research-informs-empowers/gender-bias-advertising/.

11 Beverly Daniel Tatum, *Why Are All the Black Kids Sitting Together in the Cafeteria? And Other Conversations About Race* (New York: Basic Books, 2017), 86.

12 Dolly Chugh observes how malleable humans are when it comes to beliefs about others in her incredible book *The Person You Mean to Be: How Good People Fight Bias* (New York: HarperCollins, 2018), 53. For more detailed research on how malleable we are when it comes to stereotypes and beliefs about who is capable and who isn't, see: Blair, Irene V. "The Malleability of Automatic Stereotypes and Prejudice." *Personality and Social Psychology*

Review 6, no. 3 (2002): 242–61.

13 "办公室杂务"这个术语常出现在大众报刊中，而在学术期刊中极少使用。有关做办公室杂务的性别差异的研究，请参阅：Adams, Elizabeth Rene. "Operationalizing Office Housework: Definition, Examples, and Antecedents." PhD diss., Middle Tennessee State University, 2018。常被引用的有关提升性较低的工作（如撰写报告或在委员会任职）中性别差异的研究，请参阅：Babcock, Linda, Maria P. Recalde, Lise Vesterlund, and Laurie Weingart. "Gender Differences in Accepting and Receiving Requests for Tasks with Low Promotability." *American Economic Review* 107, no. 3 (2017): 714–47。

14 研究人员将办公室杂务称为"公民行为"。关于不同性别人员在从事"公民行为"时得到的反应和奖励方式的研究，请参阅：Allen, Tammy D. "Rewarding Good Citizens: The Relationship Between Citizenship Behavior, Gender, and Organizational Rewards." *Journal of Applied Social Psychology* 36, no. 1 (2006): 120–43。还可参阅：Heilman, Madeline E., and Julie J. Chen. "Same Behavior, Different Consequences: Reactions to Men's and Women's Altruistic Citizenship Behavior." *Journal of Applied Psychology* 90, no. 3 (2005): 431–41。

15 这张表总结了多项研究的成果。Correll, Shelley J., and Caroline Simard. "Research: Vague Feedback Is Holding Women Back." *Harvard Business Review*, April 29, 2016. https://hbr.org/ 2016/04/research-vague-feedback-is-holding-women-back; Cecchi-Dimeglio, P. "How Gender Bias Corrupts Performance Reviews, and What to Do About It." *Harvard Business Review*, April 12, 2017. https://hbr.org/2017/04/how-gender-bias-corrupts-perfor mance- reviews-and-what-to-do-about-it. Snyder, Kieran. "The Abrasiveness Trap:

High-Achieving Men and Women Are Described Differently in Reviews." *Fortune*, August 26, 2014. http:// fortune.com/ 2014/ 08/ 26/ performance- review-gender-bias/. Smith, D. G., J. E. Rosenstein, and M. C. Nikolov. "The Different Words We Use to Describe Male and Female Leaders." *Harvard Business Review*, May 25, 2018. Mueller, Anna S., et al. "Gender Differences in Attending Physicians' Feedback to Residents: A Qualitative Analysis." *Journal of Graduate Medical Education* 9.5 (2017): 577-85. See also Biernat, Tocci, and Williams, cited below.

16 我在这里描述的研究是在一家律师事务所进行的，涉及对真实绩效审查的分析。律师给他们的资历较浅的男性同事的评分与他们的评论一致，但给资历较浅的女性同事的评分与其评论不一致。Biernat, Tocci, and Williams. "The Language of Performance Evaluations."

17 Schaerer, Michael, and Roderick Swaab. "Are You Sugarcoating Your Feedback Without Realizing It?" *Harvard Business Review*, October 8, 2019. https:// hbr.org/ 2019/ 10/ are- you-sugarcoating-your-feedback-without-realizing-it.

18 Biernat, Tocci, and Williams. "The Language of Performance Evaluations."

19 Lupoli, Matthew J., Lily Jampol, and Christopher Oveis. "Lying Because We Care: Compassion Increases Prosocial Lying." *Journal of Experimental Psychology: General* 146, no. 7 (2017): 1026–42.

20 Jampol, Lily, and Vivian Zayas. "Gendered White Lies: Women Are Given Inflated Performance Feedback Compared to Men." *Personality and Social Psychology Bulletin* (2020) (issue and page number not available at time of printing; abstract can be found at https://journals.sagepub.com/doi/10.1177/0146167220916622).

21 Joan C. Williams and Rachel Dempsey do a deep dive into this topic of how women have to prove themselves in ways that men do not. They dub it the "Prove-It-Again!" bias, and they devote two chapters to the topic in their highly practical book *What Works for Women at Work: Four Patterns Working Women Need to Know* (New York: New York University Press, 2018) 23–56.

22 Correll, Shelley J., and Caroline Simard. "Research: Vague Feedback Is Holding Women Back." *Harvard Business Review*, April 29, 2016. https://hbr.org/2016/04/research-vague-feedback-is-holding-women-back. 基兰·斯奈德还发现，女性在个人沟通风格方面得到了更多的反馈（尽管她在文章中称之为"个性"）。请参阅：Snyder, Kieran. "The Abrasiveness Trap: High-Achieving Men and Women Are Described Differently in Reviews." *Fortune*, August 26, 2014. http://fortune.com/2014/08/26/performance-review-gender-bias/。

23 Carter, Alecia J., Alyssa Croft, Dieter Lukas, and Gillian M. Sandstrom. "Women's Visibility in Academic Seminars: Women Ask Fewer Questions than Men." *PLoS One* 13, no. 9 (2018): e0202743.

24 我在一次会议上听到艾瑞斯·波纳特描述了这一策略。Bohnet, Iris. "Working Group with Iris Bohnet." Small group discussion, New Rules Summit, September 27, 2018. 这一策略还记录在下面这些文章中：Buckley, Kaitlin. "What works: Gender Equality by Design." Harvard Library, June 8, 2018. https://library.har vard.edu/about/news/2018-06-08/ what-works-gender-equality-design。

25 Correll and Simard. "Research: Vague Feedback Is Holding Women Back."

26 Snyder. "The Abrasiveness Trap."

27 Bono, Joyce E., Phillip W. Braddy, Yihao Liu, Elisabeth K. Gilbert, John W. Fleenor, Louis N. Quast, and Bruce A. Center. "Dropped on the Way to the Top: Gender and Managerial Derailment." *Personnel Psychology* 70, no. 4 (2017): 729–68.

28 Shashkevich, Alex. "Stanford Researcher Examines How People Perceive Interruptions in Conversation." *Stanford News* blog, May 2, 2018. https://news.stanford.edu/2018/05/02/exploring-interruption-conversation/.

29 约瑟夫·格雷尼在对凯西·卡普里诺的采访中分享了这些发现和关键短语。"Gender Bias Is Real: Women's Perceived Competency Drops Significantly When Judged as Being Forceful." *Forbes*, April 15, 2015. www.forbes.com/sites/kathycaprino/2015/08/25/gender-bias-is-real-womens-perceived-competency-drops-significantly-when-judged-as-being-forceful/#5131a3002d85.

30 Brescoll, Victoria L., and Eric Luis Uhlmann. "Can an Angry Woman Get Ahead? Status Conferral, Gender, and Expression of Emotion in the Workplace." *Psychological Science* 19, no. 3 (2008): 268–75.

31 Yeager, David Scott, Valerie Purdie-Vaughns, Julio Garcia, Nancy Apfel, Patti Brzustoski, Allison Master, William T. Hessert, Matthew E. Williams, and Geoffrey L. Cohen. "Breaking the Cycle of Mistrust: Wise Interventions to Provide Critical Feedback Across the Racial Divide." *Journal of Experimental Psychology: General* 143, no. 2 (2014): 804–25.

32 The term "protective hesitation" was introduced by David A. Thomas in his article "The Truth About Mentoring Minorities: Race Matters." *Harvard Business Review* 79, no. 4 (2001): 98-107. Although Thomas introduced the term to capture a common

dynamic between white mentors and their Black protégés, the term also applies to male managers and their female employees.

33 有证据表明，女性和其他被污名化的团队成员会对她们认为带有偏见的负面评价不屑一顾。请参阅：Crocker, Jennifer, Kristin Voelkl, Maria Testa, and Brenda Major. "Social Stigma: The Affective Consequences of Attributional Ambiguity." *Journal of Personality and Social Psychology* 60, no. 2 (1991): 218–28。

34 这个反馈是以下研究论文第 1307 页关于反馈的释义版本：Cohen, Geoffrey L., Claude M. Steele, and Lee D. Ross. "The Mentor's Dilemma: Providing Critical Feedback Across the Racial Divide." *Personality and Social Psychology Bulletin* 25, no. 10 (1999): 1302–18。

35 Research reported in Anne Kreamer, *It's Always Personal: Navigating Emotion in the New Workplace* (New York: Random House, 2012).

36 你可以在戴夫·斯塔科维亚克的网站 https://coachingforleaders.com/ 上找到《领导者》，或者使用你的播客，比如苹果播客、Spotify（声田）、谷歌播客等。你会非常享受这一切。

37 LGBTQ+ 越来越多地用于描述酷儿社区中的所有社区。"+" 包括盟友、非性恋者和其他各种群体。想了解更多信息，请参阅 OK2BME 网站上的文章，"What Does LGBTQ+ Mean?," n.d. https://ok2bme.ca/ resources/ kids-teens/what-does-lgbtq-mean/。

38 这两个都是真人真事。那位黑人企业家指的是雷蒙·雷，出自克里斯汀·豪泽的文章 "How Professionals of Color Say They Counter Bias at Work," *New York Times*, December 12, 2018. www.nytimes.com/2018/12/12/us/racial-bias-work. html。那位拉丁裔律师的故事出自克里斯蒂·豪贝格的 "Making Your Own Way," *The Makers Podcast*, April 7, 2017. https://soundcloud.com/makers-podcast/making-your-own-way-ava-duvernay-alfre-woodard-christy-

haubegger。
39 Rojek, Alexandra E., Raman Khanna, Joanne W. L. Yim, Rebekah Gardner, Sarah Lisker, Karen E. Hauer, Catherine Lucey, and Urmimala Sarkar. "Differences in Narrative Language in Evaluations of Medical Students by Gender and Under-represented Minority Status." *Journal of General Internal Medicine* 34, no. 5 (2019): 684–91.
40 Wilson, Kathlyn Y. "An Analysis of Bias in Supervisor Narrative Comments in Performance Appraisal." *Human Relations* 63, no. 12 (2010): 1903–33.
41 Luksyte, Aleksandra, Eleanor Waite, Derek R. Avery, and Rumela Roy. "Held to a Different Standard: Racial Differences in the Impact of Lateness on Advancement Opportunity." *Journal of Occupational and Organizational Psychology* 86, no. 2 (2013): 142–65.
42 对于普遍存在的歧视黑人和拉丁裔的研究，请参阅：Dixon, Jeffrey C., and Michael S. Rosenbaum. "Nice toKnow You? Testing Contact, Cultural, and Group Threat Theories of Anti-Black and Anti-Hispanic Stereotypes." *Social Science Quarterly* 85, no. 2 (2004): 257–80。有关主管如何将迟到作为拒绝黑人员工而不是白人员工晋升的理由的研究，请参阅凯瑟琳·威尔逊的研究（"偏见的分析"），以及菲利普·莫斯和克里斯·蒂利的 *Stories Employers Tell: Race, Skill, and Hiring in America*（New York: Russell Sage Foundation, 2001）。有关浅肤色的少数族裔如何在工作中比深肤色的少数族裔得到更好的补偿和待遇的研究，请参阅：Hunter, Margaret. "The Persistent Problem of Colorism: Skin Tone, Status, and Inequality." *Sociology Compass* 1, no. 1 (2007): 237–54。

43 根据美国劳动统计局的数据，2018 年，美国只有 44% 的经理是女性，82.4% 的经理是白人。这些数字来自美国劳工部的报告 "Table 11: Employed persons by detailed occupation, sex, race, and Hispanic or Latino ethnicity"。统计数据来自最新的人口调查（2019 年 1 月 18 日），请参阅：www.bls.gov/cps/cpsaat11.htm。2018 年，经理层的平均年龄为 46.6 岁，请参阅："Table 11b: Employed persons by detailed occupation and age"。统计数据来自最新的人口调查（2019 年 1 月 18 日），请参阅：www.bls.gov/cps/cpsaat11b.htm。很难对工作场所的"LGBTQ+"个人数量进行准确的估计，但 2019 年的估计是，美国 4.5% 的成年人是 LBGTQ。参见加州大学洛杉矶分校法学院威廉姆斯学院的情况说明书：*Adult LGBT Population in the United States*, March 2019. https:// williamsinstitute.law.ucla.edu/ publications/ adult-lgbt-pop-us/。

第九章

1 虽然这句话被普遍认为是萧伯纳说的，但在他的任何作品或通信中都没有发现过。

2 Teresa Amabile and Steven Kramer, *The Progress Principle: Using Small Wins to Ignite Joy, Engagement, and Creativity at Work* (Boston: Harvard Business Review Press, 2011).

3 Schaerer, Michael, and Roderick Swaab. "Are You Sugarcoating Your Feedback Without Realizing It?" *Harvard Business Review*, October 8, 2019. https://hbr.org/2019/10/are- you-sugarcoating-your-feedback- without-realizing-it.

第十章

1 Reich, Joshua. "2018 Leadership Summit—16 Leadership Quotes

from Sheila Heen." Blog post, August 10, 2018. https://joshuareich.org/2018/08/10/2018-leadership-summit-16-leadership-quotes-from-sheila-heen/.

2 Kerry Patterson, Joseph Grenny, Ron McMillan, and Al Switzler, *Crucial Conversations: Tools for Talking When Stakes Are High*, 2nd ed. (New York: McGraw-Hill,2012) 108–30.

3 关于迈克尔·加扎尼加关于左脑如何通过快速编织故事来理解世界的理论，请参阅：Michael Gazzaniga, Richard B. Ivry, and George R. Mangun, *Cognitive Neuroscience:The Biology of the Mind*, 4th ed. (New York: W. W. Norton, 2013) 153。

4 Leung, Kwok, Steven Su, and Michael W. Morris. "When Is Criticism Not Constructive? The Roles of Fairness Perceptions and Dispositional Attributions in Employee Acceptance of Critical Supervisory Feedback." *Human Relations* 54, no. 9 (2001): 1155–87.

5 Jacobsen, Darcy. "Infographic: The Startling Truth About Performance Reviews." Workhuman, August 28, 2013. https://www.workhuman.com/resources/globoforce-blog/infographic-the-startling-truth-about-performance-reviews. 这张信息图来自以下调查报告对708名全职员工的调查：Globoforce. *Summer 2013 Report: Empowering Employees to Improve Employee Performance*. http://go.globoforce.com/rs/globoforce/images/Summer2013Moodtracker.pdf。

6 Sharone Bar-David, *Trust Your Canary: Every Leader's Guide to Taming Workplace Incivility* (Toronto: Fairleigh Press, 2015).

7 Gnepp, Jackie, and Joshua Klayman. "The Future of Feedback: Motivating Performance Improvement." Gnepp, Jackie, Joshua Klayman, Ian O. Williamson, and Sema Barlas. "The Future of

Feedback: Motivating Performance Improvement Through Future-Focused Feedback." *PloS One* 15, no. 6 (2020): e0234444. http://humanlypossible.com/ futurefocusedfeedback.html.

8   Suzanne, Pamela, and Vanesa Vidal. "Feeling Capable or Not? Changing Self-efficacy Beliefs Along Women's Career Transitions." Paper presented at the Academy of Management, August 2018.

9   针对英国男性和女性管理者的研究，请参阅：Flynn, Jill, Kathryn Heath, and Mary Davis Holt. "Four Ways Women Stunt Their Careers Unintentionally." *Harvard Business Review*, October 19, 2011. https://hbr.org/2011/10/four-ways-women-stunt-their-careers。关于男性和女性之间信心差异的更多发现，请参阅：Lundeberg, Mary A., Paul W. Fox, and Judith Punćcohaŕ. "Highly Confident but Wrong: Gender Differences and Similarities in Confidence Judgments." *Journal of Educational Psychology* 86, no. 1 (1994): 114; or Katty Kay and Claire Shipman, *The Confidence Code: The Science and Art of Self-Assurance—What Women Should Know* (New York: HarperBusiness, 2014)。

10 Jackman, Jay M., and Myra H. Strober. "Fear of Feedback." *Harvard Business Review* 81, no. 4 (2003): 101–8.

11 Sparr, Jennifer L., and Sabine Sonnentag. "Fairness Perceptions of Supervisor Feedback, LMX, and Employee Well-Being at Work." *European Journal of Work and Organizational Psychology* 17, no. 2 (2008): 198–225.

12 衡量领导者与员工关系质量的原始量表由乔治·格伦和玛丽·尤尔-比恩首次出版。"Relationship-Based Approach to Leadership: Development of Leader-Member Exchange (LMX) Theory of Leadership Over 25 Years: Applying a Multi-Level Multi-Domain Perspective." *Leadership Quarterly* 6, no. 2 (1995): 219–47. These

two questions are taken from that scale.
13 Liz Fosslien and Mollie West Duffy, *No Hard Feelings: The Secret Power of Embracing Emotions at Work* (New York: Portfolio/Penguin, 2019), 210.
14 Goulston, Mark. "How to Listen When Someone Is Venting." *Harvard Business Review*, May 9, 2013. https://hbr.org/2013/05/how-to-listen- when-someone-is.

致　谢

"知道路线和知道具体怎么走大不相同",这句话来自电影《黑客帝国》中的莫菲斯。看到这句话,我会心一笑,因为它让我有了自知之明。我花了十多年的时间到处咨询:"嘿,对我来说有没有更好的方法?"然后又花了十年才真正了解这些方法,而真正实践,又花了十年。其间我一直在慢慢调整。但我感到无比幸运,找到了正确的道路,我斗胆称它为我的路,大多数时候,这条路能够带我通向任何地方。

幸运的是,我并不是独行者。

我有一个很优秀的文学代理,名叫林赛·埃奇库姆,每当我要做一个困难的决定时,就会打电话咨询她。她是我合作过的第一个代理,我无法想象有人能比她做得更好。刚开始写这本书的时候困难重重,但是林赛知道我为什么会这样,她一直不断鼓励我坚持下去。谢谢林赛,为我们创造的这一切美好。

林赛介绍我认识了后来的编辑莉亚·特鲁伯斯特。林赛说莉亚是她最喜爱的合作伙伴之一。我知道她为什么这么想，因为莉亚给人的反馈总是一针见血。就如何给予反馈，莉亚完全可以著书立说。我不知道她怎么就知道我需要听的意见是什么，反正她总能神奇地一语中的。她能在赞美和敦促之间找到绝佳平衡，能让我用五种不同的方式表达同一个句子，直到找到最完美的表达。

无论是林赛还是莉亚，都是那种任何作家都想拥有的黄金拍档。我深感幸运，能够同时和这两位一起合作。蔡斯·卡普斯是一位编辑助理，他始终有求必应，不求回报地帮助我了解关键细节，提醒我截止日期。凯瑟琳·库克是文字编辑，兰迪·马鲁罗是制作编辑，他们润色了我不那么优美的句子，整理了我的参考资料。马里索尔·萨拉曼是公关人员，没有他，大家怕是很难看到我这本书。莉兹·费西恩是帮助我在全世界举办演讲的代理。还有阿德里安·扎克海姆，他是出版商，不仅深信本书会大卖，更像我的好朋友，经常和我交流书中的内容。

当这本书还处于杂乱无章的初稿阶段，我很幸运有一群值得信赖的读者。给一本专门讲反馈的书提供反馈意见并不容易，但这些悉心的读者却应付自如。迈克尔·埃布斯汀、乔纳森·福斯特、戴维·格林、海伦·洛利斯和戴夫·斯塔科维亚克阅读了较早的章节，对我提到和未提到的内容都进行了逐一修改。西雅图沙龙的忠实会员也给了我很多反馈，他们包括佩特拉·富兰克林、桑迪·阿努拉斯、莱斯利·黑泽尔顿、卡罗尔·霍维茨、约翰·米恰洛夫和沃伦·斯威尼。甚至在本书还没有成稿之前，佩特拉就专门举办了一场读书分享会交流本书，对此我要特别感谢。瓦莱丽·布莱克不仅给我提供了反馈，在写作进行到最后时，她还成了我的执行教练，给我鼓励，帮助我保持清晰的思路，也恰到好处地鞭策我如期完成。

如果你喜欢本书中分享的故事和提到的反馈实例，请对我的访问对象致谢。他们的故事非常宝贵。从菜鸟级员工到中层管理者再到首席执行官，共有60个人与我一起分享了他们最喜欢的反馈时刻。他们还重温了最糟糕的反馈经历，以及他们希望可以忘记但又不会忘记的对话。听了他们的故事，我希望你能从中受益，成为一个让人难忘，并让你的同事期望与你长期共事的管理者。我向受访者保证会对他们的身份保密，以便他们能够最大限度地坦陈自己的故事，书里的每个故事都有真实原型。

还有很多人在幕后发挥了关键作用。基拉·西恩一丝不苟地记录下了我的采访内容。我知道可以依靠软件来进行转录，但是鉴于某些采访的敏感性，还是要以原始的方式记录，很幸运团队里有基拉这样的人。布里·布雷克帮我拍出了最完美的笑容，出色地完成了拍摄作者肖像的任务。我也感谢许多为我提供咨询并在写作过程中始终让我保持良好心态的专业人士，包括卡拉·布拉德肖、弗兰克·马林科维奇、杰西·马尔斯、罗伯特·马丁内斯、安德烈·穆斯塔西斯科维利和兰迪普·辛格。

我还要感谢我的家人和朋友。我的母亲、杰米、戴夫、戴维、吉安娜、雅克琳、胡安、梅根、乍得、玛丽亚和马克，感谢他们从我写上一部作品到现在始终不离不弃，陪我走过无数高潮和低谷。毫无疑问，有些家人在我刚开始写这本书的时候，对我还充满疑虑，但是你们什么也没说，始终微笑地看着我，相信我能做到。感谢大家，在我没做好的时候依然相信我。

最应感谢的是我的丈夫乔纳森。如果有个精灵能实现我的一个愿望，我会希望每个人身边都有一个叫乔纳森的人。他会指导你、倾听你，当我找他吐槽时，更是全盘接收我的苦水。

尽管你从畅销书榜单上看到本书时会觉得了不起，但是事实上写作并不能带来可观的收入，但乔纳森却从未抱怨。在如何给出最好的反馈这方面，我丈夫教给我的比任何研究都多，谢谢你与我一起走过这条荣耀之路。